CARBON NEUTRALITY AND
HYDROGEN SOCIETY

王震，張岑 編著

# 碳中和與
# 氫能社會

# PREFACE 前言

近幾年,「碳中和」、「氫能」頻頻出現在國際會議、新聞報導以及日常交談之中,這兩個與能源相關的詞彙為何能夠獲得大眾的廣泛關注?我們的社會正在發生怎樣的變化?能源又在經歷何種變革?這是作者在構思本書之初一直思考的問題。

能源是推動人類社會不斷向前發展的重要物質和能量基礎。縱觀人類社會演進史,每一次文明的躍遷都離不開能源的變革。這種變革既包括能源品種的革新,也包括能源技術的革命,兩者缺一不可。

火焰的使用使人類開始認識能源的重要價值,人類社會發展由此按下了「快進鍵」。考古學家在肯亞的奧都萬文化遺址(距今約260萬年)中曾發現了土壤被火焰燒灼過的痕跡,這是迄今為止人類最早利用火焰的直接證據。同樣,在中國的周口店遺址中,灰燼、燒骨和炭屑等「北京人」用火的遺跡也接連被發掘。這些證據表明,舊石器時代早期的古人類就已開始認識並學會利用火焰改善生活。當時的古人類透過實踐摸索,發現了木柴、樹枝、枯草、樹葉等自然物質可以延續火焰的奧祕,並進一步發明了鑽木取火和摩擦生熱的技術,從此告別了「靠天取火」的時代。除了生火取熱之外,人類逐漸認識了其他形式的能源,例如風能、太陽能和水能等,能源開發利用形式開始走向多元化。這一改變極大地促進了勞動生產力的提升,原始社會的形態開始發生重大變化,人類由此進入了農耕文明。

由農耕文明向工業文明的演進，得益於化石能源的大規模發掘和能源技術的飛躍。中國是最早記載煤炭和石油的國家。戰國時期《山海經》中的「石涅」和東漢時期《漢書·地理志》記載的「高奴，有洧水，可燃」，分別指的就是煤炭和石油。儘管這些化石能源在數千年前就已經被人類發現，但能源技術水準的滯後使得它們無法「物盡其用」，難以成為推動社會文明躍遷的力量。18 世紀末，英國發明家詹姆斯·瓦特（James Watt）對前人發明的蒸汽機進行了改良，使機器的熱效率提升至原來的 5 倍。從此，「煤炭 + 蒸汽機」這對能源與技術的組合，被廣泛應用在紡織、採礦、冶金、造紙和交通等行業，社會生產力得到大幅提升，第一次工業革命從此興起，工業時代已然來到。

　　在隨後的兩百多年中，石油、天然氣等化石能源被相繼開採和利用，人類用能形式也發生了重大變化。包括麥可·法拉第（Michael Faraday）、湯瑪斯·愛迪生（Thomas Edison）在內的多名科學家、發明家將電力從實驗室帶入了尋常百姓家。這一歷史性的突破使能源的生產、運輸和利用方式發生了顛覆性變革，推動了化石能源的大規模採掘和消費。化石能源成為人類社會用能結構的絕對主力。這一變革，將人類社會推向了全面電氣化的時代，同時也促進了資訊化時代的到來。

　　儘管化石能源給人類社會的發展帶來了巨大的便利，但無節制的開發利用卻對人類賴以生存的環境造成了嚴重的損害。化石能源在燃燒中會產生大量的二氧化碳、硫氧化物、氮氧化物、碳顆粒物等物質。其中，二氧化碳作為最主要的溫室氣體，其累計排放量已經突破了地球碳循環能夠自我調節的極限，打破了生態平衡，導致地球表面溫度持續升高。根據聯合國政府間氣候變化專門委員會的觀測數據，地球表面平均溫度已在 19 世紀中葉的基礎上升高了約 1.07℃。

　　因化石能源碳排放所造成的氣候變化是顯而易見的。覆蓋在格陵蘭島和南極的永久冰蓋正分別以每年 276Gt 和 152Gt 的速度融化，這導致全球海平面加速上升。1900 年至今，全球海平面已經累計上升超過 200mm，而最近 30 年的上升幅度竟超過 100mm！像威尼斯這樣的濱海城市已面臨嚴重的生存危機。根據哈佛大學的一項研究表明，威尼斯每年遭受的洪災頻率已從 1900 年的約 10 次 / 年上升至 100 次 / 年。如果海平面持續上升，在未來的一個世紀內，這座歷史文化名城或將不復存在。除此之外，氣候變化也是造成極寒天氣、短時強降雨等極端氣候事件頻發的主因之一。特別是在 2021 年，因氣候變化造成的北極冷空氣外溢，導致美國德克薩斯州遭

受了罕見的寒潮襲擊，約 270 萬戶居民斷電，數十人死於暴風雪天氣。同年 7 月，鄭州遭受了「千年一遇」特大暴雨的襲擊，17 日至 20 日 3 天內的累計降水量達到了史無前例的 617.1mm，相當於該市常年平均全年降水量，造成直接經濟損失超過 600 億元⋯⋯

面對日益嚴峻的氣候變化形勢，控制化石能源消費、實施碳減排行動已成為國際共識。世界各國紛紛簽署《聯合國氣候變化綱要公約》、《京都議定書》、《巴黎協定》等國際條約，為碳減排設定目標，並希望在 21 世紀內將地球表面平均溫度的升幅控制在 2℃ 以內，並努力達成 1.5℃ 的溫控目標。為此，設定「碳中和」時間表成為各國應對氣候變化的總目標。根據世界資源研究所（World Resources Institute，WRI）和《氣候觀察》（Climate Watch）的統計資料，截至 2022 年底，全球已有 170 個國家提交了更新版的減排策略，占全球溫室氣體排放量的 91.1%；已有 89 個國家及地區透過立法、政策文件或者政策宣示的形式提出溫室氣體「淨零」排放目標，排放量約占全球的 78.7%。

實現「碳中和」是一項長期而艱巨的工程，其中最關鍵的任務之一是推動能源綠色低碳轉型，構建清潔、安全、高效的新型能源體系。而如何實現這一目標，正是本書將要重點探討的問題。

首先是要對能源供應端進行碳排放管控和結構調整。針對化石能源，我們可利用節能與能效提升以及負碳技術，分別開展源頭管控和末端治理，整體降低化石能源的碳排放量和碳排放強度。另外，還需要依靠零碳能源逐步實現對化石能源的替代。可喜的是，我們在這方面已經看到了曙光。近十年來，風電、太陽能等可再生能源的發電成本正在加速下降，已接近甚至低於傳統燃煤發電和天然氣發電的成本，這使得可再生能源具備了替代傳統化石能源的基礎，並有望成為未來能源結構中的主力。

其次是對終端用能推行電氣化改造並普及零碳能源。交通領域是電氣化改造的重點方向之一，這離不開新能源汽車技術的廣泛應用。中國作為全球最大的新能源汽車消費市場，新能源汽車銷量滲透率屢創新高。根據工業和資訊化部的數據，截至 2022 年底，中國新能源汽車保有量已達 1310 萬輛；其中，乘用車市場新能源滲透率已達 27.6%，這意味著，每銷售 1000 輛乘用車，就有 276 輛是新能源汽車。另外，工業、建築領域的電氣化升級也正在穩步進行。然而，這還遠遠不夠。電氣化只能解決一部分終端用能的問題，卻無法替代化石能源作為化工原料的特殊角色。比如，傳統煉鋼

工藝中需要消耗大量焦炭還原劑以將鐵礦石中的鐵還原出來；我們日常使用的化工產品如橡膠、化纖、塑膠等均需要以石油、天然氣等為原料進行生產。

那麼，有沒有一種零碳能源，它既能承擔化石能源的物質原料角色，又能承擔能量載體的角色呢？我們的答案是肯定的──那就是氫能！

圍繞氫能培育「氫經濟」的想法可以追溯至1970年代的第一次石油危機。日本、美國及歐洲等已開發國家和地區為了減少對化石能源的依賴，寄希望於開發一種新型能源以增強能源的自主保障能力，於是它們將目光投向了氫能。可惜，事與願違，當時的氫氣主要透過煤氣化製氫和天然氣重整製氫獲取，高度依賴化石能源。電解水製氫技術雖已存在，但其高昂的成本讓人望而卻步。氫能的開發熱潮如曇花一現，並未取得實質性進展。

幾十年後的今天，隨著「碳中和」目標的提出，碳排放成了衡量能源價值的新維度，人們開始重視能源的清潔性，全球對零碳能源的需求呈現爆發式成長。風電、太陽能等可再生能源技術突飛猛進，發電成本逐年遞減，利用可再生能源電力進行電解水製氫正在成為獲取氫能的新途徑，這使得氫能有望在不遠的將來徹底擺脫對化石能源的依賴。在多重因素的驅動下，氫能的熱潮再次襲來。截至目前，日本、韓國已相繼提出構建「氫能社會」的策略目標，歐盟和美國針對氫能產業也發布了國家層面的規劃文件，中國於2022年正式發布《氫能產業發展中長期規劃（2021—2035年）》，明確氫能在未來國家能源體系中的重要策略地位。

本書圍繞「什麼是碳中和？」、「為什麼要建設氫能社會？」兩個問題展開，主要分為兩大部分。第一部分包含三個章節，將分別闡述氣候變化與「碳中和」的關係、實現「碳中和」的路徑以及「碳中和」技術。第二部分包含四個章節，將分別從「碳中和」願景下氫能的角色、氫能的生產與供應、海洋氫能以及氫能社會等方面介紹氫能的發展歷程及未來趨勢。

作者透過圖文並茂的形式為讀者闡述能源發展規律、技術創新歷程和文明演進趨勢，並以氫能的獨特視角來審視這場以「碳中和」為名的社會變革。希望讀者能夠透過閱讀本書獲得一些啟發和思考。

# CONTENTS 目錄

**縮略詞索引及單位**

## 第一章 氣候變化與碳中和

1.1　溫室氣體與溫室效應 —— 002
1.1.1　全球二氧化碳排放情況 —— 004
1.1.2　中國二氧化碳排放情況 —— 006
1.2　氣候暖化與極端天氣 —— 007
1.3　應對氣候變化的國際行動 —— 010
1.3.1　國際公約及協定 —— 010
1.3.2　世界主要國家應對氣候變化行動 —— 012
1.3.3　中國應對氣候變化行動 —— 014
1.4　小結 —— 015

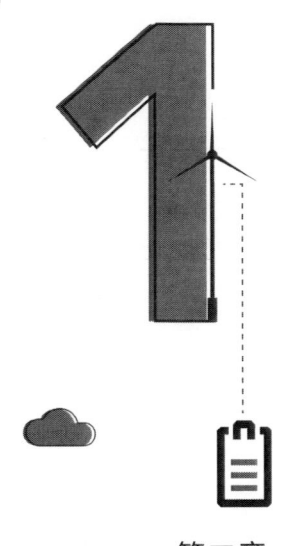

## 第二章 碳中和之路

2.1　碳中和政策 —— 018
2.1.1　世界主要國家碳中和政策 —— 018
2.1.2　中國碳中和政策 —— 020
2.2　碳中和路徑 —— 021
2.3　能源轉型途徑 —— 024
2.3.1　化石能源清潔化 —— 026
2.3.2　清潔能源規模化 —— 028
2.3.3　多種能源互補化 —— 030
2.3.4　終端用能電氣化 —— 032

2.4　重點行業減排行動 ── 033
　　2.4.1　電力 ── 033
　　2.4.2　石油與天然氣 ── 034
　　2.4.3　工業 ── 034
　　2.4.4　交通 ── 037
　　2.4.5　資料中心 ── 039
2.5　碳排放權交易機制 ── 039
2.6　社會各層面的減碳作用 ── 040
　　2.6.1　各級政府 ── 040
　　2.6.2　金融機構 ── 041
　　2.6.3　大學及研發機構 ── 041
　　2.6.4　社會大眾 ── 042
2.7　碳中和是一場協奏曲 ── 043

# 第三章
# 碳中和技術

3.1　節能與能效提升 ── 047
3.1.1　工業 ── 048
3.1.2　交通 ── 054
3.1.3　建築 ── 058
3.2　可再生能源 ── 060
3.2.1　水能 ── 061
3.2.2　風能 ── 062
3.2.3　太陽能 ── 064
3.2.4　生物質能源 ── 069
3.2.5　海洋能 ── 070
3.2.6　可再生能源經濟性情況 ── 074
3.3　電動汽車技術 ── 075
3.3.1　發展簡史 ── 075

3.3.2　電動汽車類別 —— 078

3.3.3　行業現狀及趨勢 —— 081

3.4　儲能技術 —— 082

3.4.1　儲能技術 —— 082

3.4.2　行業現狀及趨勢 —— 084

3.5　負碳技術 —— 085

3.5.1　碳捕捉利用及封存技術 —— 085

3.5.2　直接空氣捕捉技術 —— 091

3.6　氫能 —— 094

## 第四章
# 走向碳中和之路的氫能角色

4.1　氫的發現和利用 —— 096

4.2　氫的能源特點 —— 099

4.3　氫的安全性 —— 101

4.4　氫能技術與應用 —— 104

4.4.1　燃料電池 —— 104

4.4.2　氫冶金 —— 115

4.4.3　氫燃料燃氣輪機 —— 117

4.4.4　氫儲能 —— 119

4.4.5　電力多元轉化技術（Power-to-X） —— 120

# 第五章
# 氫能的生產與供應

5.1　氫的生產 —— 128
5.1.1　化石能源及化工原料製氫 —— 130
5.1.2　工業副產氫 —— 133
5.1.3　電解水製氫 —— 135
5.1.4　其他製氫技術 —— 140
5.1.5　不同製氫技術的成本對比 —— 142
5.2　氫的儲運 —— 144
5.2.1　儲氫技術 —— 144
5.2.2　運氫技術 —— 149
5.3　氫的加注 —— 153

# 第六章
# 海洋氫能

6.1　海洋氫能發展現狀 —— 156
6.2　海上風電製氫方案 —— 158
6.3　海上風電製氫經濟性 —— 160
6.4　全球海上風電製氫專案 —— 162
6.4.1　西方海上風電製氫專案 —— 162
6.4.2　中國海上風電製氫專案 —— 164
6.5　海上能源島 —— 164
6.6　氫能貿易 —— 166
6.6.1　氫能貿易市場 —— 166
6.6.2　中國氫能貿易展望 —— 167
6.7　小結 —— 167

## 第七章
# 氫能社會

7.1　全球氫能發展情況 —— 170

7.1.1　主要國家氫能策略與政策 —— 170

7.1.2　全球氫能產業發展情況 —— 177

7.1.3　國外氫能社會建設經驗與啟示 —— 179

7.2　中國氫能發展情況 —— 180

7.2.1　中國氫能策略與政策 —— 180

7.2.2　地方政策與規劃 —— 182

7.2.3　中國氫能產業發展情況 —— 183

7.3　中國建設氫能社會面臨的挑戰 —— 184

7.3.1　頂層設計和配套措施有待完善 —— 185

7.3.2　安全規範和行業標準發展滯後 —— 185

7.3.3　關鍵技術和核心設備研發不足 —— 186

7.3.4　清潔氫的生產及供應成本高昂 —— 187

7.3.5　有關氫能的利用效率尚存爭議 —— 188

7.4　總結與展望 —— 189

# 結語

# 參考文獻

# 縮略詞索引及單位

## 英文縮寫

AFC　　Alkaline Fuel Cell 鹼性燃料電池

ALKEC　Alkaline Electrolysis Cell 鹼性電解槽

AMFC　Alkaline Membrane Fuel Cell 鹼性膜燃料電池

ATR　　Autothermal Reforming 自熱重整

BNEF　Bloomberg New Energy Finance 彭博社新能源財經

BP　　British Petroleum 英國石油公司

CBAM　Carbon Border Adjustment Mechanism 碳邊境調節機制

CCUS　Carbon Capture, Utilisation and Storage 碳捕捉利用及封存技術

CDM　Catalytic Decomposition of Methane 甲烷催化裂解

$CF_4$　全氟化碳

$CH_4$　甲烷

$CO_2$　二氧化碳

COP26　《聯合國氣候變化綱要公約》第 26 次締約方大會

CSP　　Concentrated Solar Power 聚光太陽能發電

DAC　　Direct Air Capture 二氧化碳直接空氣捕捉

DRI　　Direct Reduced Iron 直接還原鐵

EGR　　Enhanced Gas Recovery 二氧化碳驅氣技術
　　　　Exhaust Gas Recirculation 廢氣再循環系統

EIA　　Energy Information Administration 美國能源情報署

EOR　　Enhanced Oil Recovery 二氧化碳驅油技術

Equinor　挪威能源（原挪威國家石油公司）

ESA　　Electro-swing Adsorption 電子變壓吸附

EU-ETS　European Union Emissions Trading System 歐盟碳排放交易體系

GDI　　Gas Direct Injection 缸內直噴

GDP　　Gross Domestic Product 國內生產總值

GE　　General Electric 美國奇異公司

GWP　Global Warming Potential　全球升溫潛勢

$H_2O$　水

HFCs　氫氟碳化物

ICCT　International Council of Clean Transportation　國際清潔交通委員會

IEA　International Energy Agency　國際能源總署

IGCC　Integrated Gasification Combined Cycle　整體煤氣化聯合循環

IHA　International Hydropower Association　國際水力發電協會

IPCC　Intergovernmental Panel on Climate Change
　　　聯合國政府間氣候變化專門委員會

IRENA　International Renewable Energy Agency　國際再生能源總署

IRR　Internal Rate of Return　內部收益率

LCOE　Levelised Cost of Energy　均化度電成本

LCOH　Levelised Cost of Hydrogen　均化製氫成本

LDAR　Leak Detection and Repair　洩漏檢測與維修

LED　Light Emitting Diode　發光二極體

LHV　Lower Heating Value　低位熱值

LOHC　Liquid Organic Hydrogen Carrier　液態有機氫載體

LNG　Liquefied Natural Gas　液化天然氣

MCFC　Molten-carbonate Fuel Cell　熔融碳酸鹽燃料電池

MOFs　Metal Organic Frameworks　金屬有機框架

$N_2O$　氧化亞氮

NASA　National Aeronautics and Space Administration　美國國家航空暨太空總署

NDCs　Nationally Determined Contributions　國家自定貢獻

$NF_3$　三氟化氮

NREL　National Renewable Energy Laboratory　美國可再生能源實驗室

$O_3$　臭氧

OECD　Organization for Economic Co-operation and Development
　　　經濟合作暨發展組織

OTEC　Ocean Thermal Energy Conversion　海洋溫差能

PAFC　Phosphoric Acid Fuel Cell　磷酸燃料電池

PEM    Proton Exchange Membrane 質子交換膜
PEMEC    Proton Exchange Membrane Electrolysis Cell 質子交換膜電解槽
PEMFC    Proton Exchange Membrane Fuel Cell 質子交換膜燃料電池
PFCs    Perfluorinated Compounds 全氟碳化物
PHEV    Plug-in Hybrid Electric Vehicle 插電混合動力汽車
Power-to-X    電力多元轉化技術
POX    Partial Oxidation 部分氧化
PRO    Pressure Retarded Osmosis 壓力延遲滲透
PSA    Pressure Swing Absorption 變壓吸附
RED    Reverse Electrodialysis 反向電透析
RGGI    Regional Greenhouse Gas Initiative 美國區域溫室氣體減排行動
SAF    Sustainable Aviation Fuel 可持續航空燃料
$SF_6$    六氟化硫
Shell    荷蘭皇家殼牌集團
SMR    Steam Methane Reforming 水蒸氣甲烷重整
SOEC    Solid Oxide Electrolysis Cell 固態氧化物電解槽
SOFC    Solid Oxide Fuel Cell 固體氧化物燃料電池
UNFCCC    United Nations Framework Convention on Climate Change
         聯合國氣候變化綱要公約
WEC    World Energy Council 世界能源理事會
WRI    World Resources Institute 世界資源研究所

# 單位解釋

| 縮寫 | 解釋 | 縮寫 | 解釋 |
| --- | --- | --- | --- |
| a | 每年 | m/s | 公尺每秒 |
| atm | 101325Pa，即 1 個標準大氣壓 | MW | 兆瓦 |
| °C | 攝氏度 | Mt | 百萬噸 |
| $g/cm^3$ | 克每立方公分 | MPa | 兆帕 |
| GW | 吉瓦，$1GW=10^6 kW$ | Mtoe | 百萬噸油當量 |
| Gt | 十億噸 | MJ/kg | 兆焦每公斤 |
| GWh | 吉瓦時 $1GWh=10^6 kWh$ | Mt/a | 百萬噸每年 |
| Gt/a | 十億噸每年 | $Nm^3$ | 標準立方公尺 |
| lm/W | 流明 / 瓦 | t | 噸 |
| kW | 千瓦 | $tCO_2e$ | 噸二氧化碳當量 |
| kWh | 千瓦時 | toe | 噸油當量，指 1 噸標準油所含熱量 |
| km | 千公尺或公里 | TWh | 太瓦時 $1TWh = 10^9 kWh$ |
| kV | 千伏 | vol.% | 體積百分比 |
| km/h | 公里每小時 | $W/m^2$ | 瓦每平方公尺 |
| kW/L | 千瓦每升 | Wh/kg | 瓦時每公斤 |
| kt/a | 千噸每年 | wt.% | 質量百分比 |
| mm | 毫米 | | |

# 第一章 氣候變化與碳中和

當今世界正經歷百年未有之大變局，世紀疫情席捲全球，地緣政治賽局愈演愈烈，逆全球化暗流湧動……諸多因素正在加劇人類社會的不安全感。2020年以來，全球經濟因新冠疫情遭受到了前所未有的重創，跨國交通旅行陷入停滯，人與人的交流從線下被迫搬到了線上，社會生產生活秩序屢屢遭受脈衝式疫情的衝擊。在世界局勢動盪不安的時代背景下，「人類命運共同體」的理念被國際社會所接受，世界各國政府愈加重視「人與自然和諧共生」的價值意蘊。人類與大自然共生共存的數百萬年以來，除了與瘟疫的持續抗爭，還遭受著大自然的其他考驗，比如洪水、乾旱、颶風、寒潮等，極端天氣的波及和影響範圍不亞於任何一場疫情。進入工業時代，煤炭、石油、天然氣等化石能源成為推動社會發展的重要動力，然而也不可避免地造成二氧化碳、硫氧化物、碳顆粒物等汙染物的大量排放。人類賴以生存的自然環境已變得千瘡百孔，氣候變化正在加劇，嚴重的自然災害頻頻發生，「生態危機」正演變為人類的「生存危機」。如何平衡人類社會發展與自然生態保護之間的矛盾，這是地球母親對我們所有人的現實拷問。

## 1.1 溫室氣體與溫室效應

每當提到氣候變化，溫室氣體與溫室效應往往是大家討論的重點話題。首先，什麼是溫室氣體？顧名思義，此類氣體是形成溫室環境的主要原因。當太陽光照射到地球時，其中約一半的輻射能量被地球表面吸收，而另一半則被地球表面和大氣層反射回宇宙。地球自身熱輻射和從地球表面反射回宇宙的太陽光大部分處於紅外波段（即紅外線），它們在經過大氣層時會被溫室氣體吸收，從而阻止熱量「逃逸」出大氣層（見圖1-1）。因此，溫室氣體更像是地球的一件外衣，在處於合適的濃度水準時，可以使地球的「體溫」保持在相對適宜的區間，為萬物生長提供舒適的環境。如果地球沒有溫室氣體的保護，地球表面的平均溫度將會降至 $-20\,°C$ [1]，絕大部分地區將不再適合人類和動植物生存。所以，溫室氣體對於維持地球表面溫度和生態環境的平穩發揮著至關重要的作用。在人類進入工業社會之前，自然界中的溫室氣體主要為水蒸氣（$H_2O$）、二氧化碳（$CO_2$）、臭氧（$O_3$）、甲烷（$CH_4$）

太陽輻射為地球提供能量

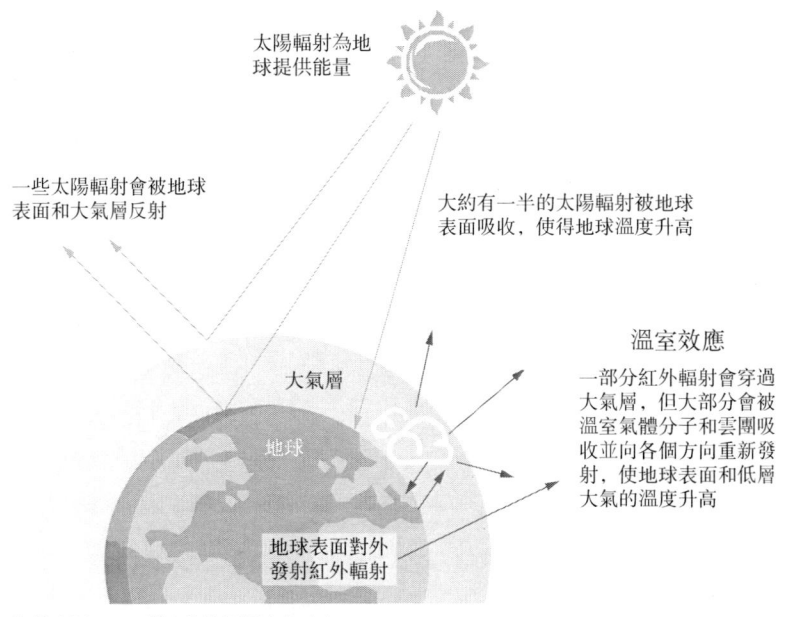

一些太陽輻射會被地球表面和大氣層反射

大約有一半的太陽輻射被地球表面吸收，使得地球溫度升高

溫室效應
一部分紅外輻射會穿過大氣層，但大部分會被溫室氣體分子和雲團吸收並向各個方向重新發射，使地球表面和低層大氣的溫度升高

大氣層

地球

地球表面對外發射紅外輻射

資料來源：IPCC[4]（基於原圖有修改）

圖1-1　溫室效應形成示意圖

及氧化亞氮（$N_2O$）等氣體。其中二氧化碳作為最主要的溫室氣體，主要來自人類和動植物的呼吸作用，以及火山噴發等地球自然運動。甲烷和氧化亞氮等氣體則主要源自反芻類動物、農田耕作以及自然濕地。

　　隨著工業化時代的到來，人類開始大量使用煤炭、石油、天然氣等化石能源，導致二氧化碳、甲烷等溫室氣體的排放量顯著增加，打破了自然界原有的平衡狀態，超出了地球的自我調節能力。此外，化工技術的發展產生了大量人工合成的溫室氣體，其中氣態氟化物是最具代表性的化學汙染物之一，如氫氟碳化物（HFCs）、三氟化氮（$NF_3$）和六氟化硫（$SF_6$）等。此類氣體在鋁工業和半導體行業有著廣泛用途，而大部分則用於替代消耗臭氧層物質（如製冷劑）。消耗臭氧層物質主要包括全氯氟烴、含氫溴氟烴、含氫氯氟烴等，曾廣泛應用在製冷、滅火、泡沫隔熱等領域。這些物質被釋放至空氣中時會上升至平流層，在紫外線的照射下分解出大量的氯原子（Cl）和溴原子（Br）。這些原子破壞臭氧層的威力巨大，其中，一個氯原子可以破壞超過10萬個臭氧分子[2]。為了保護臭氧層，聯合國環境規劃署1987年在加拿大蒙特利爾召開會議並通過《蒙特婁議定書》，正式以法律形式要求簽署國逐步停用消耗臭氧層物質。

為了衡量溫室氣體對全球升溫的影響強弱，聯合國政府間氣候變化專門委員會（Intergovernmental Panel on Climate Change，IPCC）定義了全球升溫潛勢（Global Warming Potential，GWP）和在大氣中存留時間兩個指標[3]。前者是以二氧化碳在 100 年裡所造成的溫室效應作為基準（時間尺度也可以定義為 20 年或 500 年），約定其 GWP 為 1。其他溫室氣體在同樣時間尺度內的 GWP 值均透過對比二氧化碳計算得出，如甲烷 GWP 約為 28，即在 100 年時間尺度內，1t 甲烷對地球暖化造成的影響相當於 28t 二氧化碳的總和。總體來看，人造溫室氣體的 GWP 顯著高於自然產生的溫室氣體。根據 IPCC 第 6 次評估報告第一工作組報告數據，人造 HFCs 的 GWP 普遍超過 1000，$NF_3$ 和 $SF_6$ 的 GWP 更是分別達到 17400 和 25200，可見人類工業活動對於全球升溫的顯著影響[3]。

此外，溫室氣體在大氣中的存留時間也是研究全球溫室效應的另外一個關鍵指標。甲烷和氧化亞氮一般在大氣中可以分別停留 11.8 年和 109 年[3]，而二氧化碳一般很難用單一的時間指標來衡量。由於二氧化碳的化學性質十分穩定，在自然情況下難以分解，因此主要透過溶解於海水中或參與植物的光合作用等方式被消化，少數二氧化碳會長期留存在大氣中，時間可長達上千年。人造溫室氣體在空氣中的存留時間長短不一，HFCs 大多屬於短壽命溫室氣體，壽命大多在幾十年以內，而其他的氟化物如 $NF_3$ 和 $SF_6$ 的壽命分別長達 569 年和 3200 年，更有全氟化碳（$CF_4$）可以在空氣中停留 5 萬年之久。

### 1.1.1　全球二氧化碳排放情況

2021 年 8 月 IPCC 發布了第 6 次評估報告《氣候變化 2021：自然科學基礎》[3]，認為全球氣候變化的速度正在加快，人類生存環境的惡化速度超出想像。據報告數據顯示，1750 年人類進入工業化時代以來，大氣中主要溫室氣體濃度已明顯升高，其中二氧化碳、甲烷和氧化亞氮氣體的濃度已經分別升高 47%、156% 和 23%。除了研究氣體濃度以外，科學家也長期追蹤主要溫室氣體的排放情況。國際上一般參考不同溫室氣體的 GWP，以噸二氧化碳當量（$tCO_2e$）為單位來進行計量。以 1t 甲烷為例，其 100 年時間尺度的 GWP 為 28，對應的二氧化碳排放當量為 $28tCO_2e$。在此基礎上，IPCC 對全球人為因素造成的溫室氣體排放量進行了統計，其中二氧化碳是最主要的溫室氣體，約占全部溫室氣體排放總量的八成，剩餘為甲烷、氧化亞氮及含氟溫室氣體。

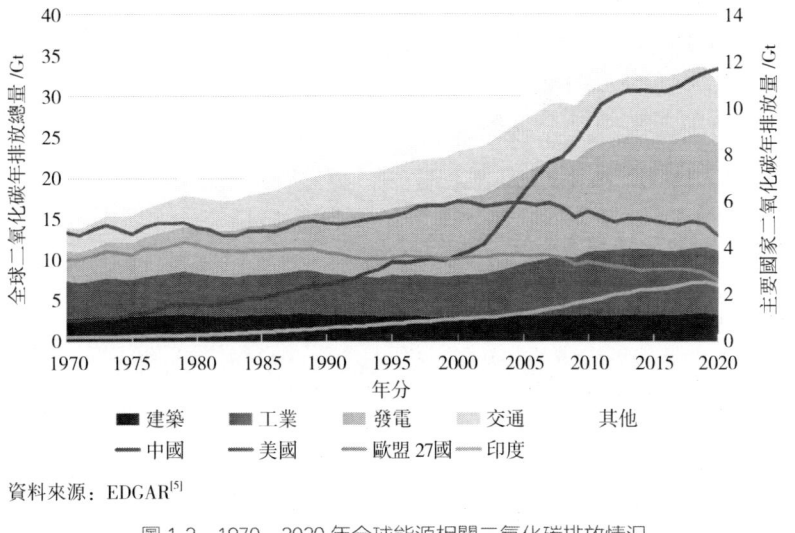

图 1-2　1970—2020 年全球能源相关二氧化碳排放情况

　　人为因素造成的二氧化碳排放主要分为化石能源的使用和土地利用变化两大类，而前者的排放量比重高达 80% 以上。2020 年全球因使用化石能源造成的二氧化碳的排放量已经在 1970 年的基础上增加了一倍以上，达到约 36Gt（图 1-2）。发电领域是二氧化碳排放的首要源头，1970 年以来，该领域二氧化碳排放比重持续上升，已经在 2020 年达到了 36.5%。由于燃煤发电、天然气发电依然是各国的主力电源，随着社会电气化进程的深入推进，未来电力需求将持续上升，这意味着如果保持当前的发电结构不变，二氧化碳排放量将持续成长。工业领域属于第二大排放源，钢铁、水泥、化工等高耗能、高排放行业是传统的用电大户，同时也需要消耗大量的化石能源一方面用作燃料，另一方面用作化工原料。不过，工业领域的排放量比重正呈现逐年下降的趋势，从 1970 年的 28.8% 降至 2020 年的 21.7%。相比之下，交通领域的排放比重却呈逐年上升的趋势，已从 1970 年的 17.7% 上升至 2020 年的 20.3%，这与全球机动车保有量上升有着密切关系。美国、日本和欧盟等国家是传统的汽车制造和消费大国，汽车保有量一直在稳定增加。中国在改革开放（1979 年）后，汽车开始走进千家万户。截至 2022 年底，中国民用汽车保有量已达到 3.19 亿辆，占全球比重超过 20%，稳居全球汽车消费市场的首位。要知道，中国在 1970 年的民用汽车保有量还不到 50 万辆。尽管在汽车总量上已稳居全球首位，但从人均保有量上看，中国与已开发国家还有着不小的差距，这意味着中国汽车市场还有较大的发展空间。不只是中国，还有印度等其他新兴经济体也在大力推动汽车消费，这意味着未来还会有更多的二氧化碳排放来自交通运输领域，大有赶超工业领域排放量的强劲势头。建筑领域的排放量比重已

從 1970 年的 18.4% 下降至 2020 年的 9.4%，而其他領域的排放量比重基本維持在 10% 左右。

## 1.1.2 中國二氧化碳排放情況

隨著中國經濟總量和工業規模的不斷成長，二氧化碳排放量也呈加速上升趨勢，其中能源活動是最主要的排放源，約占中國全部二氧化碳排放量的 86.8%❶。從圖 1-3 可以看出，中國能源相關二氧化碳排放量已由 1970 年的 0.91Gt 攀升至 2020 年的 11.7Gt，且排放量占全球的比重也在逐年提高，從 1970 年的 5.7% 升至 2020 年的 32.5%，超越美國成為全球二氧化碳年排放量最高的國家[5]。和全球的碳排放結構相似，中國發電行業的碳排放量比重呈逐年上升趨勢，在 2020 年已達到 41%，成為第一大排放源。這與中國「一煤獨大」的發電結構密切相關。儘管中國可再生能源發電裝機量屢破新高，但煤電裝機規模依然龐大。根據中國電力企業聯合會發布數據顯示，2020 年，中國全口徑發電裝機容量為 2200GW，其中煤電為 1080GW，占總發電裝機容量的比重為 49.1%，煤電發電量占總發電量的比重為 60.8%[6]。同時，中國作為製造業大國，工業領域的排放量雖然在持續增加，不過比重卻呈下降趨勢，已從 1970 年的 42.4% 降至 2020 年的 27.6%。與歐美國家不同，中國交通領域占總體排放量的比重不足 10%（約 1Gt），這與中國經濟處於工

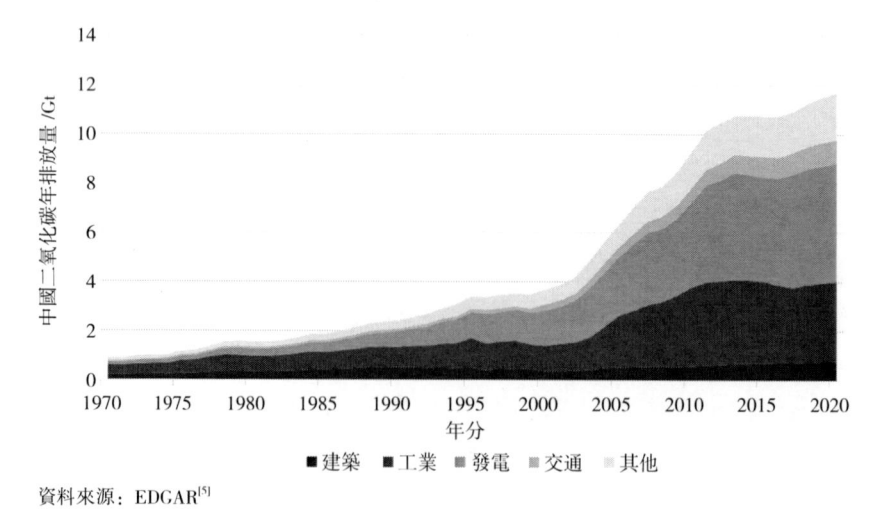

資料來源：EDGAR[5]

圖 1-3　1970—2020 年中國能源相關二氧化碳排放情況

---

❶《中華人民共和國氣候變化第二次兩年更新報告》數據。

業化和城市化發展階段的特徵相符。隨著中國現代化進程的提速，二氧化碳排放結構將逐漸向已開發國家的排放結構進行轉變，工業領域排放量占比將逐步降低，而交通領域的排放量比重或將繼續提升。

## 1.2 氣候暖化與極端天氣

二氧化碳等溫室氣體無節制地排放必然造成地球表面溫度的升高，據科學監測數據顯示，從19世紀中葉到2020年，地球表面平均溫度因人為因素造成的升溫幅度在0.8℃~1.3℃，其中1.07℃的可信度最高（見圖1-4）[7]。

目前，已經有越來越多的觀測數據證實了地球升溫現象。俄羅斯西伯利亞北極圈以內的維科揚斯克小鎮2020年6月20日的氣溫一度高達38℃，創下該地自1885年有記錄以來的史上最高溫度；南極洲大陸在2020年氣溫也一度達到18.3℃的歷史高點。全球氣候變化對中國的影響也十分顯著，升溫速率明顯高於同期的全球平均水準。根據中國氣象局的數據顯示，最近70年以來，中國地表的升溫速率達到0.26℃/10年。進入21世紀以後，升溫速率進一步加快，1901年以來中國10

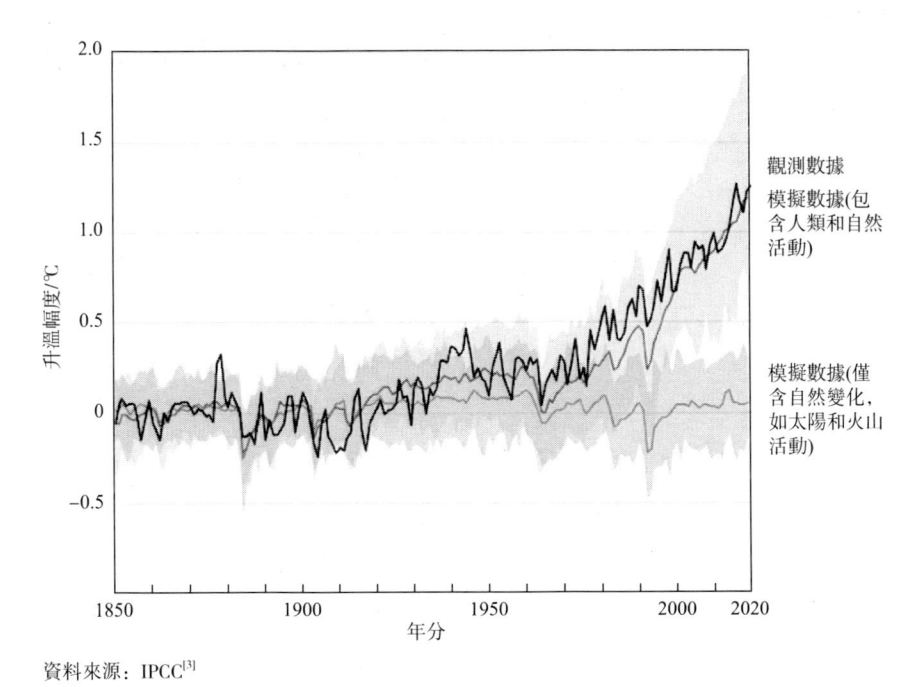

資料來源：IPCC[3]

圖1-4　1850—2020年全球地表溫度（年均值）觀測數據與模擬數據變化情況

個最暖年分中，有 9 個均出現在 21 世紀[8]。

　　隨著地球表面平均溫度的升高，占地球表面面積約 10% 的冰層已經出現明顯的消融現象。根據美國國家航空暨太空總署（NASA）全球氣候變化觀測數據[8]，自 1994 年以來，全球每年約有 400Gt 的冰川消融，大型冰川所在地如阿拉斯加、洛磯山脈、安地斯山脈、阿爾卑斯山脈、喜馬拉雅山脈和蘇迪曼山脈等均有不同程度的冰川退縮情況。其中被譽為「非洲屋脊」的吉力馬札羅山的永久冰川，正在以高於全球平均水準的消融速度加速退縮，並可能在 2040 年完全消失（見圖 1-5）。此外，覆蓋在格陵蘭島和南極的永久冰蓋也分別以每年 276Gt 和 152Gt 的速度融化。冰川和冰蓋的大範圍融化將不可避免地導致海平面加速上升，據衛星和海岸監測數據顯示，1900 年至今，全球海平面已經累計上升超過 200mm，而最近 30 年已累計上升超過 100mm，年均升幅達到 3.4mm[9]。中國沿海的海平面年均升幅高於同期全球平均水準，2020 年中國沿海海平面較 1993—2011 年的平均值已高出 73mm[8]。如果海平面上升勢頭沒有得到有效緩解，像義大利威尼斯這樣的濱海歷史名城將很可能在 21 世紀末期被逐漸淹沒，而紐約、上海、倫敦等沿海都市也將面臨內澇的風險。

資料來源：NASA[11]

圖 1-5　吉力馬札羅冰川退縮情況對比

注：照片由美國國家航空暨太空總署（NASA）Landsat 衛星在 1993 年 2 月 17 日（左圖）和 2000 年 2 月 21 日（右圖）拍攝。

　　氣候變化也是一系列極端天氣現象頻發的主因。根據 IPCC 報告顯示，1950 年代以來，全球大部分國家遭遇高溫熱浪❶襲擊的頻率和強度正在加大[3]。在全球升溫趨勢下，極端高溫天氣開始席捲全球各地。2003 年 8 月歐洲遭遇嚴重高溫熱浪

---

❶ 根據中國氣象局的定義，高溫熱浪事件一般是指日最高氣溫≥35℃，日最低氣溫≥25℃，且持續時間多於 3 天的連續高溫天氣。

襲擊，超過 7 萬人死亡[10]，大量綠色植被因長期曝晒而枯死，歐洲當地的森林碳匯❶能力被削減約 30%[11]。這場災難使得大量二氧化碳無法被植物吸收，而這部分未被吸收的二氧化碳約等於當地 4 年的碳匯總量[11]。中國科學院研究了近 60 年中國高溫熱浪事件發生情況，發現局部地區高溫熱浪發生的頻率和強度指數增加了近 1 倍，前 3 大高溫熱浪事件均發生在 2000 年之後[12]。其中，2013 年 8 月的高溫熱浪天氣創下了中國自有監測數據以來的最高紀錄。此研究還警示，在全球 2℃升溫情境下，像 2013 年這樣的熱浪天氣將成為常態，發生頻率可能達到每兩年一次，屆時高溫、乾旱、缺水等異常環境將對地球上的動植物和人類生存構成嚴峻考驗。

除此之外，有大量觀測證據表明，極端強降水和洪澇災害事件的發生頻率與危害程度也在逐漸提高，這對城市生活、農業生產和自然生態造成了嚴重危害。挪威、瑞典及芬蘭等氣象局聯合針對北歐波羅的海區域的降水情況進行了系統研究[13]。結果顯示，1901 年以來該地區絕大部分監測站所測得的年度單日最大降水量都呈現上漲趨勢，並且每年的最大降水強度也連續 50 年上升。奧地利、瑞士、德國等其他歐洲國家的降水情況也呈現同樣的趨勢[14]，中國也不例外。根據中國氣象局數據顯示，1961—2020 年，中國平均年降水量總體呈現上升趨勢，強降水等極端事件增多增強，氣候風險水準逐年上升[8]。例如 2021 年 7 月 17—20 日，中國河南省遭遇短時強降水侵襲，平均每日降水量高達 144.7mm。其中，鄭州市更是遭遇了罕見的特大暴雨❷襲擊，20 日 16—17 時 1 小時降水量一度達到 201.9mm，打破了中國 1975 年 8 月河南林州「758 特大暴雨」1 小時降水量 198.5mm 的紀錄。鄭州氣象局官方稱此次特大暴雨「千年一遇」，而此次極端氣候災害所造成的遇難者人數超過 300 人。同期，德國、比利時、荷蘭、盧森堡、奧地利等歐洲西部多國也遭遇強降雨襲擊，其中 7 月 14—15 日部分受災地區降水量達到 100~150mm，相當於當地 2 個月的降水量。此次特大暴雨造成超過 190 人遇難，僅在德國西部萊茵蘭 – 法爾茲州的阿爾魏勒縣就有至少 117 人遇難，749 人受傷。

面對愈演愈烈的氣候災害，人類正經歷有史以來最嚴峻的生存危機。為此，世界各國開始攜手行動，主動控制溫室氣體排放，積極應對氣候變化。

---

❶ 所謂「碳匯」是指通過植樹造林、植被恢復等手段，吸收大氣中的二氧化碳，以降低溫室氣體在大氣中濃度的過程、活動或機制，主要包括森林碳匯、草地碳匯、耕地碳匯、海洋碳匯和人工碳匯 5 種類型。

❷ 根據中國氣象局的標準，24h 內降水量在 50~99.9mm 為暴雨，100~250mm 為大暴雨，大於 250mm 為特大暴雨。

## 1.3 應對氣候變化的國際行動

### 1.3.1 國際公約及協定

1.《聯合國氣候變化綱要公約》

1992年5月，150多個國家與歐洲經濟共同體（現歐盟的前身）在聯合國大會上共同簽署《聯合國氣候變化綱要公約》（以下簡稱《公約》），確立了應對氣候變化的最終目標，即「將大氣中溫室氣體的濃度穩定在防止氣候系統受到危險的人為干擾的水準上」[15]。這一水準應當在足以使生態系統能夠自然地適應氣候變化、確保糧食生產免受威脅並使經濟發展能夠可持續地進行的時間範圍內實現」。《公約》還針對國際合作應對氣候變化提出了「共同但有區別的責任」原則，明確已開發國家應率先採取應對氣候變化的措施，並向開發中國家提供資金和技術，幫助開發中國家應對氣候變化。《公約》自1994年3月21日生效，截至2021年12月，共有197個國家和地區作為締約方簽署了該文件。

2.《京都議定書》

為了強化《公約》的執行力度，特別是推動已開發國家的減排進程，《京都議定書》（以下簡稱《議定書》）於1997年12月11日在《公約》第3次締約方會議上獲得通過[16]。《議定書》歷史性地針對締約方的溫室氣體排放量設置了具有法律約束力的目標，並為各國履行減排義務提出了具有建設性意義的市場化「履約機制」，包括國際排放權交易、清潔發展和共同履約等。《議定書》還明確了6種主要溫室氣體，包括$CO_2$、$CH_4$、$N_2O$、$SF_6$、HFCs和PFCs，同時設置了2008—2012年和2013—2020年兩個承諾期。

參與第一個承諾期的國家包括歐盟各成員國、澳洲、日本等37個國家和一個國家集團（歐盟），各國在5年的執行期中將溫室氣體排放量在1990年的排放基礎上平均減少了5%。值得一提的是，作為《議定書》締約方和首個承諾期參與者的加拿大，卻在2011年12月選擇退出《議定書》，宣布不再執行相關減排承諾，逃避了因無法完成減排目標而面臨的約140億加元的罰款[17]。在2012年12月8日的杜哈會議上，締約方通過了《〈京都議定書〉杜哈修正案》，規定參與第二個承諾期（2013年1月1日至2020年12月31日）減排的國家，需要將溫室氣體排放量在1990年的水準上減少18%，同時還對溫室氣體清單進行了完善。

3.《巴黎協定》

《巴黎協定》於 2015 年 12 月 12 日在第 21 屆聯合國氣候變化大會（巴黎氣候變化大會）上通過，是一項具有法律約束力的氣候管控全球性協議。該文件安排了一系列 2020 年後全球應對氣候變化的國際機制，並制定了控制全球溫度升高的長期目標，即「把全球平均氣溫升幅控制在工業化前水準以上低於 2℃之內，並努力將氣溫升幅限制在工業化前水準以上 1.5℃之內」[18]。為實現這一溫控目標，《巴黎協定》要求締約方「盡快達到溫室氣體排放的全球峰值，同時認識到達峰對開發中國家締約方來說需要更長的時間；此後利用現有的最佳科學手段迅速減排，以實現可持續發展和消除貧困，在公平的基礎上，在 21 世紀下半葉實現溫室氣體源的人為排放與匯的清除之間的平衡」。這實質上是透過國際文件的形式正式提出了碳達峰、碳中和的願景目標。

與碳達峰目標相比，各國提出的碳中和目標更受國際社會關注。目前，國際上關於碳中和目標所涉及的溫室氣體管控範圍尚未形成一致意見，各國依據自身國情提出了類似但又有區別的表述。總體上看，碳中和目標可分為「碳中和（Carbon Neutrality）」、「淨零排放（Net Zero）」、「氣候中性（Climate Neutrality）」三種。碳中和一般是指國家、城市、企業、產品、活動或個人在一定時間內直接或間接產生的二氧化碳排放，透過碳捕捉利用及封存（Carbon Capture, Utilisation and Storage, CCUS）、植樹造林等形式進行抵消，達到相對零碳排放的結果。淨零排放的覆蓋範圍更廣，不僅包含二氧化碳，同時也包含甲烷、氧化亞氮、氫氟碳化物等其他溫室氣體，要求所有溫室氣體排放量與人為清除量在一定時期內達到平衡。氣候中性的目標則更為宏偉，它不僅要求實現溫室氣體的淨零排放，同時還考慮區域或局部的輻射效應影響，比如飛機尾跡雲的輻射強迫等，旨在實現人類活動對氣候系統的淨零影響。在本書接下來的章節所提到的碳中和目標中，除非特別說明，將主要泛指以上三類目標。

國家自定貢獻（Nationally Determined Contributions, NDCs）也是《巴黎協定》的一項重要內容。它規定，締約國應在「共同但有區別的責任和各自能力」的原則基礎上，根據溫控目標制定、通報並保持其國家自定貢獻，每隔五年須向祕書處通報一次。NDCs 應反映該國可實現的最大減排力度，並持續採取更加有力的政策和措施，強化國家自定貢獻力度。此外，《巴黎協定》還鼓勵各國制定長期溫室氣體低排放發展策略，使減排行動成為一項長期、可持續的重要任務。

《巴黎協定》在資金、技術、減排能力建設上也作出了相應安排。總體上，《巴

黎協定》要求已開發國家為開發中國家提供資金支持，並嘗試圍繞減排技術建立框架機制用於指導技術開發和轉讓，但並未就具體措施和金額提出具有法律約束力的量化指標。其實，早在2009年哥本哈根氣候大會上，已開發國家就提出了到2020年每年向開發中國家提供1000億美元用於應對氣候變化的援助承諾。但根據經濟合作暨發展組織（OECD）統計，儘管已開發國家每年為開發中國家提供的應對氣候變化資金已從2013年的524億美元增加至2019年的796億美元，但從未達到每年1000億美元的目標[19]。於2021年通過的《格拉斯哥氣候公約》再次發出呼籲，希望已開發國家履行承諾，在未來五年內將氣候援助資金提升至2019年水準的兩倍。儘管如此，各國在具體行動細節和資金等問題上依然爭論不斷，求同存異成為各國應對氣候變化的現實之舉。

### 1.3.2　世界主要國家應對氣候變化行動

在國際社會的聯合呼籲下，世界各國透過頒布國家行動方案、制定法律法規、發布行業指導意見等方式，控制溫室氣體排放，推動能源綠色低碳轉型。根據世界資源研究所（WRI）和《氣候觀察》（Climate Watch）的統計資料，截至2022年底，全球已有170個國家提交了更新版的減排策略，占全球溫室氣體排放量的91.1%；已有89個國家及地區透過立法、政策文件或者政策宣示的形式提出碳中和目標，排放量約占全球的78.7%。

歐盟是全球應對氣候變化最為積極的經濟體。2018年，歐盟頒布《歐洲為實現繁榮、現代、具備競爭力的氣候中性經濟的長期策略構想》，首次提出到2050年實現氣候中性目標[20]。隨後，歐盟議會在2020年1月以壓倒性優勢通過了《歐洲綠色政綱》（European Green Deal），為實現溫室氣體淨零排放制定了詳細路線圖和政策框架。同年6月，歐盟表決通過首部氣候法——《歐洲氣候法案》（European Climate Law），為實現碳中和目標增加了法律約束。除了從政策和法律層面積極應對氣候變化之外，歐盟從2005年便建立了全球首個碳排放權交易體系（EU-ETS），覆蓋歐盟各成員國、冰島、挪威和列支敦斯登。該體系引入市場化機制，使得碳排放權具備了金融屬性，並衍生出了諸多碳金融交易產品。符合條件的企業、機構甚至個人都能進入市場進行交易，大幅提升了碳交易的活躍度和各國碳減排的效率，使得參與國家超額完成了《京都議定書》的減排指標。由於脫碳費用會直接導致商品和服務成本上漲，為了保護歐盟內部的產業競爭力，

歐洲議會在 2021 年 3 月透過設立「碳邊境調節機制（CBAM）」，計劃針對碳排放強度高的進口商品（如鋼鐵、水泥、電力和鋁等）徵收碳邊境調節稅，以防範「碳洩漏」。此外，歐盟也在積極支持碳中和技術的研發應用，大規模建設風電、太陽能專案，制定《歐盟氫能策略》，同時提供資金支持 CCUS 技術在工業領域的應用等。可以看出，歐盟在法律、政策、金融、技術、外交等各方面積極應對氣候變化，實施力度空前絕後。

美國作為化石能源消費和生產大國，其社會各界對於氣候變化的態度一直存在兩極分化的現象。一方面，科學界對於全球氣候變化早已形成了廣泛共識，在氣候變化領域的研究也長期處於世界領先地位並致力於倡導各國採取行動。另一方面，美國政府層面特別是共和黨對氣候變化持比較堅決的懷疑和否定態度，比如小布希政府退出《京都議定書》和川普政府退出《巴黎協定》等舉動一度震驚世界。以上顯示出美國社會對於應對氣候變化的矛盾態度[21]。儘管如此，美國一直高度重視科技創新在氣候變化規律研究、氣候變化影響辨識、應對氣候變化舉措、相關政策制定等方面的作用[22]。為強化技術引領，美國聯邦政府推出了包括美國全球變化研究計劃（USGCRP）、清潔能源技術研發（CCTP）和全球氣候變化倡議（GCCI）等多項長期專案，分別涵蓋氣候變化所涉及的科學、技術和對外援助三個方面。USGCRP 旨在整合資源，為政府決策提供參考；CCTP 的主要使命是支持太陽能、風能、核能等清潔能源的開發應用，美國能源部（DOE）為此每年投入超過 70 億美元，用於清潔能源技術開發；GCCI 的主要職能是進行對外援助與合作，覆蓋領域包括低碳發展、環境適應、清潔能源、森林碳匯等。除此之外，美國為推廣清潔能源技術的應用，制定了一系列稅收優惠政策，包括為風電、太陽能等新能源專案的投資和生產提供稅收抵免，對符合條件的個人住宅節能改造工程和用戶新能源設備執行個人所得稅抵免，發布 45Q 稅收抵免條款支持 CCUS 專案等。

日本在應對氣候變化方面一直採取跟隨策略。自《巴黎協定》簽署以來，該國制定了《氣候變化適應計劃》、《氣候變化對策計劃》、《能源創新策略》等策略計劃[23]，主要行動包括加大氣候變化領域的科技研究投入力度、大力推廣節能技術應用、增加對純電動汽車和氫燃料電池汽車的補貼力度、建立全球溫室氣體監測數據共享平臺、加強與其他國家的氣候變化合作等。2021 年，日本更新了國家自定貢獻減排目標，提出到 2030 年將碳排放量降低至 2013 年的 54% 左右，並將可再生能源發電裝機量的比重提升至 36%~38%。

### 1.3.3　中國應對氣候變化行動

隨著世界主要國家接連宣布碳中和目標，中國在應對氣候變化方面的舉措備受矚目。

中國是擁有 14 億多人口的最大的開發中國家，能源密集型、碳密集型產業規模龐大，溫室氣體排放量占全球比重最高，碳減排壓力巨大。歐洲大部分國家如英國、德國和法國等，早在 1980 年代至 1990 年代逐漸實現了碳達峰，而美國作為當前第二大碳排放國，其碳排放量在 2007 年也已實現達峰。這意味著已開發國家自碳達峰後，普遍擁有更多的時間實現碳中和。對比來看，在「雙碳」目標指引下，中國在 2030 年實現碳達峰後，僅剩 30 年的時間來實現碳中和，這一任務十分艱巨。

儘管如此，中國在應對氣候變化方面做了大量的工作[24]。長期以來，中國政府就應對氣候變化積極制定和實施了一系列策略、法規、政策和行動。在頂層設計方面，中國於 2013 年制定了《國家適應氣候變化策略》，並於 2020 年啟動編制《國家適應氣候變化策略 2035》，分階段明確了國家適應氣候變化工作的總體方略、目標和舉措。同時，中國大力優化調整能源結構，確立了能源安全新策略，著力推動能源消費革命、供給革命、技術革命、體制革命，全方位加強國際合作。在規劃制定方面，中國在 2021 年制定了碳達峰碳中和「1+N」政策體系，發布了頂層設計文件——《關於完整準確全面貫徹新發展理念做好碳達峰碳中和工作的意見》，對「雙碳」工作進行了系統謀劃和總體部署。隨後，國務院印發《2030 年前碳達峰行動方案》，為能源、工業、城鄉建設、交通運輸、農業農村等多領域開展制定碳達峰實施方案提供了具體指引。在法律法規方面，2015 年修訂的《中華人民共和國大氣汙染防治法》專門增加條款，為實施大氣汙染物和溫室氣體協同控制與開展減汙降碳協同增效工作提供法制保障。在體系和制度建設方面，中國持續推進綠色低碳循環發展經濟體系，高耗能、高排放專案監管體系，綠色低碳交通體系，清潔低碳安全高效能源體系以及全國碳市場制度體系等多項體系和制度的建設，明確統籌和加強應對氣候變化與生態保護的主要領域和重點任務。

經過多年的努力，中國在應對氣候變化和推動經濟社會綠色低碳轉型方面取得了明顯成效：（1）碳排放強度顯著下降。2020 年碳排放強度比 2015 年下降 18.8%，比 2005 年下降 48.4%，超額完成中國對國際社會承諾的到 2020 年下降 40%~45%

的目標。（2）能源消耗強度明顯降低。2011—2020 年，中國能源消耗強度累計降低 28.7%，成為全球能源消耗強度降低得最快的國家之一。（3）能源結構持續優化。2020 年，中國非化石能源占能源消費總量的比重已達到 15.9%，較 2005 年大幅提升 8.5 個百分點；非化石能源發電裝機總規模達到 980GW，占總裝機規模的比重為 44.7%；非化石能源發電量達到 2583TWh，占全社會用電量的比重達到 1/3 以上。（4）新能源產業高速發展。中國新能源汽車產銷量連續多年位居全球第一；風電、太陽能、新型儲能裝機規模均位列世界前茅。（5）生態系統碳匯能力明顯提高。中國已經成為全球森林資源成長最多和人工造林面積最大的國家，截至 2020 年底，全國森林面積達到 2.2 億公頃，全國森林覆蓋率達到 23.04%，森林植被碳儲備量達到 9.2Gt。

## 1.4　小結

　　溫室氣體排放對於氣候變化的影響已從科學共識上升至全球共治，世界各國正加速兌現減排承諾，並擴大全球溫室氣體的控排範圍。國際社會面對氣候變化新形勢達成一系列新的共識，並一致認為應對氣候變化是一項長期、艱巨且複雜的任務，需要各國的共同努力，缺少任何一方都可能導致前功盡棄。世界各國只有堅持多邊合作機制，促進技術共享，並認真落實國家自定貢獻目標，才能把碳中和的美好願景照進現實。

第二章

碳中和之路

在上一章節中，我們討論了溫室氣體與氣候變化之間的關係，透過科學觀測結果和實際發生的案例，詳細闡述了氣候變化對於人類社會造成的顯著影響以及未來可能出現的生存危機。人類社會進入工業時代以來，煤炭、石油和天然氣等化石能源被大規模開採並使用於各行各業，一方面提升了人類的生產生活水準，另一方面也不可避免地造成了環境赤字。這種矛盾使國際社會重新審視化石能源的價值，並著手規劃碳減排路徑，同時尋找替代能源。從 1990 年代起，國際社會透過簽署《聯合國氣候變化綱要公約》、《京都議定書》以及《巴黎協定》等一系列協議，正積極應對氣候變化。然而，只靠簽訂國際協議遠遠不夠，各國還需要採取實質性舉措，制定符合自身情況的政策和路徑，否則碳中和願景將是空中樓閣。

## 2.1 碳中和政策

### 2.1.1 世界主要國家碳中和政策

碳中和是一項長期且艱鉅的任務，是人類社會正在經歷的一次重大變革。為此，政府必須透過立法或者設計碳中和政策框架，為碳中和目標提供長期有效的政策保障。目前，世界主要國家實施的舉措包括設定碳中和目標、制定碳中和中長期規劃或國家行動方案、推出碳定價機制（如實施碳稅或建立碳排放權交易市場等）、安排煤電退出、遏制油氣行業甲烷排放以及實施節能改造等。

表 2-1 總結了世界主要國家和地區的碳中和目標及主要舉措。歐盟是碳中和行動的先行者，其在 2021 年通過了《歐洲氣候法案》，從法律層面約束了各成員國應對氣候變化的各項行動；同時，該法案還設置了階段性目標，明確到 2030 年，歐盟將使溫室氣體排放水準降至 1990 年的 45% 甚至更低。此外，歐盟還發布了「Fit for 55」一攬子提案，將「淨零」排放氣候目標轉化為具體行動。英國發布《淨零策略》和《綠色工業革命十點計劃》，聚焦綠色產業發展，包含英國政府一系列長期的綠色改革承諾，涉及清潔電力、交通變革和低碳取暖等眾多領域。美國公布《美國長期策略：2050 年實現淨零溫室氣體排放的路

徑》，繪製了 2050 年碳中和路線圖，明確了各個行業需要採取的行動，著重強調了提高能源效率的重要性，並提出大力推動清潔能源替代和廣泛應用二氧化碳捕捉技術。日本發布新版《2050 碳中和綠色成長策略》，提出加快能源和工業部門的結構轉型，積極發展海上風電產業，同步培育太陽能和地熱產業；同時，計劃推動氨能和氫能產業的協同發展，實現產業結構和經濟社會轉型。可以看出，世界主要國家在制定碳中和相關法規和政策時，均把推動能源綠色低碳轉型作為核心任務。

表 2-1　主要國家和地區應對氣候變化策略目標及主要舉措

| 國家／地區 | 目標 | 策略、政策、立法 | 能源 | 交通、工業、建築 | CCUS | 碳市場、碳稅 |
| --- | --- | --- | --- | --- | --- | --- |
| 歐盟 | 2030 年溫室氣體排放較 1990 年減少 55%；2050 年前實現「淨零」排放 | 《歐洲氣候法案》、《歐洲綠色協議》、《REPower EU》、《淨零工業法案》 | 16 國確定退煤時間；建立綠色電力採購機制 | 頒布《可持續與智慧交通策略》；加速推進鋼鐵行業脫碳；2035 年禁售化石燃料新車 | 積極倡導 CCUS 制度化和規範化；2022 年地平線歐洲計劃提供 5800 萬歐元資助 CCUS 技術研發 | 頒布歐盟碳邊境調節機制；歐盟碳市場目前處於第四階段，未來碳交易體系將納入航運業，並建立一個覆蓋建築和道路交通的新獨立碳交易系統 |
| 加拿大 | 2050 年實現「淨零」排放 | 《聯邦溫室氣體汙染定價法案》《淨零排放問責法》 | 五大油砂公司承諾實現 2050 年「淨零」排放目標 | 2035 年起禁售燃油車；推進「綠色建築策略」 | 2022 年起，符合條件的碳捕捉專案可申請 50% 的稅收抵免 | 2023 年起，碳稅每年遞增 15 加元/t，2030 年將上漲至 170 加元/t |
| 德國 | 2030 年溫室氣體排放較 1990 年減少 65%；2045 年實現「淨零」排放 | 《德國聯邦氣候保護法》 | 2030 年可再生能源發電量占比目標提升至 80% | 規劃氫燃料電池汽車和加氫站；計劃建立輸氫管網；頒布《建築能源法》 | 頒布 CCUS 發展路線圖和策略規劃 | — |

第二章　碳中和之路

續表

| 國家/地區 | 目標 | 策略、政策、立法 | 能源 | 交通、工業、建築 | CCUS | 碳市場、碳稅 |
|---|---|---|---|---|---|---|
| 英國 | 2035年溫室氣體排放較1990年減少78%；2050年實現「淨零」排放 | 《氣候變化法》 | 重點發展海上風能；加快先進核技術研發 | 2040年前禁售燃油車；頒布「綠色工業革命」計劃 | 計劃至21世紀20年代中期投運2個CCUS集群 | 2021年1月起正式啟動英國獨立的碳市場體系 |
| 日本 | 2050年實現「淨零」排放 | 《2050碳中和綠色成長策略》 | 2050年可再生能源發電量占比提升至50%~60% | 2035年起禁售燃油車；2030年起所有新建住宅需按照「零碳排住宅」標準建造 | 積極參與海外CCUS專案投資；2021—2025年投資130億日元用於支持$CO_2$循環利用技術發展 | 啟動全國性碳排放權交易市場建設；上調氣候暖化對策稅 |

資料來源：根據各國政府公開報導整理

### 2.1.2　中國碳中和政策

中國於2021年10月正式發布了《關於完整準確全面貫徹新發展理念做好碳達峰碳中和工作的意見》，加速構建碳達峰碳中和「1+N」政策體系。該文件全面覆蓋碳達峰、碳中和兩個階段，是中國為推動實現「雙碳」目標而制定的頂層設計，主要發揮綱領作用，體現的是中國對「雙碳」工作的系統謀劃和總體部署。值得關注的是，該文件分階段針對能源消耗指標、二氧化碳排放強度、非化石能源比重和森林蓄積量提出了量化目標，進一步明確了「雙碳」目標任務的努力方向：「到2025年，單位國內生產總值能源消耗比2020年下降13.5%；單位國內生產總值二氧化碳排放比2020年下降18%；非化石能源消費比重達到20%左右；森林覆蓋率達到24.1%，森林蓄積量達到$180 \times 10^8 m^3$。到2030年，單位國內生產總值二氧化碳排放比2005年下降65%以上；非化石能源消費比重達到25%左右，風電、太陽能發電總裝機容量達到1200GW以上；森林覆蓋率達到25%左右，森林蓄積量達到$190 \times 10^8 m^3$。到2060年，非化石能源消費比重達到80%以上，碳中和目標順利實現。」

隨後，中國國務院發布了《2030年前碳達峰行動方案》，明確了2030年前實

現碳達峰目標的主要任務，分能源、工業、城鄉建設、交通運輸等諸多行業領域制定了任務安排，並要求全國各地區結合當地社會發展實際和資源環境稟賦，梯次有序推進碳達峰。除此以外，中國還針對不同領域發布了重要文件，包括《碳排放權交易管理辦法（試行）》、《關於加快建立健全綠色低碳循環發展經濟體系的指導意見》、《關於加強高耗能、高排放建設項目生態環境源頭防控的指導意見》、《關於完善能源綠色低碳轉型體制機制和政策措施的意見》、《氫能產業發展中長期規劃（2021—2035年）》等，碳達峰碳中和「1+N」政策體系逐漸成型見效，社會各界對於「雙碳」目標任務的重視程度正在加速提升。

## 2.2 碳中和路徑

由於各國在資源稟賦、科技實力和經濟水準存在差異，相應的碳中和路徑不盡相同。不過，調整能源供需結構是各國的普遍共識，「減煤、穩油、增氣、加新❶」正成為主流趨勢[25]。圖2-1顯示的是當前世界主要經濟體的二氧化碳排放量變化情況以及未來趨勢[5]。可以看出，多數發達經濟體在進入21世紀之前就已經實現了碳達峰，而美國的碳達峰時間則是在2007年前後。相比之下，中國年碳排放量在2000—2012年經歷了一個加速上漲階段，從3.7Gt成長至10Gt以上，超越美國成為碳排放量最大的國家。2012年之後，中國的碳排放量進入緩慢上升期，根據中國工程院的預測，中國碳排放量約在2027年前後達峰，峰值約為12.2Gt[26]。在實現碳達峰以後，中國僅有30年左右的時間來實現碳中和，這意味著中國的碳排放量平均每年要削減400Mt以上，這一數字是發達經濟體的數倍，可見中國碳減排工程之艱巨。

結合中國工程院、國際能源總署（International Energy Agency, IEA）、波士頓顧問公司等多家機構的研究結果以及當前形勢[25,27-29]，從構建新型能源體系的角度出發，中國碳中和實現路徑可以分為以下四個階段：

（1）碳達峰階段（2021—2030年）。現階段，中國二氧化碳排放量依然呈現逐年上升的趨勢，但是上升速度明顯減緩，已漸入平臺期。從中國當前的二氧化碳排放結構看，工業和發電領域的碳排放量比重合計達到80%，是中國主要的碳排放

---

❶「加新」指的是增加風電、太陽能、氫能等新能源。

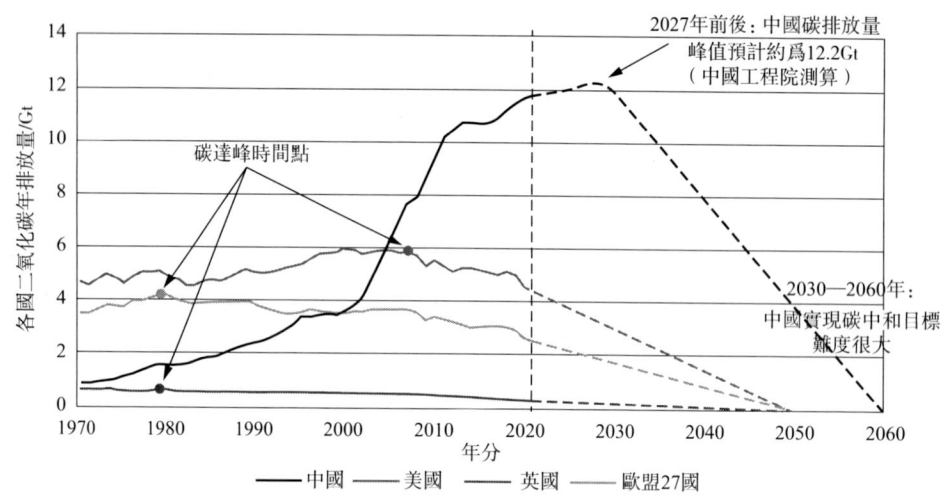

图 2-1 1970—2060 年全球主要國家二氧化碳排放情況及趨勢

源。這些領域具有碳排放強度和能源消耗強度「雙高」的特點，能效利用水準與已開發國家存在明顯差距。在碳排放強度方面，2020 年中國每 1 萬美元國內生產總值（Gross Domestic Product，GDP）對應的排放量達到 6.7t 二氧化碳，是全球平均水準的 1.8 倍、已開發國家的 3~6 倍。在能源消耗強度方面，2020 年中國每 1 萬美元 GDP 對應的能源消耗為 3.4t 標準煤，是全球平均水準的 1.5 倍、已開發國家的 2~4 倍[25]。因此，碳達峰階段的核心任務將是對標能效先進水準，推動重點用能行業進行節能降耗和能效提升改造。工業領域應大力實施節能改造工程，引進先進技術以提升使用能源效率；交通領域需要持續提升新能源汽車的市場滲透率；建築領域應加快推廣熱泵的應用。此外，還應加快能源結構調整，大力發展風電、太陽能等可再生能源，積極培育氫能和儲能產業。在負碳產業方面，CCUS 將進入產業培育期，技術成本穩步下降，需要將示範工程建設逐步轉向商業化營運，並同時發展碳匯產業。

（2）達峰平臺期（2031—2035 年）。2035 年中國新型能源體系基本成型，將呈現出多元供應、清潔低碳、安全高效的特徵。在達峰平臺期，天然氣的需求預計在 2035 年前後達峰，中國化石能源整體需求將進入峰值平臺並逐步下降。在能源供給側，推動煤炭清潔減量利用是這一時期的重要任務之一；風電、太陽能發電在達到 1200GW 裝機的基礎上，需要進一步擴大建設規模，以確保非化石能源消費比重到 2035 年前達到 30% 以上；氫能產業鏈趨於完善，正在進入快速發展期，應持續加強

基礎設施建設，並透過技術降低成本推動綠氫❶的規模化生產。在用能側，重工業領域需要加大技術創新和電氣化改造，持續降低能源消耗，並使得節能和能效水準達到世界先進。交通領域電動化程度進一步提升，新能源汽車市場占有率超過50%。在負碳產業方面，CCUS技術進入商業化應用階段，碳匯產業加速發展，推動負碳技術商業模式創新是該階段的重要任務之一。

（3）加速減排期（2036—2050年）。由於絕大部分已開發國家的碳中和時間點設置在2050年之前，各行業的深度脫碳需求激增，以氫能為代表的零碳能源進入爆發成長期，清潔能源投資或加速湧向氫能產業，推動中國構建具有全球競爭力的氫能產業鏈。同時，可再生能源需要持續保持高速成長，實現對化石能源的加速替代，非化石能源消費比重上升至70%左右。在用能側，主要任務包括加大工業領域節能和能效技術創新、深入實施建築物的節能改造、大幅度提升新能源汽車市場占有率至90%以上等。在負碳產業方面，CCUS技術逐步成熟，產業進入高度商業化階段，在工業、發電等領域實現普及，相關產業鏈發展成熟。碳匯資源進入深度開發階段，碳匯經濟逐步成型。

（4）攻堅碳中和（2051—2060年）。2060年是中國實現碳中和的關鍵時間點。這10年屬於碳中和的關鍵攻堅期，同期絕大多數已開發國家按照現有目標已經實現了碳中和。在能源供給側，中國依然需要保持對可再生能源的投資力度，以實現非化石能源消費比重達到80%的目標。在碳中和目標壓力下，中國各行業深度脫碳需求激增，將刺激氫能需求成長，此時氫能技術已經發展成熟，氫能「製儲輸用」全產業鏈成型，相關基礎設施建設已比較健全，氫能社會加速構建。在用能側，交通領域中新能源汽車技術高度發達，這一階段的主要任務是完成交通電動化的「最後一公里」，使新能源汽車保有量的比重達到90%以上；工業領域已經實現了高水準清潔低碳生產；節能環保材料、熱泵技術等廣泛應用於建築領域。在負碳產業方面，CCUS技術廣泛普及，實現高度市場化、規模化發展；碳匯經濟發展成熟；新型負碳技術如直接空氣碳捕捉（Direct Air Capture，DAC）等實現商業化發展，在分布式場景和細分領域發揮「深度脫碳」作用。到2060年，中國有望如期實現碳中和目標（見圖2-2）。

---

❶ 所謂綠氫，是指利用可再生能源和電解水製氫技術生產出的氫氣。這種氫氣在生產過程中不會造成二氧化碳排放，而作為能源使用時（如直接燃燒或者參與燃料電池反應），也只會產生水，因此被人們認為是純正的綠色新能源。

## 碳中和路徑

```
碳中和路徑
├─ 碳達峰階段（2021—2030年）
│   ├─ 減碳
│   │   ├─ 供能側
│   │   │   ├─ 可再生能源加速發展（風電、太陽能累計裝機達到1200GW）
│   │   │   ├─ 煤炭清潔化利用
│   │   │   ├─ 天然氣增產
│   │   │   ├─ 石油需求達峰後穩健發展
│   │   │   └─ 氫能產業加速培育
│   │   └─ 用能側
│   │       ├─ 工業領域技術升級改造
│   │       ├─ 新能源汽車市場滲透率達到40%
│   │       └─ 熱泵技術在建築領域推廣
│   └─ 負碳
│       ├─ CCUS進入產業培育階段
│       └─ 碳匯產業穩步發展
├─ 達峰平臺期（2031—2035年）
│   ├─ 減碳
│   │   ├─ 供能側
│   │   │   ├─ 可再生能源規模化擴張（非化石能源消費占比達到30%）
│   │   │   ├─ 煤炭清潔減量利用提升
│   │   │   ├─ 天然氣需求達峰後穩健發展
│   │   │   ├─ 石油穩步減量利用
│   │   │   └─ 氫能產業鏈趨於完善
│   │   └─ 用能側
│   │       ├─ 重工業節能和能源效率利用水準達到世界先進
│   │       ├─ 工業領域推進電氣化改造
│   │       ├─ 建築物節能改造提速
│   │       └─ 新能源汽車市場滲透率超過50%
│   └─ 負碳
│       ├─ CCUS進入商業化發展階段
│       └─ 碳匯產業加速發展
├─ 加速減排期（2036—2050年）
│   ├─ 減碳
│   │   ├─ 供能側
│   │   │   ├─ 可再生能源繼續保持高速成長（非化石能源消費占比達到約70%）
│   │   │   ├─ 氫能及相關產業進入爆發期，各行業深度脫碳需求激增
│   │   │   └─ 化石能源清潔減量利用（能源消費結構占比約30%）
│   │   └─ 用能側
│   │       ├─ 新能源汽車市場滲透率達到90%以上
│   │       ├─ 工業領域加大節能和能源效率技術創新力度，電氣化水準達到世界先進
│   │       └─ 深入實施建築物節能改造
│   └─ 負碳
│       ├─ CCUS技術逐步成熟，產業進入高度商業化階段
│       └─ 碳匯資源進入深度開發階段，碳匯經濟逐步成型
└─ 攻堅碳中和（2051—2060年）
    ├─ 減碳
    │   ├─ 供能側
    │   │   ├─ 可再生能源成為主體能源（非化石能源消費占比達到80%）
    │   │   ├─ 氫能社會全面構建（終端能源消費占比達到10%以上）
    │   │   └─ 化石燃料能源完全實現清潔化利用（能源消費結構占比約為20%）
    │   └─ 用能側
    │       ├─ 交通領域實現高度電動化（新能源汽車保有量占乘用車比重達到90%以上）
    │       ├─ 重工業實現高水準清潔低碳生產
    │       └─ 環保節能材料、熱泵技術等在建築領域得到全面普及
    └─ 負碳
        ├─ CCUS、碳匯等均實現高度市場化、規模化發展
        └─ 新型負碳技術如直接空氣碳捕捉（DAC）等均實現商業化發展，在分布式場景和細分領域發揮「深度脫碳」作用
```

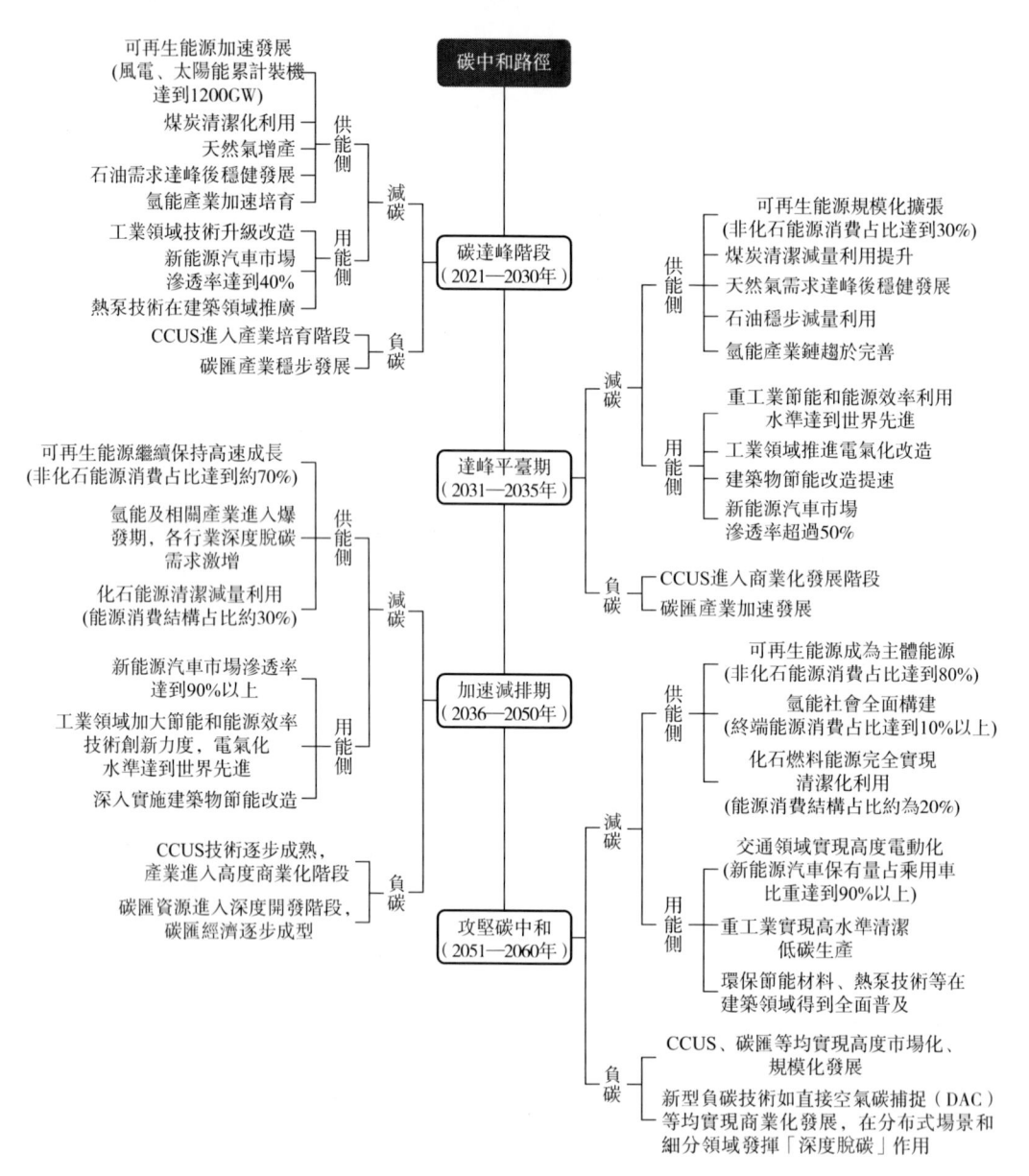

圖 2-2　碳中和路徑

## 2.3　能源轉型途徑

推動能源綠色低碳轉型是實現碳中和目標最關鍵的任務。從圖 2-3 可以看出，在整個 19 中，化石能源一直在全球一次能源消費結構中扮演主導角色，前五十年

是煤炭，經過短暫更替後，石油從 1970 年代開始成為新的主導能源。進入 21 世紀，風電、太陽能等可再生能源技術發展迅速，經濟性得到大幅提升。與化石能源相比，此類可再生能源專案對資源稟賦的要求較低，開發方式更加靈活，既可以在戈壁、荒漠、草原等地進行集中式大規模開發，也可以貼近用戶側，採用分布式的建設方式為家庭、學校或商業場所供能。未來，能源開發和利用方式將因可再生能源技術的發展而發生顛覆性變革，可再生能源在全球一次能源結構的比重將呈現加速上升趨勢，預計在 2035 年超過石油成為主體能源，到 2050 年接近 60%。如果疊加水電、核電等其他能源，則非化石能源在全球一次能源結構中的比重或將達到 75% 以上。由此可以看出，為實現碳中和目標，全球能源結構將經歷一次重大變化，以傳統化石能源為核心的能源體系正在加速蛻變，取而代之的將是以風電、太陽能等可再生能源為主導的新型能源體系。

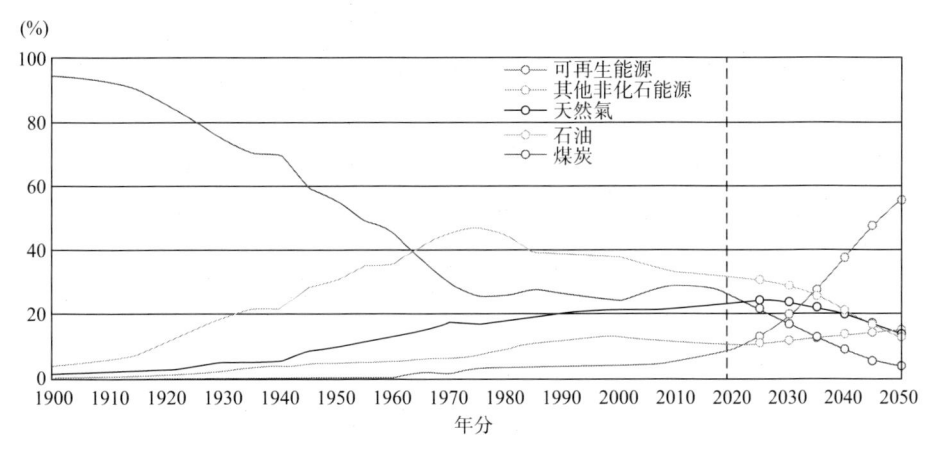

資料來源：BP[30]

圖 2-3　英國石油 BP 關於全球一次能源消費結構變化的預測
注：其他非化石能源包括水電和核能。

既然推動能源轉型是實現碳中和的必然選擇，如何實現從傳統能源體系向新型能源體系的轉變呢？我們提出的方案是「能源四化」：化石能源清潔化、清潔能源規模化、多種能源互補化、終端用能電氣化（見圖 2-4）。

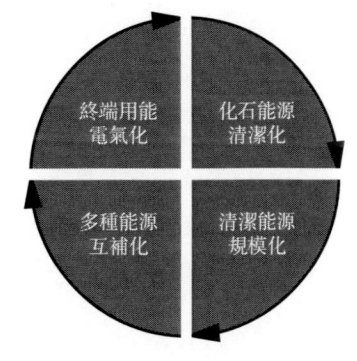

圖 2-4　能源綠色低碳轉型的主要途徑

### 2.3.1 化石能源清潔化

透過分析煤炭、石油和天然氣等主要化石能源從勘探開發到使用全生命週期的碳足跡，可以把化石能源清潔化分為兩大部分：一是化石能源生產過程的清潔化，二是化石能源使用過程的清潔化。

#### 1. 化石能源生產過程的清潔化

從煤炭的生產過程來看，其碳排放主要來自生產用能、瓦斯排放和礦後活動（如露天開採、廢棄礦井等）三個環節。其中，瓦斯排放是煤炭生產過程中最主要的碳排放來源，占據煤炭開發過程碳排放總量的 56.7%[31]。煤礦瓦斯的主要成分是甲烷氣體，還有少量乙烷和丙烷等烷烴物質。由於這些氣體與空氣混合後遇明火會發生爆炸，考慮到作業安全，煤礦內部的瓦斯氣體通常需要經過礦井通風系統進行稀釋，使得甲烷濃度低於 0.75%。然而，這種安全措施卻造成了大量的甲烷排放，產生嚴重的溫室效應。為此，實現煤炭生產過程的清潔化首要的就是減少瓦斯氣體向空氣中的直接排放，加強煤礦瓦斯抽採利用技術的研發和應用，大比例提升煤礦瓦斯的抽採率和利用率。另外，就是加快探索煤炭開發的新技術、新模式，如採用煤炭資源原位氣化工藝和技術等，從源頭上解決瓦斯排放的問題。此外，生產用能也是另一大碳排放源。目前，已經有礦區開始探索利用清潔無碳的風電、太陽能等新能源技術，並且在有條件的地方推動煤礦區煤與地熱能耦合發電／供熱技術的應用，這一系列舉措旨在減少煤、柴油等化石能源在生產端的使用，實現生產用能的清潔化。

石油和天然氣在生產過程中的排放與煤炭有著相似之處，同樣聚焦甲烷氣體的排放管控，其中天然氣領域的排放量較石油領域更大。從勘探開發和生產環節看，火炬燃燒、工藝放空排放和設備泄漏等均是重要的排放源，而非常規天然氣開發過程中的水力壓裂及排液，也會造成不同程度的甲烷排放。相比於煤炭行業，油氣行業的甲烷減排潛力更大，主要由於甲烷本身具有較高經濟價值，並且油氣管網基礎設施可以有效地將甲烷氣體進行匯集外輸，因此產生的經濟收益十分顯著[32]。從技術上看，對於有組織的甲烷排放如火炬燃燒、工藝放空等，可對原有生產工藝進行改良，如採用低排放完井技術，或者將由高壓天然氣驅動的氣動泵更換為由壓縮空氣驅動的氣動泵或者電動泵等，這些都可以在一定程度上減少甲烷排放。對於無組織的甲烷排放如生產設備或運輸管線的氣體泄漏，可採用泄漏檢測與維修（Leak Detection and Repair, LDAR）技術。這項技術主要包括五大要素，即組件辨識系統、定義洩漏標準、組件監測、組件修復和記錄保存[33]，旨在利用先進檢測手段和資訊

技術構建甲烷檢測體系，對設備的甲烷洩漏點進行辨識和檢測，從而及時發現洩漏情況並採取果斷措施對設備進行修復和替換[34]。在石油和天然氣生產用能方面，可再生能源替代工程也在穩步進行，如原挪威國家石油公司 Equinor 計劃在北海海域建設一個包含 11 臺 8MW 漂浮式海上風電機組的發電專案（Hywind Tampen），擬為周圍 5 座海上油氣生產平臺提供綠色電力。其他石油公司包括殼牌、道達爾及中國的「三桶油」也均在增加可再生能源專案投資，以降低油氣生產的碳排放強度。

2. 化石能源使用過程的清潔化

化石能源的主要消費領域集中在電力、化工和交通領域。其中，電力領域的二氧化碳排放量最大，其排放量占全球排放總量的比重在 2020 年達到了 36.5%。從電源結構看，火力發電（以燃煤發電和天然氣發電為主）的發電量比重超過了 60%，而中國的比重甚至高達 70% 以上（主要以燃煤發電為主）。為了減少甚至清除這部分的碳排放，普及 CCUS 技術至關重要，它是實現化石能源清潔低碳利用的關鍵。該技術主要包含三個環節，即捕捉、利用和封存。捕捉（Capture）是指利用碳捕捉技術將二氧化碳從發電、工業生產的廢氣中分離出來。利用（Utilisation）是指對二氧化碳進行物理或化學利用，例如提純後的「食品級」二氧化碳可以用於碳酸飲料的生產，或者與氫氣合成甲醇、甲酸等化學品；還可以把二氧化碳注入油層中以提高油田採油率。封存（Storage/Sequestration）是把從工業、發電等領域捕捉的二氧化碳經壓縮後注入地下鹹水層進行永久封存[35]。我們會在第三章中對此項技術進行詳細介紹。

化工行業也是化石能源的消費大戶。據統計，全球化工行業二氧化碳排放量在疫情前的排放規模約為 875Mt/a，隨著世界經濟逐步復甦，若不採取減排措施，預計到 2030 年或將達到 1Gt/a 以上[36]。化工領域的排放主要來源於化石燃料的燃燒以及化學過程中的排放，其中大型公用鍋爐、各過程的加熱爐、催化重整裝置和催化裂化裝置等均是二氧化碳的主要排放源。在目前以化石燃料為能量和原料來源的化工體系中，改良生產工藝、提高能源效率、推動能源梯次利用和回收等是比較可行的方式，可以在一定程度上降低碳排放水準。一些化工企業也開始利用 CCUS 技術對二氧化碳進行捕捉，並同時推動電氣化改造，擬用綠色電力替代傳統化石燃料的燃燒。

化石能源的另一大應用領域是交通運輸。汽車的使用是交通領域碳排放的主要來源，由於汽車分布範圍廣，排放源分散，汽車領域的控排一直是世界性難題。目前主要的方式是提高汽車排放標準，淘汰高排放車輛；提升機動車引擎燃燒效率，

降低油耗；採用乙醇燃料或推動油改氣等，但這都無法從根本上解決排放問題。為此，純電動汽車、插電混合動力汽車和氫燃料電池汽車等新能源車輛正在加速滲透到交通領域，以替代燃油車輛，「一勞永逸」地解決交通汙染問題。航空運輸也是交通領域的另一大排放源，其排放量占全球二氧化碳排放的 2.5% 左右。和汽車類似，目前航空領域的減排措施聚焦於提升航空引擎的燃燒效率，研製輕量化的新型客機，採用可持續航空燃料（Sustainable Aviation Fuel，SAF）等。純電動飛機、氫燃料電池飛機等新型樣機也正在進行試驗飛行。在遠洋航運方面，除了提升引擎燃燒效率之外，甲醇、氨動力、氫燃料電池船舶等新型船舶設計正在推廣，而這些舉措的本質是實現對傳統化石燃料的替代。

### 2.3.2　清潔能源規模化

國際上關於清潔能源的定義尚存分歧，嚴格意義上講，清潔能源是指不排放汙染物的能源，可以直接用於生產生活，比如可再生能源，包括水能、太陽能、風能、海洋能和地熱能等。此外，核能也被美國等主要國家列為清潔能源的一種。儘管車諾比核災和福島第一核電廠事故使世界民眾對於核能的安全性產生了質疑，但是總體來看，全球核能發電技術已經發展成熟，在規範操作下，運行過程中不會向空氣排放任何有害汙染物。此外，核能是一種高能量密度的能源，一個拇指大小的鈾燃料芯塊所儲存的能量相當於 1t 煤炭的能量！核廢料的規模較小，如果在嚴格的操作規程下進行封存，核廢料並不會對周圍環境產生明顯影響。最具爭議的清潔能源品種則是天然氣。儘管與煤炭相比，在同等熱量下，天然氣的二氧化碳排放量約為煤炭的一半，但由於其本質上屬於含碳化石能源，國際上對於其清潔能源地位的認可程度不一，多數國家將天然氣定義為清潔的化石能源而非嚴格意義上的清潔能源。無論如何定義，化石能源從高碳向低碳發展的趨勢已經不可逆轉，可再生能源逐步替代化石能源的進程也在加速。

碳中和目標實現與否的關鍵在於能源結構中零碳能源能否成為絕對主力，而這又取決於可再生能源能否實現規模化的發展。從能源的發展歷程中看，一種能源能否形成規模主要在於該能源的開發利用成本是否低廉，來源是否穩定可靠，以及資源儲量是否豐富。根據國際再生能源總署（International Renewable Energy Agency，IRENA）的數據，可再生能源的經濟性已得到顯著提升，其中太陽能和風力發電的成本下降趨勢最為明顯（見圖 2-5）。陸上太陽能發電的均化度電成

本（LCOE）降幅最大，其 2020 年的成本已經較 2010 年降低了 85%，達到 0.057 美元 /kWh，僅次於水電專案。儘管光熱發電的 LCOE 在同一時段的降幅達到了 68%，而 0.108 美元 /kWh 的發電成本依舊高於其他技術。陸上風電的發電成本在 2010 年時已經具備較好的經濟性，而隨著大型風力發電機組的投運和規模化效應的顯現，其在 2020 年的 LCOE 已達到 0.039 美元 /kWh，一舉超越水電成為最具經濟性的可再生能源發電技術。海上風電專案的經濟性也得到了大幅提升，其 LCOE 相比於 2010 年的水準已降低了近一半，達到 0.084 美元 /kWh。相比而言，生物質、地熱和水力發電技術的 LCOE 變化不大，基本保持在 0.038~0.076 美元 / kWh，在資源稟賦較好的地區已具備與化石能源發電技術競爭的能力，正在因地制宜展開規模化部署。

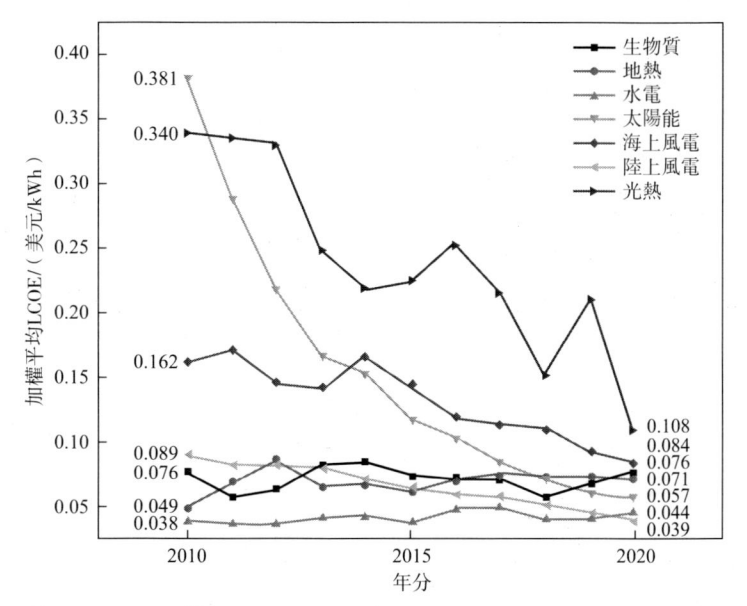

資料來源：IRENA [37]

圖 2-5　2010—2020 年全球主要可再生能源發電技術均化度電成本趨勢

從當前全球一次能源消費結構看（見圖 2-3），非化石能源的比重已經達到 20% 左右，其中非水可再生能源（以風電和太陽能為主）的比重正在加速上升。截至 2021 年底，全球可再生能源電力裝機結構中（見圖 2-6），水力發電暫居首位，這主要源於水電專案開發時間早、技術成熟、成本較低等因素。太陽能發電和陸上風電緊隨其後，分別占比 27.5% 和 25.1%。在專案投資成本和發電成本均大幅下降的趨勢下，風電、太陽能的規模化發展動能正在加速放大。除了發電成本大幅降低之

外，可再生能源的規模化潛力還得益於「觸手可及」的資源優勢。傳統化石能源在地域分布上具有明顯的區域差異。比如煤炭資源主要分布在印尼、澳洲、俄羅斯、美國等國，石油資源主要集中在俄羅斯、沙烏地阿拉伯、科威特及委內瑞拉等國，而天然氣資源則基本壟斷在俄羅斯、卡達、澳洲等國手中。化石能源的資源稟賦差異是造成全球貧富差距的主要因素之一。相比而言，太陽能和風能等可再生能源資源遍布全球，儘管資源豐度也存在一定的地域差異，但遠不及化石能源那樣明顯。

更加重要的是，可再生能源的發展大幅度降低了能源開發利用的門檻，推動了能源技術的普及。傳統的石油、天然氣等化石能源的開發生產屬於典型的資本密集型、勞動密集型和技術密集型產業，行業具有高投資、高風險、高報酬的特徵，這導致能源行業的寡頭壟斷特徵比較明顯。而可再生能源特別是太陽能和風電技術的突破，使得能源的開發形式正在從集中式向分布式發展。工廠、機場、商場及家庭住宅等場所均可建設分布式太陽能（屋頂太陽能）或者分散式風電專案，往常的能源用戶「搖身一變」成了能源生產方，一方面能夠解決自身用能問題，另一方面還可以將多餘電力反向出售給電網企業，獲得收益。這種能源開發新模式讓綠色無碳的新能源能夠滲透到社會生產生活的每一個方面，使民眾能夠享受清潔能源帶來的便利，促進了能源的公平與普惠。

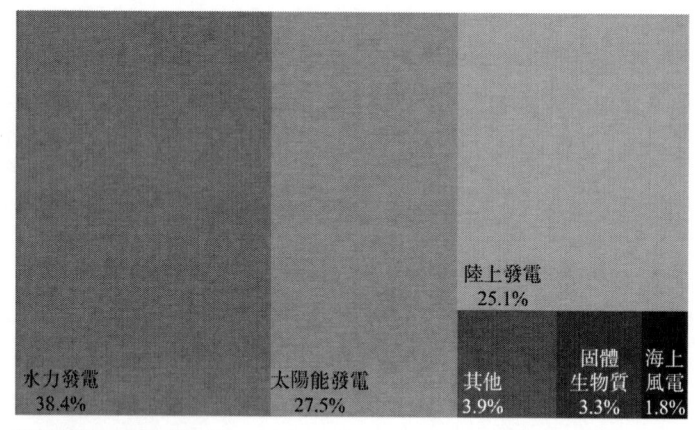

| 水力發電 38.4% | 太陽能發電 27.5% | 陸上發電 25.1% | | |
|---|---|---|---|---|
| | | 其他 3.9% | 固體生物質 3.3% | 海上風電 1.8% |

資料來源：IRENA[38]

圖 2-6　2021 年全球可再生能源累計裝機量比重

### 2.3.3　多種能源互補化

從 1950 年代開始，全球能源結構中「一煤獨大」的局面得以改善，石油和天

然氣的出現使得能源結構開始呈現多元發展的局面。由於人類社會的高速發展，終端能源需求的場景變得多樣，不同能源「各司其職」，為人類生產生活提供電力、動能、熱能及化工原料。目前，還尚未出現一種「萬能能源」，可以憑一己之力滿足人類社會對能源的所有需求，這主要源於能源「三元悖論」的定律。所謂能源「三元悖論」是指，不存在某種單一能源可以同時兼具穩定、廉價、清潔三個屬性（見圖2-7）。根據世界能源理事會（World Energy Council，WEC）的定義：穩定是指能源的穩定可靠供應，該指標用於衡量能源供應在受到外部影響時的可靠性和韌性；廉價是指能源的可獲得性，該指標用於衡量能源的供應成本、資源儲量和開發的難易程度；清潔是指能源對於環境的友好程度，該指標用於衡量能源全生命週期的碳足跡或者碳排放量大小，以及能源勘探、開發和利用對於環境的影響程度[39]。

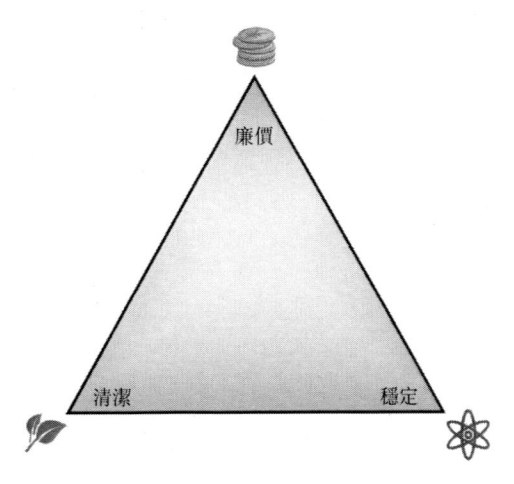

圖2-7　能源「三元悖論」

　　煤炭、石油、天然氣等傳統化石能源的價格和供應相對比較穩定，在廉價和穩定兩個指標方面存在明顯優勢，這也是世界各國廣泛使用化石能源的主要原因。然而，化石能源的碳排放強度驚人，對環境汙染大，無法滿足清潔低碳的要求。可再生能源雖然清潔且能源價格成本日趨低廉，但能源供應易受天氣影響，具有週期性、間歇性和不穩定性的特徵，特別是可再生電力的輸出特性「難以捉摸」，危及電網的安全穩定運行。可以看出，在實現碳中和的過程中，構建一個高效、安全、清潔的能源系統至關重要，這要求傳統能源與新能源揚長避短，通力協作，使得整個能源系統在穩定、廉價和清潔三方面達到平衡，「互補化」的發展趨勢將是能源轉型的重要特徵。

## 2.3.4　終端用能電氣化

由於可再生能源的利用途徑主要以發電為主，這要求終端用能必須提高電氣化水準，以吸收和利用日益成長的可再生能源。圖 2-8 顯示的是疫情前全球終端能源消費結構占比情況。總體上看，石油製品消費占比最高，達到 40.3%；電力和天然氣的消費比重分列第二和第三位，占比依次達到 19.7% 和 16.4%；煤炭和生物質燃料及廢棄物在終端能源消費的比重均為 10% 左右。從終端能源的流向可以看出，石油製品如汽油、柴油和航空煤油等主要用於交通領域，其中公路運輸的消費占據石油製品總消費量的近一半。電力和天然氣的消費均集中在工業和建築兩個領域，且兩者的消費比重相當。生物質燃料及廢棄物和煤炭的消費領域各有側重，前者集中在住宅用能，而後者則集中在工業領域。

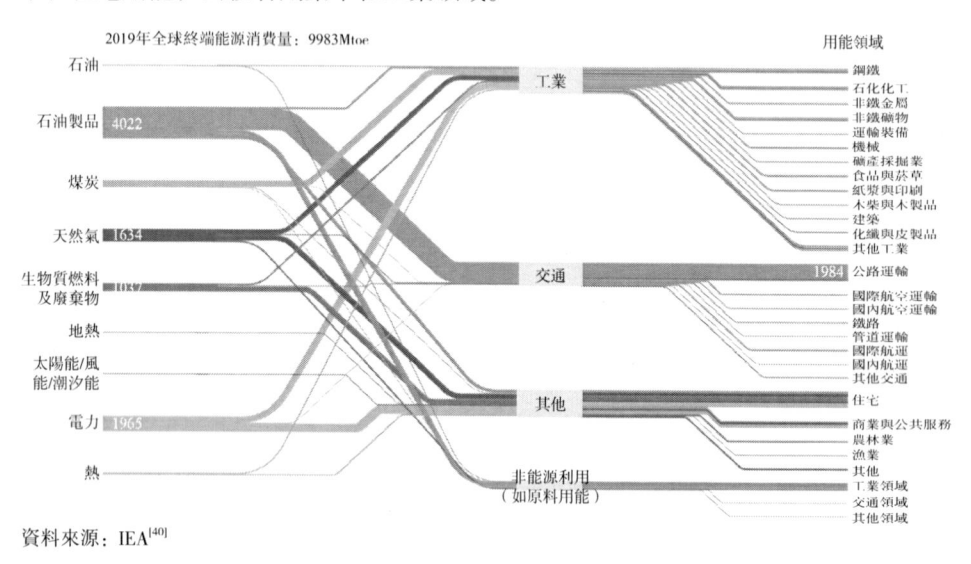

圖 2-8　2019 年全球終端能源消費結構及流向情況

透過分析當前終端用能結構以及化石能源的流向可以篩選出電氣化改造的重點領域。從絕對消費量看，交通領域特別是公路運輸的電氣化改造潛力巨大。為了逐步淘汰汙染嚴重的燃油車，一些已開發國家已經宣布燃油車禁售時間表。挪威是最早提出燃油車禁售的國家之一，該國計劃在 2025 年全面禁售燃油汽車；德國聯邦參議院已正式通過決議，計劃在 2030 年禁售內燃機車型；英國的交通部門策略提出了在 2040 年之前禁售燃油車的計劃；中國海南省也已發布規劃文件，計劃於 2030 年禁售燃油車輛。在政府的政策指引和汽車行業合力推動下，純電動汽車、插電混合動力汽車以及氫燃料電池汽車的推廣已經取得明顯成效。在疫情後油價居高不下及新能源汽車扶持

政策的聯合驅動下，新能源汽車的滲透率正在加速提升，交通全面電氣化的進程或將提速。

其次是工業領域的電氣化改造。從排放源看，鋼鐵是工業領域的碳排放大戶，同時也是電氣化改造潛力最大的行業。鋼鐵行業主要採用的是傳統的高爐煉鐵工藝，需要大量的煤粉作為燃料為煉鐵提供高溫環境，並同時作為還原劑將鐵礦石還原成生鐵，而這個過程將造成大量的二氧化碳排放。為了減少這部分排放，包括中國在內的多個國家正在開發氫冶金技術，利用氫氣替代煤粉作為鐵礦石的還原劑。還有部分歐洲國家正在大力推廣短流程電爐煉鐵工藝，利用電加熱的方式替代化石燃料的燃燒，這將在一定程度上解決二氧化碳的排放問題。

建築領域的電氣化改造潛力同樣可觀。在民用住宅中，採用電熱爐、智慧變頻電磁爐替代天然氣瓦斯爐可以顯著降低居民的天然氣用量，一些歐美國家的家庭正在大範圍推廣此項技術。然而，這種方式對於習慣用明火進行烹飪的中國來講是一種挑戰，烹飪電氣化技術的推廣面臨傳統文化習俗層面的障礙。此外，在採暖方面，利用熱泵、電熱地暖等技術替代傳統水暖也是未來的主要發展趨勢。電氣化的採暖方式可以實現對室內溫度的精準調節，更能滿足人們對供暖的各類需求，不過較高的電耗是當前遇到的主要問題，這有賴於低成本、高效率電採暖技術的創新和普及。

## 2.4 重點行業減排行動

國家減排政策需要依靠重點行業、重點企業的嚴格落實，這是決定碳中和目標能否實現的關鍵。

### 2.4.1 電力

電力行業的脫碳方向已經十分明顯：一是從源頭端著手，逐步停止燃煤發電廠的投資、建設和營運，同時大力發展太陽能、風電等可再生能源發電專案；二是重視末端治理，加大 CCUS 技術研發、應用和推廣的力度。德國已計劃在 2038 年前完全淘汰煤炭，中、日、韓三國作為主要的煤炭消費國家已相繼宣布不再建設境外燃煤發電專案，煤炭生產和燃煤發電企業正在朝著高端、低碳、多元的煤化工產業發展，並大舉進軍可再生能源、氫能等業務領域。在推動末端治理方面，CCUS 已

經是公認的有效技術，中國華能集團、國家能源集團、中國石化等大型能源企業已開展全流程二氧化碳捕捉和地質封存示範工程建設營運，並逐步形成了 CCUS 的技術體系，關於該技術的具體細節將在下一章詳細介紹。

除了推動清潔能源技術和負碳技術的大規模應用之外，建立健全電力市場機制，推動電力市場化改革，也是促進可再生能源電力的規模化發展和傳統火力發電升級轉型的重要手段。這些舉措包括建立電力現貨交易市場、開通綠電交易通道等，旨在更好地體現綠色電力的環境價值。此外，引導電力行業積極參與碳排放權交易市場建設，也將加速推動電力行業的減碳進程。

### 2.4.2　石油與天然氣

對於油氣行業而言，僅依靠減少上游油氣勘探開發、生產、運輸等環節的排放或提升天然氣的產量均無法滿足碳中和目標的要求。為響應政府號召和社會訴求，道達爾、殼牌和英國石油等歐洲石油公司正在加速調整自身策略，先後在 2020 年提出 2050 年前實現「淨零」排放目標，並針對溫室氣體排放總量和強度設計了減排路線圖，轉型力度前所未有。值得關注的是，這些歐洲石油公司所宣布的「淨零」排放目標不僅包含世界大部分石油公司的減排範圍，即範圍 1 和 2，同時還涵蓋終端能源用戶因使用其產品而產生的間接排放，即範圍 3❶。這意味著，以上石油公司除了在油氣勘探和開發生產環節採取減排措施以外，還將逐步減少油氣產品的生產銷售。取而代之的將是可再生能源電力、氫能等「零碳」業務的成長，傳遞出傳統石油公司加速向綜合能源公司轉型的訊號。

### 2.4.3　工業

#### 1. 鋼鐵行業

工業領域脫碳首當其衝的是鋼鐵行業。鋼鐵行業是工業領域的重要組成部分，從粗鋼產量上看，中國是全球最大的鋼鐵生產國，2021 年中國粗鋼產量達到 1.03Gt，

---

❶ 所謂範圍 1~3 是依據《溫室氣體核算體系》，將企業營運造成的直接和間接排放進行了分類：範圍 1 是指在企業實體控制範圍內，企業從事生產經營過程中所產生的直接排放，例如鍋爐、燃氣輪機、車輛等設施設備和煉油、化工等化學工藝過程所造成的排放；範圍 2 是指企業自用的外購電力所產生的間接排放；範圍 3 是指因企業從事生產經營活動所造成的其他間接排放。例如燃油機動車輛因使用燃油產品所造成的排放屬於生產燃油產品油氣公司的排放範圍。

占據全球總產量的54%。鋼鐵行業具有高耗能、高排放的特點。鋼鐵生產過程中，碳排放主要來自鐵礦石還原成鐵的過程，其中還原劑主要選用焦炭，因此會產生大量二氧化碳氣體。該工藝一般為傳統的高爐—轉爐長流程，每生產1t粗鋼就會排放約2t二氧化碳。目前，全球約70%的粗鋼生產依賴此工藝，而中國在這方面的比重高達90%，這導致中國鋼鐵領域的溫室氣體排放量超過1.8Gt/a，占中國工業領域排放總量的比重超過1/3。為了推動鋼鐵工業轉型升級，中國在2022年發布了《關於促進鋼鐵工業高質量發展的指導意見》，指導鋼鐵行業綠色低碳轉型。從主要舉措上看，首先是淘汰過剩產能。中國基礎設施建設特別是房地產行業已經走出繁榮期，鋼材的需求量減弱，因此推動鋼企壓降鋼鐵產能是解決高排放最直接、最有效的手段。此外，中國還鼓勵重點區域提高淘汰標準，淘汰步進式燒結機、球團豎爐等低效率、高能源消耗、高汙染工藝和設備，引導鋼鐵行業工藝技術水準和能源消耗水準同步升級。其次是發展電爐煉鋼工藝，將有條件的高爐—轉爐長流程鋼鐵企業改造為電爐短流程。歐洲國家的鋼鐵企業為了降低碳排放量，已開始逐步推廣電爐煉鋼技術。該技術利用電弧加熱手段提供熱源，替代了傳統化石能源燃燒供熱方式，能大幅度降低煉鋼的碳排放強度。其中採用廢鋼和電弧爐短流程工藝的碳排放強度可以降低至$0.4tCO_2/t$粗鋼的水準，較傳統高爐—轉爐工藝的二氧化碳排放強度下降80%。另外，氫冶金技術也在加速應用，2019年德國蒂森克虜伯鋼廠杜伊斯堡9號高爐已正式啟動全球首次高爐純氫氣注入試驗，旨在用氫氣代替煤粉作為還原劑，從而減少鋼鐵生產過程中的二氧化碳排放。中國寶鋼湛江鋼鐵百萬噸級氫基豎爐示範工程在2022年也正式開工，正在加速推動氫冶金在中國的示範應用。

2. 水泥行業

水泥作為現代社會的重要工業品，是住房、公路、鐵路等基礎設施建設的重要原材料，在社會生產生活中無處不在。據統計，2020年全球水泥生產總量約為4.3Gt，其中中國水泥產量占全球比重高達55%，是世界最大的水泥生產國，而排名第二的印度，其比重僅為8%左右[41]。儘管水泥的重要性不言而喻，但生產水泥的過程具有高耗能、高排放的特徵，其中石灰石（主要成分是$CaCO_3$）燃燒生成生石灰（主要成分是$CaO$）的過程是二氧化碳集中排放的重要環節，約占全過程排放總量的55%~70%。另外高溫燃燒所需熱量一般也由化石燃料燃燒提供，因此也會產生大量二氧化碳排放，約占全過程排放總量的25%~40%[42]。從世界範圍看，水泥行業的碳排放量約占全球碳排放總量的7%，而中國水泥行業碳排放量占全國總量的比重約為9%。和鋼鐵行業類似，受基礎建設速度放緩和經濟形勢下行

等因素影響，中國水泥的消費需求正在下滑，水泥行業產能過剩問題日益突出。

從減排路徑上看，首先，水泥行業的目標是解決產能過剩問題，透過市場調節和政府監管等措施，壓降水泥產能，強制淘汰落後產能，減少資源浪費。其次是從源頭解決水泥生產的碳排放問題。水泥熟料是生產水泥最主要的原料之一，由石灰石等原料經高溫燃燒後製成，過程中會產生大量二氧化碳。目前可行的方法是降低熟料在水泥原料中的比重，尋找新的替代原料，以此減少燃燒環節中的碳排放量。從全球範圍看，熟料在水泥中的比例大約為72%，其中中國的比例約為66%[28]。理論上，水泥中熟料比例最低可以降至50%，取而代之的是造紙泥汙、電石渣、爐渣等工業廢棄物。因此在原料替代方面，水泥減排存在較大空間，但在原材料經濟性、供應穩定性以及技術成熟度等方面存在較多問題，大部分國家還處於探索階段[43]。再次是提升能源利用效率。比如減少水泥生產各環節的熱量損耗，特別是提升水泥窯的隔熱、保溫效果。國際上主要提倡使用先進隔熱材料，著力提升煤粉燃燒器的燃燒效率，使得化石燃料的燃燒效率最大化。尋求替代燃料也是未來的發展趨勢，減少或者完全替代煤粉燃燒，取而代之的是生物質燃料，甚至是電阻加熱爐。然而，水泥作為基礎材料，對於生產各環節的成本特別是燃料成本十分敏感，推動燃料替代可能會大幅抬高水泥生產成本，導致產品經濟性顯著下降。最後則是利用CCUS處理生產過程中的二氧化碳排放問題，根據IEA的預測，到2050年，CCUS技術在水泥行業的累計碳減排貢獻率或將達到55%[29]。

3. 石化和化工行業

石化和化工行業關係到社會生產生活的各個方面，涉及的領域廣，是支援國民經濟發展的基礎性行業。和鋼鐵、水泥等行業一樣，該行業同樣具有高耗能、高排放的特徵。2020年，中國石化和化工行業能源消費總量達到685Mt標準煤，占全國能源消費總量的比重達13.8%，碳排放量占全國總量的比重約為4%~5%[44]。化石燃料燃燒和工業過程的排放是主要排放源，企業外購電、熱以及與化工商品運輸相關的排放量相對較少。為了實現碳減排，節能減排和能效提升是當前和未來較長一段時間內實現碳減排最有效的手段之一。這其中包括淘汰落後產能、加強全過程節能管理、提高化石能源燃燒效率、利用低品位工業熱能等。其次就是從原料入手，石化和化工企業目前正在尋求綠色原料替代，利用可再生能源生產綠氫以減少灰氫❶的

---

❶ 所謂灰氫，是以天然氣、煤炭、石油焦等化石燃料為原料生產出的氫氣。這種傳統生產方式技術成熟、成本低廉，但會造成大量的二氧化碳排放，對環境造成嚴重汙染。目前，市場上的絕大部分氫氣均屬於灰氫，約占全球氫氣產量的95%以上。

使用量。另外，提升生產過程的電氣化程度可以有效減少化石燃料用量，同時還能引入可再生能源電力，從用能端解決碳排放問題。關於末端治理，比較可行的方式是採用 CCUS 技術，這是行業的普遍共識。

## 2.4.4 交通

交通領域是僅次於電力、工業之後的第三大排放源，全球二氧化碳排放量在疫情前一度達到 8.5Gt/a。根據 IEA 的統計資料，交通部門最大的排放源是公路運輸領域，排放量比重約為 80%。其中小型汽車排放量超過六成，其次則是重型卡車和商用客車。水路運輸和航空運輸的排放量相當，比重均在 10% 左右，而鐵路運輸的排放量總體偏小，僅占 1%[45]。2020 年，中國交通運輸部門的二氧化碳排放量在 950Mt 左右，占全國排放總量的比重約為 9%[28]。

1. 公路運輸

從交通部門的排放結構看，首要的是解決公路運輸環節的排放問題。目前短途運輸的乘用車市場正在發生重大變化，純電動汽車的銷量屢創新高，汽車銷售量的比重（滲透率）正在加速上升，尤其是在高油價時代下，電動汽車的使用成本優勢凸顯。在政策引導和市場需求雙重促進下，一些傳統的汽車製造商也在謀求綠色低碳轉型。德國梅賽德斯－賓士集團在 2019 年發布的「2039 願景」中提出，將於 2039 年前徹底完成全系列產品電動化升級；韓國現代汽車計劃在 2045 年前淘汰燃油汽車；德國 BMW 和日本本田公司的電動化目標實現則定在 2050 年[46]。可以看出，主流的燃油汽車製造商主動求變，均開始不同程度地進軍電動車市場。同時，造車新勢力正在崛起，美國特斯拉已成為全球最大的電動車製造商，其汽車銷量占據全球首位，並在資本市場獲得追捧，曾在 2021 年和 2022 年幾度突破兆美元市值，相當於當時豐田、BMW、賓士等其他市值排名在全球前十的汽車製造商市值的總和。中國電動汽車製造商也正在加緊追趕，呈現「百花齊放」的競爭格局，比亞迪、吉利、小鵬、蔚來汽車等快速發展壯大，市場占有率也在不斷提升。有關電動汽車技術將在下一章節進行重點介紹。

在長途運輸領域，氫燃料電池汽車被認為是替代重卡和長途客車的最佳選擇。商用運輸行業對於車輛的續航里程、加注時間以及載重量有較為嚴格的要求。相比純電動汽車，氫燃料電池汽車在該行業有著明顯的優勢。通常情況下，氫燃料電池汽車在 10min 左右即可完成氫氣的加注，與傳統燃油汽車的加注方式相差無幾。更重要的是，氫燃料電池汽車儲能（儲氫）系統的能量密度超過 800Wh/kg，比純

電動汽車的能量密度高出數倍以上。儲能系統能量密度高意味著當重量相同、續航里程相同時，氫燃料電池汽車的載貨量要遠高於純電動汽車，因此前者被認為是取代長途重型卡車及客車最有效、最具前景的交通技術。

## 2. 水路航運

相比於公路交通，水路航運碳排放比重雖然不高，但減排難度並不低。當前的動力電池技術僅適合小型、短途運輸工具，對於大型、長途遠洋運輸方式並不適用。氫燃料電池雖然在加注時間和能量密度方面優於動力電池，但是氫氣的儲存問題限制了其遠洋航運的潛力。為此，使用生物質燃料是目前比較可行的方案，但是該燃料受自然條件和土地資源限制，僅能在特定區域使用，很難在全球大規模推廣。相對而言，綠色甲醇、綠氨可能更有潛力。這兩種燃料可透過電力多元轉化技術（Power-to-X）將捕捉而來的二氧化碳或空氣中的氮氣與綠氫進行反應而得到。由於甲醇在常溫常壓下屬於液態，而氨氣在零下 33.5℃即可液化，這兩種燃料較氫氣更易儲存和運輸。根據英國勞氏船級社對船舶運輸領域減碳路徑的預測，以綠色燃料為動力的船舶在 2050 年的市場占有率將超過 70%，而液化天然氣（Liquefied Nature Gas，LNG）動力搭配碳捕捉設施的船舶也將占據一定的市場占有率[47]。

## 3. 航空運輸

航空領域的排放與水路航運的規模類似，但其減排難度並不亞於後者，這主要源於航空運輸對於體積和重量的敏感程度遠高於水路航運，對減排技術的要求更高。特別是長途客運和貨運飛機，根據目前動力電池的能量密度以及未來的發展潛力，航空領域實現全電動運行的可能性較低。相比之下，氫動力飛機有望在支線和短途運輸方面占有一席之地。美國 ZeroAvia 公司已在 2020 年成功地進行了氫燃料電池小型飛機的首飛，並計劃在 2030 年前後將氫動力飛機推向市場。2021 年，法國空中客車公司已經公布了氫動力飛機研發時間表，計劃在 2035 年推出首架氫動力短途商用飛機。此外，波音公司、巴西航空工業公司、英國勞斯萊斯控股有限公司等均在研製或已推出氫動力飛機概念機或驗證機。儘管如此，氫氣的儲存難題在一定程度上限制了氫能技術在航空領域的發展空間。根據 IEA 的判斷，航空業的減排還將主要依賴於清潔燃料替代的途徑，採用可持續航空燃料（SAF）進行減排，這主要包括生物燃料和合成燃料，其中前者是由有機生物質所生產的，而後者則是以綠氫和二氧化碳為原料合成的液態輕烴燃料。使用可持續航空燃料的代價則是高昂的成本，以 2021 年全球首架使用可持續航空燃料的飛機為例，其燃料成本

是傳統航空煤油的 3~6 倍[48]。總體來看，根據現有技術，航空運輸業還無法徹底淘汰航空煤油，換言之，航空運輸業或難以實現完全的「淨零」排放。

### 2.4.5 資料中心

像美國的蘋果、亞馬遜、微軟以及中國的字節跳動、阿里巴巴等均是全球大型科技和資料服務公司，它們每天在為人們提供便利服務的同時，也消耗著巨量的能源，已成為不可忽視的碳排放大戶。在資訊化時代，人工智慧、大數據、物聯網和 5G 通訊技術加速普及，這些領域對於資料服務的需求日益升高。為了維持巨量資料的交互，資料中心的電力消耗呈指數級成長，每年的耗電量就超過 200TWh，約占全球年用電量的 1% 左右，其中超過 1/3 的電能用於資料中心設備的冷卻[49]。隨著「元宇宙」等新概念的推出以及資訊產業的持續擴張，資料中心的耗電量預計還將加速成長，到 2030 年用電量或可達到全球的 8% 左右[50]。巨大的用電量意味著將間接導致大量的溫室氣體排放，而這正是人們常常忽視的地方。

2020 年，蘋果公司的碳排放總量為 22.6Mt。為積極應對氣候變化，該公司已經提出在 2030 年實現碳中和的目標，並將減排範圍覆蓋至所有產品和服務，即範圍 1~3。為此蘋果公司已宣布其營運的所有設施將完全採用可再生能源，並要求 100 餘家供應商承諾使用 100% 的可再生能源電力[51]。微軟公司提出到 2030 年實現負碳（Carbon Negative）和零廢棄物（Zero Waste）的目標，成立了規模為 10 億美金的氣候創新基金（Climate Innovation Fund），用於投資森林碳匯、產品供應鏈管理和碳排放管理等領域，幫助其實現碳減排目標[52]。中國的科技公司也在「雙碳」目標驅動下開始採取行動，阿里巴巴利用技術優勢推出了智能光伏雲，透過分析天氣情況和電力供需預測以提高太陽能發電站的收益；京東、百度等公司也透過建設屋頂太陽能專案為資料中心和倉儲物流園提供綠色電力。

## 2.5 碳排放權交易機制

碳交易最初是由聯合國為應對氣候變化、減少溫室氣體排放而設計的一種創新機制，始於 1997 年《京都議定書》中的排放權貿易減排機制。政府為了控制碳排放總量，每年會設定全國或者區域內碳排放總額，並且逐年降低其額度從而實現整

體減排的目標。碳排放額度按照一定規則轉化為碳配額用於交易，參與碳排放權交易市場的主體包括重點排放單位以及符合交易規則的機構和個人。目前碳排放配額大多以免費形式進行分配，並將逐步引入有償分配機制，重點排放企業全年碳排放總量不得超過此額度。若企業實際碳排放量低於碳排放配額，則差額部分可在市場中進行出售；若企業實際排放量高於碳排放配額，則企業可在碳交易市場購買碳排放權衝抵超出部分，或面臨政府的巨額罰款。

2005年《京都議定書》正式生效後，歐盟啟動了世界上首個碳排放權交易體系（EU-ETS），覆蓋歐洲31個國家和1.1萬個排放設施，約占歐洲二氧化碳排放總量的50%、溫室氣體排放總量的45%。截至2021年初，全球共有24個碳交易體系，包括歐盟碳市場、美國區域溫室氣體減排行動（RGGI）、韓國、新西蘭和中國碳市場，覆蓋了全球16%的溫室氣體排放，涉及電力、工業、民航、建築、交通等多個行業，交易產品主要分為碳配額和自願核證減排量。截至2021年底，全球主要碳市場的交易量已達到15.8Gt二氧化碳當量，交易額接近7600億歐元。其中，歐盟碳市場的規模最大，交易額占全球比重超過80%[53]。歐盟碳市場運行經驗表明，在合理的配額制度和穩定的碳市場政策驅動下，碳排放權市場化運行不僅可以有效實現碳減排，同時還能推動綠色低碳技術革新，達到政府和企業雙贏的目的。此外，歐盟碳市場還推動了碳金融產業的發展，提升了該地區在國際氣候治理中的話語權，已成為歐盟到2050年實現碳中和目標最主要的政策工具和制度保障。中國的碳市場建設始於2011年，並先後在北京、天津、上海、重慶、湖北、廣東和深圳等地開展了碳市場交易試點。在汲取了國外成熟碳交易經驗和前期試點運行的基礎上，中國於2021年正式啟動了全國碳排放權交易市場，並開始由電力行業逐步覆蓋至其他重點排放行業。

## 2.6 社會各層面的減碳作用

當前，碳中和運動正在席捲全球，為了實現「淨零」目標，社會各階層、各領域、各行業都需要為此努力，共同推動社會綠色低碳轉型。

### 2.6.1 各級政府

中央政府既是碳中和工作的頂層設計者，也是減排行動的總指揮。國家層面制

定氣候變化政策只有透過各級政府強有力的執行才能真正落實到位。各級政府在實現碳中和的道路上承擔著引導、支持和監管等多重責任，如果政府在關鍵環節缺位，則可能使碳中和工作裹足不前，甚至倒退。由於各地的資源稟賦、產業結構和經濟水準不同，地方政府在執行中央決策的時候，需要因地制宜、科學地設計符合當地產業實際情況和特點的綠色低碳轉型路徑，在實施方案或中長期規劃中應提出切實可行的發展目標，這樣才有助於減碳工作的高品質推進。

### 2.6.2　金融機構

資金投入是實現碳中和必不可少的關鍵環節。根據高盛集團的預測，為實現「雙碳」目標，到 2060 年，中國相關領域的累計投資額或將達到 16 兆美元，折合超過 100 兆人民幣（人民幣 1 元約新臺幣 4.5 元），相當於每年平均資金投入規模超過 2.5 兆元！巨量的資金需求單靠政府投入是遠遠不夠的。目前，銀行、證券、保險公司等金融機構在政府的引導和支持下，已推出了一系列金融產品如綠色信貸、綠色債券、綠色股權等，綠色金融體系的逐步完善，將有效支持電力、工業、交通等各產業的減碳工作。

### 2.6.3　大學及研發機構

科技創新對於實現碳中和目標的意義已無須贅述。從人類科學技術發展歷史看，大學和科學研究院所作為原創技術策源地和高端人才聚集地，是推動開創性理論和革命性技術誕生、發展與普及的重要力量。從太陽能效應被發現到現代太陽能電池的誕生，從氫氣的發現到燃料電池的出現，一系列新的科學發現和技術發明都與大學和研究機構密切相關。目前，世界各大研究機構還在大力突破鈣鈦礦等新型太陽能電池技術，並積極尋求在製氫技術、氫氣儲運和燃料電池技術方面的突破，而其他能源利用方式如潮流能、溫差能以及可控核融合技術也正在成為各大專院校及研發機構的研究熱點。

一些大學為了支持原創技術從實驗室、校園走出去，透過自建育成中心為創業技術團隊提供資金、技術和人才等方面的支持，催生了許多革命性的創業公司。例如英國牛津大學衍生企業 First Light Fusion，該公司發明的高速射彈引發核融合的技術，已讓商業化核融合發電逐步成為可能。在社會上，越來越多的地方政府、企業或投資機構也傾向於與大學和研發機構共建產業園或者創新合作平臺，共同推動

新技術走向市場。這種產學研一體化的發展模式正在為碳中和目標的實現打下堅實的基礎。

### 2.6.4 社會大眾

　　人與自然和諧共生是碳中和目標最為核心的本質，社會綠色低碳轉型的過程離不開千千萬萬社會大眾的參與。為此，加強低碳生活理念的推廣，促進厲行節約、反對浪費成為社會的主流風尚，是一項長期且重要的任務。

　　——加強環保教育力度。重點關注未成年人的環保意識培養，在書籍、課本和校園活動的各個方面注入生態環保元素，使學生在耳濡目染和親身實踐中感受人與自然和諧共生的真實價值。另外，成年人的教育也至關重要，這需要媒體部門在宣傳工作上提供支持，在電視廣告、網路影片、公共場所及辦公區域等投入環保公益廣告，潛移默化地提升社會大眾對碳中和及環保理念的認知水準。

　　——推廣節能低碳技術。比如鼓勵安裝 LED 燈替代傳統白熾燈。白熾燈的發光依靠燈泡內鎢絲通電發熱，其中絕大部分能量透過熱能形式耗散，僅有不到 10% 用於發光。相比之下，LED 燈可以將電能直接轉化為可見光，能量損耗極低，並且壽命是白熾燈的十倍以上，全生命週期的使用成本遠低於白熾燈。還比如，採用環保節能的製冷設備。傳統的冷氣、冰箱等依靠氫氟化物（HFCs）作為製冷劑，這種物質的升溫潛勢極高，溫室效應十分顯著。根據中國家用電器協會計算，如果中國家用空調全部更新為無氟技術，如採用 R290 製冷劑，則全行業的減排潛力可達 172Mt 二氧化碳當量。可見，節能技術的推廣對於社會碳減排的貢獻是十分顯著的。

　　——提倡綠色低碳生活方式。首先是鼓勵民眾使用公共交通工具出行，短途交通可以透過公共自行車、共享電動車甚至步行等方式替代。其次是持續頒布扶持政策，透過補貼、稅收減免、不限行等方式激勵民眾購置新能源汽車，加速淘汰燃油汽車。更重要的是加強價值引導，對於在踐行生態環保理念方面有突出表現的先進案例給予獎勵和宣傳，對於破壞環境並造成巨大資源浪費的案件進行嚴肅處理。

　　以上舉措還只是碳中和「千里之行」的一小部分，而真正重要的是讓人與自然和諧共生的價值理念深入人心、形成共識，最終成為推動碳中和目標實現最有力的社會動力。

## 2.7 碳中和是一場協奏曲

碳中和是一項龐大的系統工程，需要社會各方的參與和努力。這項工程的核心要務是實現能源結構的重大轉變，「能源四化」是完成這一轉變的關鍵途徑。從當前碳排放結構看，電力、工業、交通和建築四大領域是主要排放源。根據以上領域的用能特點和排放特徵，我們提出一系列減少碳排放的路線、方法和技術，包括提高能效、提升電氣化水準、加快清潔能源替代、採用先進工藝等。

能源「三元悖論」理論告訴我們，將能源轉型的希望全部寄託於可再生能源是不現實的，我們必須承認化石能源為能源系統安全穩定運行所提供的兜底保障價值。比如在電力系統中，火電扮演的是「穩定器」的角色，可以為電網提供必要的轉動慣量，以增加電網頻率的穩定性，支援電網的安全、穩定和高效運行；在化工領域，煤炭、石油、天然氣是重要的原料，許多生活必需品如塑膠、合成橡膠、合成纖維等均依賴化石能源的供應。可見，實現碳中和需要依靠多種能源相互補充，並藉助碳中和技術的有力支援。

最關鍵的是，實現碳中和就好比指揮一場協奏曲，既需要依靠政府連續、穩定的政策支援，也需要各行各業的統一行動，還需要社會各層面特別是廣大民眾的通力配合，唯有如此，我們才能順利地實現碳中和的美好願景（見圖 2-9）。

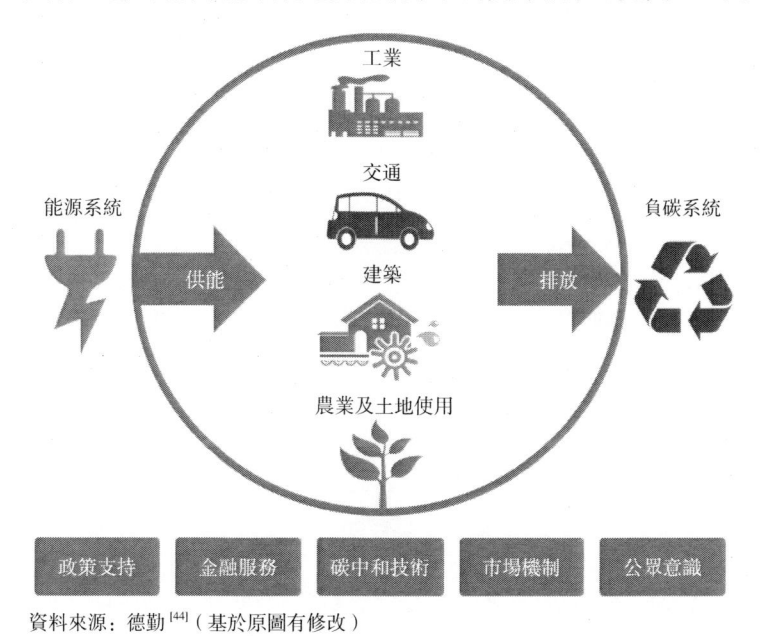

資料來源：德勤[44]（基於原圖有修改）

圖 2-9　碳中和實現的基本元素

# 第三章 碳中和技術

碳中和技術的創新和應用對於應對全球氣候變化至關重要，在很大程度上決定著碳中和目標的成敗。國際上關於碳中和技術尚無明確的定義，一般是指能夠直接或間接降低碳排放量、有利於實現碳中和目標的技術。根據碳排放情況可以大體分為低碳技術、零碳技術和負碳技術三大類，圖 3-1 列舉了一些典型技術方向。其實，普羅大眾對於碳中和技術並不陌生，比如交通號誌燈上的太陽能電池板、丘陵地帶鱗次櫛比的風力發電機、公路上呼嘯而過的電動汽車等，這些都是重要的碳中和技術。不過，碳中和技術的「工具箱」中「藏著的」可遠遠不止這些，它還包括比如儲能、CCUS 及氫能等其他技術。面對海量的技術方向，它們減排潛力的大小成為決策部門、研究機構、資本市場等多方關注的焦點。國際再生能源總署（IRENA）對不同技術的減排潛力進行了研究，結論認為節能與能效提升、可再生能源、負碳技術、電氣化技術和氫能等 5 類碳中和技術最具發展潛力。根據 IRENA 關於 2050 年前全球實現碳中和的模擬結果顯示，節能與能效提升技術和可再生能源技術的累計碳減排貢獻比重相當，均為 25%；負碳技術、電氣化技術及氫能的減排貢獻比重分別為 20%、20% 和 10%。在本章中，將參考以上研究結論，選取典型碳中和技術方向和細分技術案例進行介紹，擬為讀者展現當前和未來碳中和技術的發展現狀與趨勢。

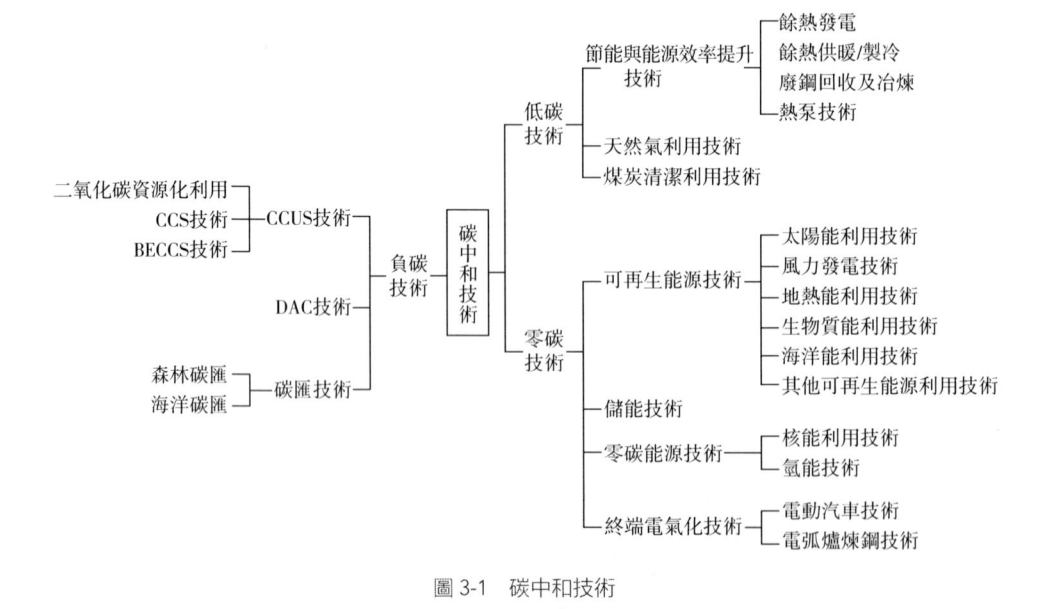

圖 3-1　碳中和技術

## 3.1 節能與能效提升

儘管新能源技術正在世界各地蓬勃發展，但針對傳統能源領域的節能及能效提升技術也同樣能大幅改善碳排放情況，它的累計減碳貢獻程度與可再生能源不相上下，被廣泛認為是當前最易實施、效益較好、見效最快的減排手段。該類技術一般可以分為兩大類，一是能源節約和利用效率的提升，二是餘熱、廢氣等棄置能源的梯級利用及回收。

宏觀層面看，一個國家的使用能源效率水準可以透過單位GDP能源消耗來進行衡量。圖3-2顯示的是世界主要經濟體在2000—2019年每千美元GDP能源消耗的變化情況。總體上看，全球主要經濟體的能源消耗強度在此時間段內均有不同程度的降幅，其中中國的能源消耗強度下降得最快，降幅達40%，而其他經濟體的能源消耗強度降幅在30%左右。從絕對能源消耗強度看，歐盟一直處於全球最低水準，美國和印度與全球平均能源消耗強度相近，而中國的能源消耗強度與其他國家還存在較大差距，基本是歐盟的2倍以上。

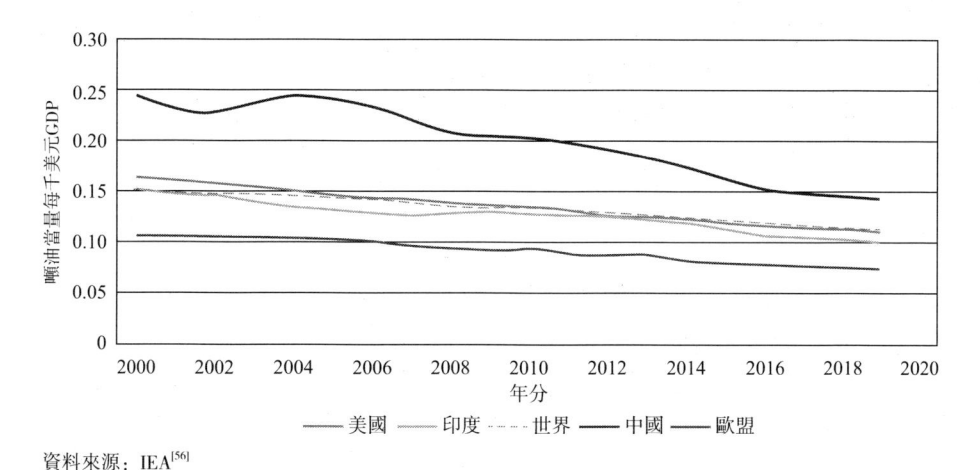

資料來源：IEA[56]

圖3-2　2000—2019年全球主要經濟體單位國內生產總值能源消耗情況

單位GDP能源消耗的下降使我們可以用更少的能源創造更多的GDP，同時也意味著更少的碳排放量。根據IEA的測算，若2030年世界平均能源消耗強度能夠降至2020年的2/3，全球能夠以2020年的能源消費量，創造出相當於2020年150%的GDP總量。由此可見，節能與能效提升技術對於能源消費和碳減排所產生的影響是顯而易見的[55]。因此，針對工業、交通和建築重點排放領域開展技術改進和工藝升級將是當前和未來較長一段時間的重要任務。儘管這三大行業均有較長的發展歷史，技術和工藝

已經比較成熟，能效也達到了較高水準，但依舊存在十分可觀的提升空間。

### 3.1.1 工業

工業部門是全球最大的碳排放源之一，中國作為製造業大國，有超過 1/3 的碳排放來自該領域[57]。提升能效水準將有效改善工業領域碳排放情況，可以達到「立竿見影」的效果。

1. 鋼鐵

鋼鐵行業是工業部門中能源消耗最高、排放量最大的領域，全球每年從該行業排出的二氧化碳量大約為 2.6Gt，這主要源於鋼鐵行業對於煤炭的高度依賴。煤炭在煉鋼工藝中不僅作為燃料提供熱量，同時也是重要的還原劑，可將鐵礦石中的鐵還原出來。根據 IEA 關於鋼鐵行業碳減排的分析，若延續當前的氣候政策（STEP 情景），鋼鐵領域的二氧化碳排放量到 2050 年或上升至 2.75Gt/a；若採取積極有效的可持續發展政策（SDS 情景），鋼鐵領域的二氧化碳排放量到 2050 年或降至約 1.2Gt/a。值得一提的是，IEA 認為鋼鐵行業實現「淨零」排放是一項既不現實也不具有效益的任務，相關投資將是天文數字，並且「淨零」鋼鐵產品的價格也將隨之暴漲，遠超出市場能夠接受的範圍。因此，從可持續發展的角度看，鋼鐵行業綠色轉型的最終目標並不是實現嚴格意義上的「淨零」排放，而是在效益優先、技術可行、市場認可的基礎上實現盡可能的低碳排放[58]。為了達到減排目標，碳中和技術尤為關鍵。圖 3-3 顯示的是 IEA 關於鋼鐵行業不同碳中和技術在 2020—2050 年

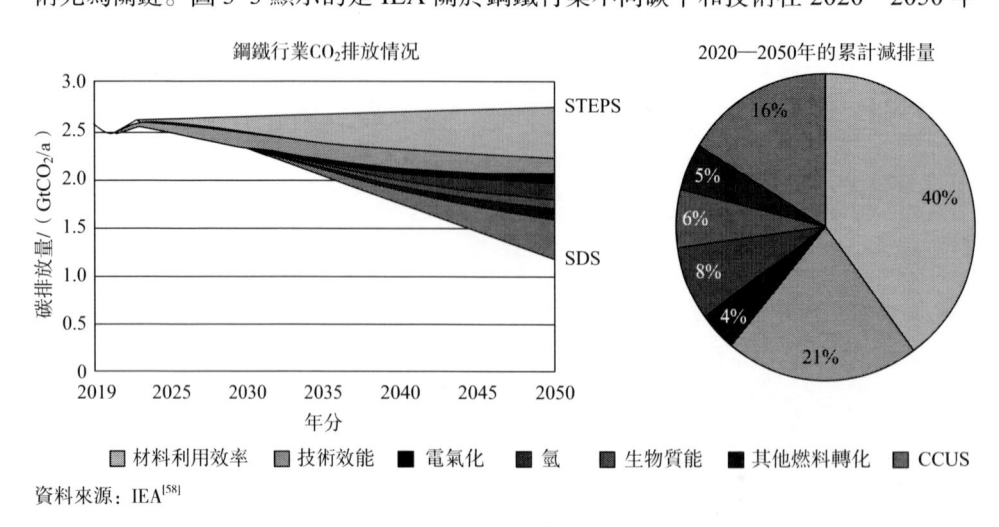

資料來源：IEA[58]

圖 3-3　2020—2050 年全球鋼鐵行業減碳技術的累計減排貢獻程度

的累計碳減排預測情況，可見不同技術及手段對於鋼鐵行業的碳減排貢獻程度有明顯差異。具體看，提升材料的利用效率（循環利用廢鋼、廢鐵等材料）的碳減排空間最大，在未來 30 年中或累計貢獻 40% 的減排量，明顯高於其他碳中和技術手段。

**典型技術　廢鋼回收及冶煉**

目前全球約 70% 的鋼鐵採用傳統的高爐—轉爐長流程工藝，而剩餘部分則採取電弧爐短流程工藝。前者以鐵礦石為原料進行生產，通常需要消耗大量煤炭作為還原劑和燃料，成本雖然低廉但碳排放強度高，碳排放強度在 1.7~2.0t$CO_2$/t 粗鋼。後者則是以廢鋼作為原材料進行循環生產，採用電弧爐工藝，大幅減少了煤炭的使用，其碳排放強度可降至 0.6t$CO_2$/t 粗鋼，但生產成本則更高。中國作為全球最大的鋼鐵生產國，高爐—轉爐長流程工藝的產量比重高達 90% 以上，這也是造成中國鋼鐵生產碳排放強度居高不下的原因。

圖 3-4 展示的是鋼鐵冶煉的工藝流程。高爐—轉爐長流程工藝中，

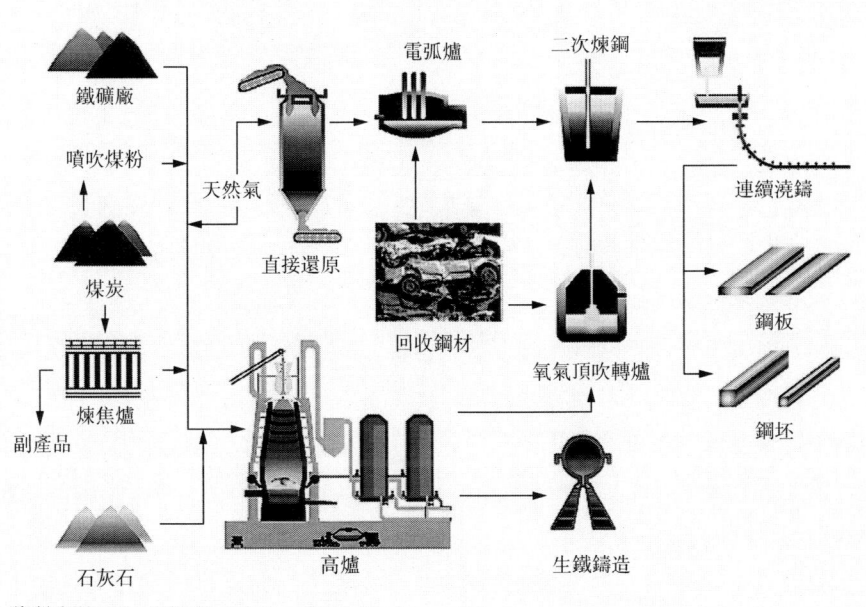

資料來源：sustainableinsteel.eu

圖 3-4　鋼鐵冶煉工藝示意圖

煤炭或者天然氣的使用主要集中在高爐環節，在此過程中，鐵礦石在高溫環境下被還原成生鐵，其中化石燃料既作為燃料也作為還原劑，產生了大量的二氧化碳氣體，排放量比重高達整個流程的 2/3。相比之下，若採用電弧爐短流程工藝，廢鋼將作為煉鋼的原料直接進入電弧爐進行熔煉。這種工藝不僅提升了熱能利用的效率，也省去了鐵礦石進入高爐的冶煉過程，大幅減少了化石燃料的消耗，從而降低了煉鋼的碳排放強度。

廢鋼雖然從名稱來看屬於廢棄物範疇，但是在鋼鐵領域中，廢鋼是重要的原材料，平均回收率可達 85%，根據廢鋼來源可主要分為三類[58]：

自產廢鋼（Home Scrap）：這種廢鋼是在煉鋼、軋製、精整過程中產生的瑕疵品。自產廢鋼不會離開煉鋼廠，絕大部分會原地作為煉鋼的原材料進行回爐重煉。此類廢鋼產量與當年鋼鐵總產量成正比。

加工廢鋼（Prompt Scrap）：這種廢鋼一般產生於鋼鐵加工工廠，屬於成品鋼料加工後產生的邊角料，但材料的質量完全符合鋼鐵廠的出廠標準，屬於高品質廢鋼，幾乎可以全部回收再利用。此類廢鋼產量與當年鋼鐵總產量成正比。

折舊廢鋼（End-of-life Scrap）：這種廢鋼產生於退役或報廢的鋼製產品，壽命跨度大，可短至幾天或者數週，長至數十年甚至百年之久。折舊廢鋼的回收難度相對較大，取決於廢鋼回收時的分類標準。廢鋼產量與當前鋼鐵產量關係不大，主要取決於往年鋼鐵的產量情況。

從提升能效水準的角度看，自產廢鋼和加工廢鋼屬於全新未使用的鋼料，其產量應該盡可能地縮減，降低煉鋼廢品率同時避免鋼料在加工階段的浪費。折舊廢鋼的回收可以提升能效水準，使得鋼鐵在服役期結束後還能「煥發新春」，最大限度避免資源浪費，推動循環經濟發展。中國廢鋼回收利用量呈現逐年上升趨勢，2020年廢鋼利用量已達到 260Mt 左右。

2. 水泥

水泥是一種灰色的粉末顆粒，遇水或者在潮濕環境中會發生硬化（水硬性特徵），可以把沙、石等堅硬物質膠結起來，水泥硬化後不僅強度極高，並且可以

抵擋「風吹日晒」以及鹽霧的侵蝕，是理想的建築材料。水泥根據其主要的水硬性物質可以分為矽酸鹽水泥、鋁酸鹽水泥、鐵鋁酸鹽水泥等，其中矽酸鹽水泥最為常見。圖3-5顯示的是傳統水泥生產的工藝流程。首先是生料的準備，一般採用石灰石（主要成分是碳酸鈣）作為原料，並將其送入生料研磨工廠進行研磨。研磨結束後，生料將被送入靜電除塵器進行除塵，隨後進入生料均化庫。接下來就是熟料的生產過程，生料先被送入懸浮預熱器進行加熱，完成預熱和預分解，再送入迴轉窯內部進行燃燒。生料轉化為熟料的溫度一般在1300℃~1450℃，這要求迴轉窯內部的火焰溫度須達到1540~1700℃。在此過程中石灰石中的碳酸鈣受熱分解為氧化鈣，是水泥生產能源消耗最高、二氧化碳排放量最大的階段。下一階段是熟料的加工處理，熟料在迴轉爐完成燃燒後，經歷燒結、冷卻過程，再進入熟料倉儲存。隨後，熟料還將依次經歷研磨，與石膏、礦渣等其他物質混合及空氣分離等階段，最後產生的成品水泥將被存於水泥料倉中，透過水泥專用車或者散裝形式對外銷售。

在以上生產過程中，水泥生料在高溫燃燒時受熱分解產生的二氧化碳排放量占全部排放量的一半以上，而剩下的碳排放主要來自化石燃料的燃燒（一般是煤）及

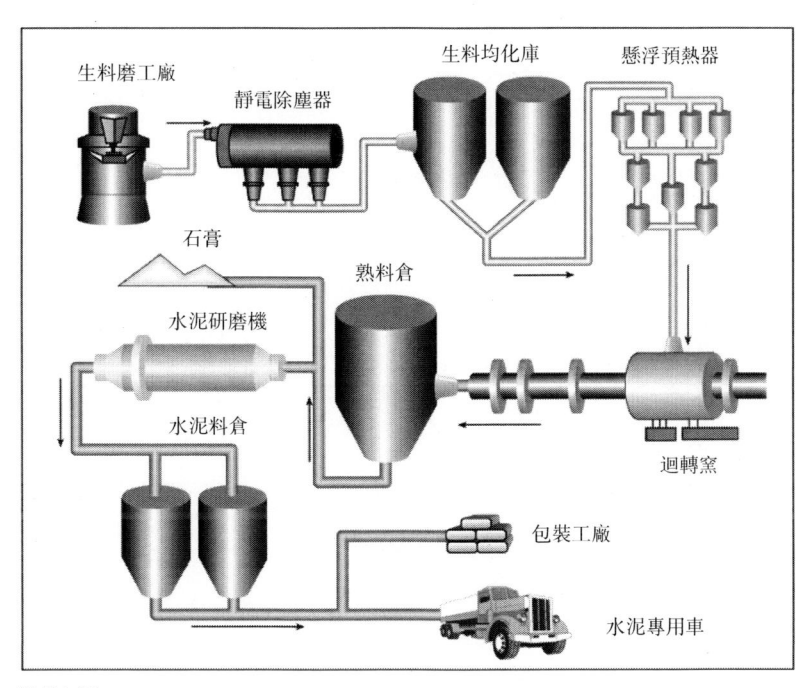

資料來源：Civil Engineers Forum

圖3-5 水泥生產工藝

少部分電力消耗產生的間接排放。從全流程看，每生產 1t 水泥的二氧化碳排放量在 0.55t 左右，經工藝改進並採用清潔燃料和 CCUS 技術，未來有潛力降至 0.03t 的水準[28]。然而，水泥作為基礎原料，工藝上已經非常成熟，技術門檻低、產品附加值小、行業競爭激烈，產品價格極易受到能源價格和原料價格的影響，若透過清潔燃料替代或者電氣化改造的方式實現碳減排，雖然理論上可以實現，但是現實中將大幅抬高水泥價格，經濟上並不划算。為此，減少預加熱、燃燒、焙燒過程中熱量的損耗，或將低品位熱能進行有效利用都是提升綜合能源利用率比較可行的做法。

### 典型技術　水泥窯餘熱發電技術

利用水泥窯的餘熱進行發電是目前應用得比較廣泛的技術之一。水泥懸浮預熱器和迴轉爐中因化石燃料燃燒產生了大量的高溫廢氣，它們通常被直接排放至空氣中，造成大量的能源浪費。為了提升水泥生產過程中的燃料利用效率，這些餘熱可以被回收並用來發電。圖 3-6 展示了水泥窯餘

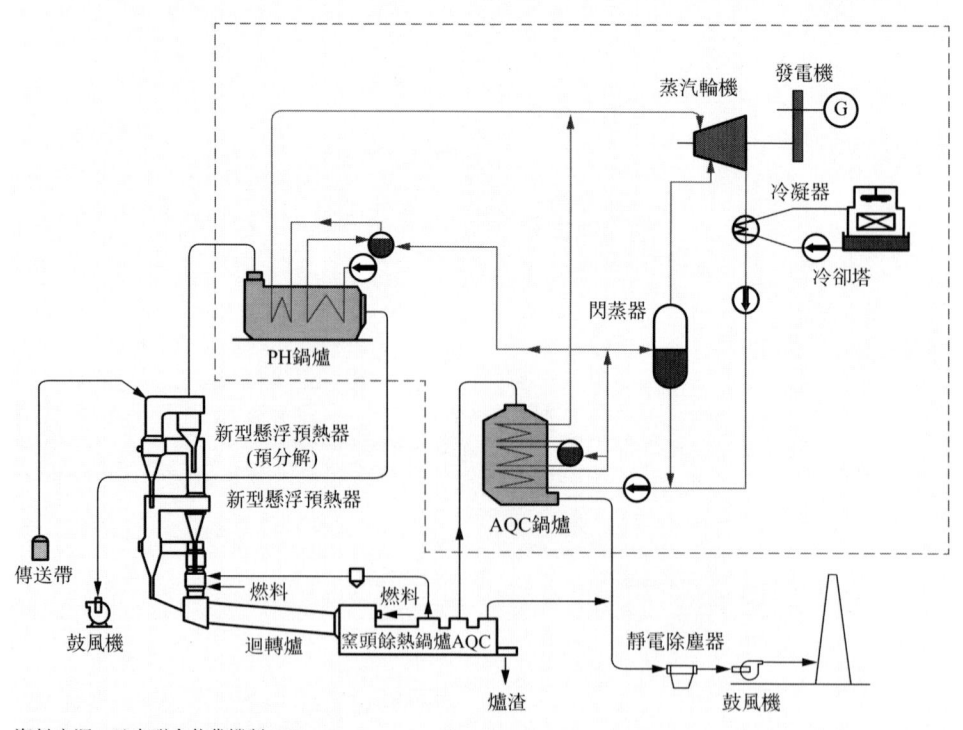

資料來源：日本聯合信貸機制 JCM

圖 3-6　水泥窯餘熱發電技術示意圖

052　　碳中和與氫能社會

熱發電技術示意圖。從圖中可以看出，水泥生產過程中的餘熱來自兩個部分，即迴轉爐出口（窯頭）和預熱器（窯尾）排出的廢氣。在蒸汽發電系統中，窯頭採用 AQC 鍋爐，窯尾採用 PH 鍋爐。系統中一部分水透過熱交換器被直接加熱成過熱蒸汽，進入汽輪機做功發電，還有一部分水經 AQC 鍋爐低溫段加熱後，透過閃蒸器變為低壓閃蒸蒸汽，隨後透過汽輪機的低壓入口做功發電。蒸汽做功完成後，將透過冷凝器冷卻，隨後進入下一個發電循環。採用這項發電技術，可以明顯降低水泥生產過程中的能源消耗，在減少碳排放的同時還能提升經濟效益。

3. 化工

化工行業與鋼鐵和水泥一樣，均屬於高耗能、高排放的行業，其中因生產初級化工品導致的直接二氧化碳排放在 2020 年約為 920Mt，占全球碳排放總量的 3% 左右，僅次於鋼鐵和水泥行業[59]。中國的化工規模位居全球首位，行業快速發展，在過去十年內產量規模增幅超過 85%，貢獻了全球一半的增量。其中，煤化工技術的高速發展帶動了中國化工行業的整體擴張，合成氨和甲醇產量已經分別達到全球總產量的 33% 和 50% 以上[28]。化工產業規模的不斷增大也導致了碳排放問題的日益突出，2020 年中國石化和化工行業能源消費總量已經達到 685Mt 標準煤，占全國能源消費總量的 13.8%[44]。二氧化碳的排放主要來自化石燃料燃燒的直接排放以及生產過程中的排放，兩者的排放比重可以達到八成左右，剩餘的排放來自外部電力和熱力供應產生的間接排放。

與其他領域類似，化工行業的減排手段主要分為能效提升、清潔能源替代、減碳技術等方式，其中能效提升帶來的減碳效果和潛力十分突出，該方式相比於其他減碳手段而言，在短期內的經濟性和實操性最佳。目前可行的能效提升技術包括以下幾種[44]：

換熱網路繼承優化技術。該技術基於夾點分析與數字規劃的方法，精確模擬出煉廠全域及單裝置換熱網路，分析診斷換熱網路運行情況，結合廠內限制條件和用能情況，自動計算優化路徑，並提供詳細的方案設計，提升了廠內能量的優化配置和綜合利用效率。針對千萬噸級常減壓裝置而言，採用該技術每年可減少二氧化碳排放 20~30kt，每年經濟增效最高可達 3 千萬元（人民幣）。

蒸汽動力系統優化技術。通常情況下，蒸汽動力裝置需要透過幾個能量轉換過程，即化石燃料燃燒生成的熱能經過熱交換裝置對蒸汽進行加熱，隨後蒸汽推動動力裝置產生機械能。這其中存在多個能量損耗的環節，如果能有效降低能量轉換的損耗，能效提升效果是顯而易見的。此項技術同換熱網路繼承優化技術類似，同樣採用數位化模擬技術，透過建立模型，對蒸汽系統設備和動力源驅動、蒸汽網路、蒸汽平衡裝置進行優化升級，每年可實現二氧化碳減排 25~60kt 不等。

低溫餘熱高效利用技術。該技術與水泥行業餘熱利用技術類似，透過回收生產過程中的低溫餘熱進行梯級利用，中高品位的餘熱（超過 400℃）可以用來發電，而低品位餘熱則可以被利用在供暖領域，成為熱電廠和鍋爐房供暖的補充，緩解北方城市冬季供暖的壓力。據統計，對於一家規模為千萬噸級煉廠而言，提高 10% 的餘熱回收利用率，可對應減少 40kt/a 的二氧化碳排放。

氫氣資源高效利用技術。加氫工藝在石化領域廣泛應用，而氫氣目前主要的生產方式以煤製氫和天然氣製氫為主，能源消耗高且汙染大。透過採用氫氣資源高效利用技術，煉廠可以強化氫氣管理，從氫氣資源回收利用、臨氫裝置節氫管理和氫氣網路優化三個方面提升氫氣的利用效率，減少氫氣的損耗，從而能夠降低二氧化碳的排放量。對於一家千萬噸級的煉廠而言，採用該技術每年可實現減碳 20~30kt，提升經濟效益高達 6 千萬元。

## 3.1.2　交通

與其他部門略有不同，交通部門的碳排放源非常分散，特別是公路交通領域。小型汽車保有量的逐年攀升帶動了汽柴油的消費，導致汙染日益嚴重。此外，全球貿易、商業和文化交流日益密切，使得航空和航運的需求日益增加，進一步推高了交通部門的碳排放量。

### 1. 公路運輸

公路運輸是交通部門最大的排放源，碳排放量占比高達 80%。其中，有超過 6 成來自小型汽車，剩餘則是重型卡車和商用客車。為了降低交通部門的碳排放量，除了加快新能源汽車的普及之外，提升傳統燃油車的使用能源效率也是在燃油車全面禁售之前最有效的減排手段之一。根據國際潔淨運輸理事會（International Council on Clean Transportation，ICCT）的測算，車輛能量損耗最大的部分來自引擎，燃料燃燒釋放的能量只有不到 30% 能夠直接轉化為車輛的動力，而絕大部分能量則以熱

能的形式耗散至環境中[60]。在車輛行駛過程中，由於空氣阻力、滾動摩擦和煞車等因素，通常會有 18%~25% 的能量損耗。此外，機械傳動、引擎空轉以及其他輔助設備用能等也存在一定的能量損耗。透過研究燃油車輛的能量損耗方式，我們可以針對性地進行技術改進以提升車輛的能效水準。目前燃油車能效提升技術主要分為 5 個類別，即先進內燃機技術、傳動技術、車輛技術、熱量管理技術和混合動力及電動化技術。其中，車輛技術中的輕量化是重點突破方向，被認為是提升車輛使用能源效率的最佳方式之一[61]（見圖 3-7）。

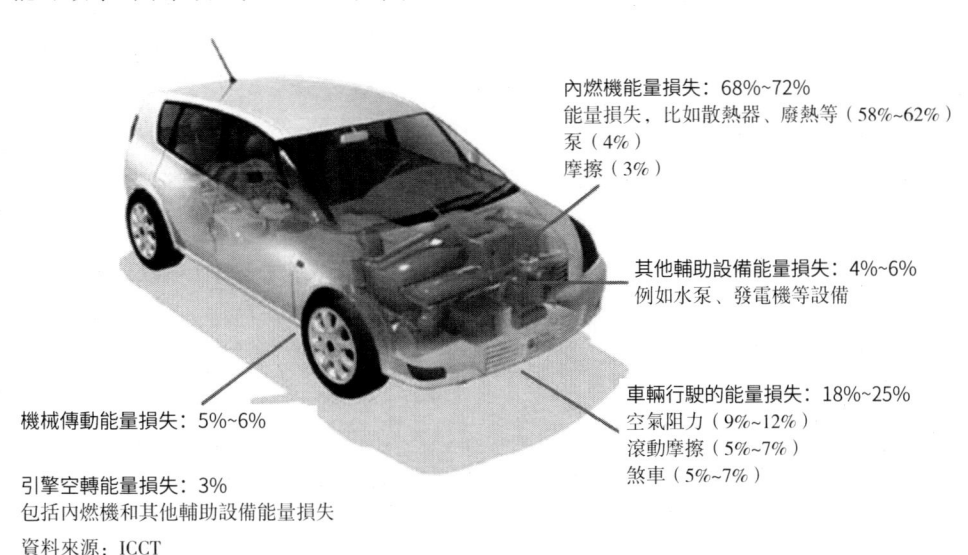

內燃機能量損失：68%~72%
能量損失，比如散熱器、廢熱等（58%~62%）
泵（4%）
摩擦（3%）

其他輔助設備能量損失：4%~6%
例如水泵、發電機等設備

車輛行駛的能量損失：18%~25%
空氣阻力（9%~12%）
滾動摩擦（5%~7%）
煞車（5%~7%）

機械傳動能量損失：5%~6%

引擎空轉能量損失：3%
包括內燃機和其他輔助設備能量損失

資料來源：ICCT

圖 3-7　乘用車能量損耗情況

## 典型技術　汽車輕量化

　　汽車車身結構主要以鋼板為主，包含熱軋鋼、冷軋鋼、碳素鋼和高強度鋼等。由於不同種類的鋼板在成分上（比如含碳量）有所不同，其密度一般為 7.75~8.05g/cm³，而輕質金屬材料如鋁合金的密度則在 2.64~2.81g/cm³，約為鋼材的 1/3[62]。傳統汽車的車身重量重，耗油量普遍較高。對於同樣的車型而言，減輕車身重量，可以直接降低汽車行駛相同距離時的油耗，並同時減少輪胎的滾動摩擦和汽車制動時的能量損失。根據測算，使用相同引擎的汽車，減少 10% 的車身重量將對應減少 5% 的油耗。輕量化技術的核心是先進材料的研發，主要分為以下

第三章　碳中和技術　　055

類別[61]：

高強度鋼 / 先進高強度鋼（HSS/AHSS）：此類鋼材憑藉出色的機械效能，可以在保證車身強度不變的情況下，減少鋼材的使用量。根據中國的行業標準，低碳鋼的降伏強度在 210MPa 以下，而高強度鋼的降伏強度在 210~550MPa，先進高強度鋼的降伏強度可達 550MPa 以上。富豪、奧迪等海外品牌汽車以及中國自主汽車品牌如吉利、北汽等中高端車型已經開始大規模採用該材料以替代傳統低碳鋼，逐步實現輕量化的生產。

鋁合金：全鋁車身的製造已經成為輕量化技術的一個重要方向，一些高檔汽車品牌如 BMW、奧迪、捷豹等旗艦車型的車身已普遍採用鋁合金材料。這種材料可使車身既符合應有的強度安全要求，又能大幅度降低車身重量，從而綜合提升汽車的能效水準。高強度的鋁合金板材的降伏強度一般可以接近甚至達到高強度鋼的標準。如高端車型廣泛使用的 AA7075 鋁合金，其降伏強度可以高達 500MPa 以上，綜合效能不輸高強度鋼。採用此類鋁材可以使同等車型的重量降低 25%~40%，輕量化的效果十分明顯[63]。不過，鋁合金材料並非十全十美，一方面高強度鋁合金的成本高昂，一般只會應用在高端車型上；另一方面鋁合金的焊接難度高，工藝複雜，在加工製造和後期維修保養方面存在較大難度。

其他材料：除了以上兩種材料之外，還有鎂合金、鈦合金、玻璃纖維複合材料、碳纖維複合材料等也被應用在汽車製造。這些材料主要用於車身以外非承重和受力的部分，包括制動踏板、傳動軸、後門蓋板、輪轂和車身側圍外板等。當然，高強度的玻璃纖維和碳纖維複合材料也被應用在包括 A/B/C/D 柱、車門以及底盤結構件上，使得整車重量大幅下降，但高昂的成本也使得該輕量化技術在當前難以大範圍推廣。

除了輕量化技術以外，先進內燃機技術也是能效提升的一個重要方向，如廢氣再循環系統（EGR）、缸內直噴技術（GDI）等均已得到了普及，顯著提升了內燃機的熱效率。然而，基於奧托循環原理設計的往複式內燃機存在熱效率的天花板（理論最高值一般不超過 60%），而實際內燃機效率也僅能達到其理論值

的一半左右，後期技術提升難度大，邊際收益也將顯著降低。為此，多個國家開始另闢蹊徑，大力研發電力驅動等新型動力技術。我們將在後面對此進行詳細介紹。

2. 水路航運

船舶運輸的碳排放量在交通領域的比重明顯低於公路運輸，並且在同等運輸距離下，其平均二氧化碳的排放強度（單位運輸質量造成的二氧化碳排放）約為公路重型運輸車輛的十分之一，為航空運輸的百分之一[64]。根據IRENA對於航運領域碳減排的分析，在2050年碳中和情景下，能效提升將貢獻20%的減排量，僅次於電氣化和清潔燃料技術的貢獻度[65]。與公路交通不同，船舶在航行過程中面臨的情況更加複雜，因此除了提升引擎的燃燒效率之外，天氣預測、船體保養檢修、行駛路線規劃和自動化行駛技術等都是提升能效的重要手段。圖3-8展示的是船舶能效提升技術及對應的碳減排潛力。船舶引擎和螺旋槳裝置的效率提升、船舶流體動力效能改進、船舶運行方式優化等均可以在一定程度上提升船舶的運行效率。

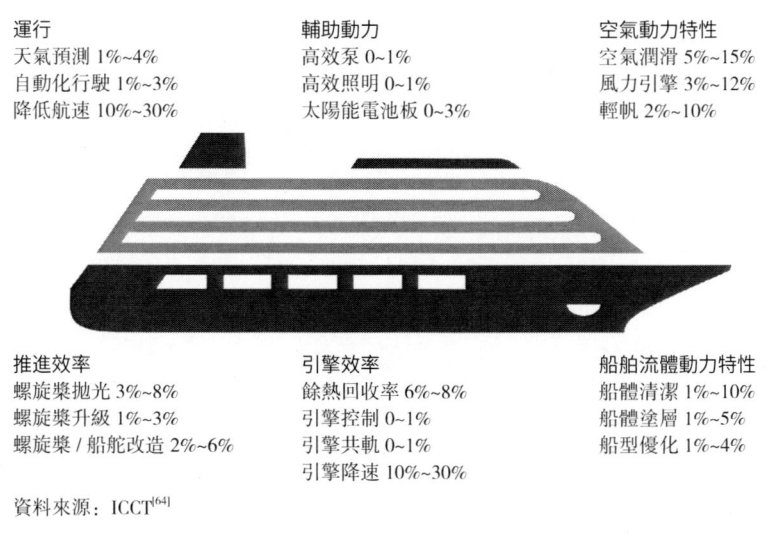

運行
天氣預測 1%~4%
自動化行駛 1%~3%
降低航速 10%~30%

輔助動力
高效泵 0~1%
高效照明 0~1%
太陽能電池板 0~3%

空氣動力特性
空氣潤滑 5%~15%
風力引擎 3%~12%
輕帆 2%~10%

推進效率
螺旋槳拋光 3%~8%
螺旋槳升級 1%~3%
螺旋槳/船舵改造 2%~6%

引擎效率
餘熱回收率 6%~8%
引擎控制 0~1%
引擎共軌 0~1%
引擎降速 10%~30%

船舶流體動力特性
船體清潔 1%~10%
船體塗層 1%~5%
船型優化 1%~4%

資料來源：ICCT[64]

圖3-8 船舶能效提升技術與對應的二氧化碳減排潛力

在航行過程中，船底和螺旋槳等水下部分將逐漸附著水生物，包括貽貝、海蠣、藤壺等，這些附著物將嚴重影響船體的流體動力效能，降低船舶的行駛效率。為此，船舶需要定期進行附著物清除工作，並且使用先進塗料，減緩水生生物的附著速率。針對遠航運輸，路線規劃也至關重要，衛星自動辨識系統（S-AIS）可為

船舶提供必要的航行資訊，而智慧化和數位化技術的應用可以進一步加強船舶對天氣和海況的預判，從而調整航行速度、路線和目的地以節省燃料消耗，整體提升船舶的節能和能效水準[64]。

3. 航空運輸

航空領域的能效提升手段同樣是以提升燃料燃燒效率和降低運行時的能量損耗為主要目標。在過去的半個多世紀裡，商用客機平均每公里的碳排放量已經下降了超過七成[48]，而現在最新推出的商用飛機已經比1970年代的早期客機在同等飛行距離下減少約60%的燃油消耗[66]。這些成果得益於諸多方面，例如飛機整機設計水準的提升、航空引擎燃燒效率的提升、輕量化技術的使用以及資訊化、智慧化系統的應用等。

波音787「夢想客機（Dreamliner）」是典型的新一代節能客機的範例，該飛機大量採用複合材料，占據飛機總質量的50%，其中機身100%由複合材料製造，實現了輕量化設計的目標。此外，該機型在機身結構設計上進一步改善了空氣動力學效能，並採用了新一代航空引擎，這使得「夢想客機」較現役的同類客機提升約25%的燃油效率[66]。儘管在碳中和背景下，市場上已經出現了純電動飛機和氫燃料電池飛機的概念甚至樣機，但從技術成熟度看，在未來較長一段時間裡，噴氣式客機將依然是航空領域的絕對主力，因此提升燃油燃燒效率還將是行業的重要減碳手段，而可持續航空燃料的使用也將會助力航空領域的碳減排工作。

### 3.1.3 建築

從建築物的用能情況看，照明和採暖／製冷的用能比重較大。在照明方面，節能燈的推廣已經比較成功，白熾燈的淘汰進程正在加速。此外，發光二極體（LED）照明技術的飛速進步，為照明領域能效提升提供了新的途徑。國際上一般用流明／瓦（lm/W）表示照明設備的發光效率，該值越高則說明發光效率越高。一般白熾燈的發光效率為10~15lm/W，節能螢光燈為40~60lm/W，而LED燈可達120~160lm/W。此外，LED照明技術的商業化推廣和規模化生產已經使單個家用LED燈泡的售價在十年內降低了近90%，目前已普遍低於100元，逼近普通節能螢光燈的價格。這將促進LED技術的大規模使用，使得建築照明的能效得到大幅提升。

在採暖方面，當前家庭大多採用天然氣熱水器或集中式供暖，透過化石燃料的

燃燒獲取能量，不僅使用能源效率低且碳排放強度高。在可選的措施中，熱泵技術被認為是能效提升最有效的手段之一，歐洲國家已經開始大規模推廣該技術在建築、工業等領域的使用。

## 典型技術　熱泵

熱泵（Heat Pump）本身不產生熱量而是熱量的「搬運工」，其最主要的優勢就是熱量來源 100% 可再生，並且不直接產生任何排放（不過電力消耗將間接產生碳排放，這與當地電網的碳排放因子有關）。此外，該技術具有其他技術所沒有的槓桿效應」，即消耗 1kWh 的電能可為室內供應 4kWh 以上的熱能／冷能，能效利用水準十分優異[67]。中國節能協會熱泵專業委員會做過一個測算：假設維持室內溫度在 20℃，室內實際供熱功率需要達到 10kW。採用燃煤供暖、電暖裝置及熱泵的實際供熱功率需要分別達到 14.29kW、10kW 和 2.86kW。對比看，熱泵技術的能源消耗僅為燃煤取暖方式的五分之一，能效提升效果十分顯著。

熱泵的主要設備包含壓縮機、冷凝器、蒸發器、節流裝置及輔助部件。其工作原理是依據卡諾循環的逆過程，即壓縮機將低溫、低壓氣態製冷劑壓縮成高溫高壓製冷劑蒸汽，該蒸汽隨即進入冷凝器向室內高溫熱源放熱後冷凝成為液體。液態製冷劑經過節流裝置進行降壓膨脹後，再透過蒸發器，製冷劑在蒸發過程中吸收室外熱量，並隨後被壓縮機壓縮進入下一個循環。熱泵同樣也可以當作製冷設備，透過採用四通換向閥或者水路切換來實現冷熱功能的轉換[67]。

按照室外熱量的來源，可以將熱泵分為空氣源熱泵和地源熱泵兩大類（見圖 3-9）。顧名思義，前者以室外空氣為熱源，能量來源廣泛，但在低溫環境下運行（比如 0℃ 以下）容易結霜，影響熱泵運行效率。後者的熱源主要來自土壤、地表水或地下水，運行穩定且不存在除霜問題，但是室外設備的傳熱裝置（地下埋設管道）占地面積較大，投資和維護成本也相應較高。

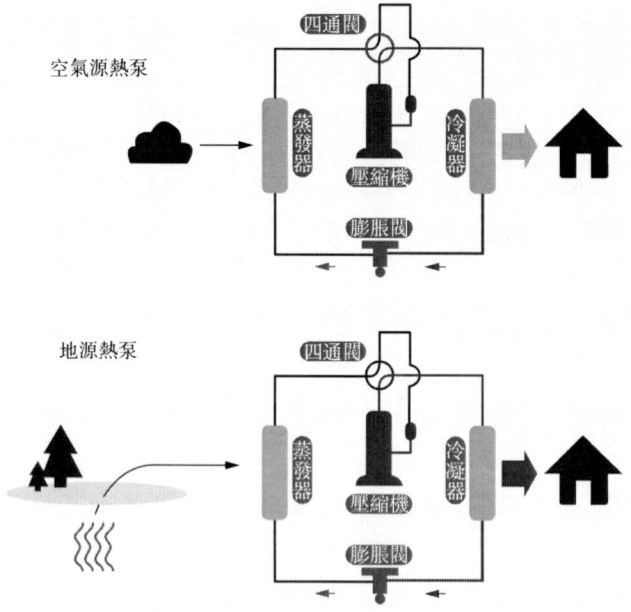

資料來源：中國節能協會熱泵專業委員會[67]

圖 3-9　熱泵的組成與類型

除了以上典型的建築節能技術之外，採用隔熱效能好的建築材料和裝潢材料、使用可調節光學效能的智慧窗戶、安裝家庭智慧系統、購置儲能設備、安裝太陽能熱水裝置和太陽能發電設備等，都將進一步提升建築的使用能源效率，降低碳排放量。

## 3.2　可再生能源

可再生能源是人類原始社會幾乎唯一可以利用的能源，有證據顯示在距今約 3 萬至 30 萬年的舊石器時代中期，居住在歐洲和西亞地區的尼安德塔人就開始利用黃鐵礦石的撞擊或摩擦出的火星引燃木材，為生活提供熱源[68]。木材的可再生特點、易獲得性和易燃屬性對推動人類繁衍生息和生產力進步產生了舉足輕重的作用。隨著人類社會的不斷發展，水能、風能、太陽能等其他可再生能源相繼被開發和利用，成為人類生產生活必不可少的能量來源。

### 3.2.1 水能

據史料記載，早在美索不達米亞文明時期，中東地區的人們就開始在底格里斯河和幼發拉底河水域修築石壩用於農業灌溉，世界上已知最早的水利工程是位於現今約旦境內的賈瓦（JAWA）壩，距今已有 5000 餘年的歷史。中國也有著悠久的治水歷史，「大禹治水」的故事一直傳頌至今，其中最引人注目的水利工程要數矗立在成都平原西部的岷江上聞名遐邇的都江堰水利工程。該工程始建於西元前 256 年，由當時秦國蜀郡太守李冰父子率眾修建完成，至今依然發揮著灌溉田疇、防洪排沙的重要作用。在中國漢朝時期，古代人民發現了藉助水流動能助力農耕的方法，發明了水車用於灌溉、碾磨穀物等農業生產活動，從此拉開了水能利用的序幕[69,70]。

第一次工業革命之後，丹麥物理學家漢斯·厄斯特（Hans Ørsted）首次發現了電流磁效應，隨後英國物理學家麥可·法拉第（Michael Faraday）利用電磁感應現象發明了世界上第一臺圓盤發電機。同期，美國工程師詹姆斯·法蘭西斯（James Francis）在 1849 年製造出了世界上第一臺現代水力渦輪機。1878 年，世界上第一個水力發電工程專案在英國諾森伯蘭郡建成，成功地為當地電燈提供連續電力供應。1891 年，德國人製造出世界首臺三相交流發電機組，並建成首條三相交流輸電線路，電壓等級達到了 13.8kV，由此開啟了遠距離高壓輸電的時代。在第二次工業革命的推動下，水力發電技術突飛猛進，進入高速成長期。隨著羅斯福新政的推出，胡佛大壩、大古力水壩等世界級工程相繼落成投產，水力發電在 1940 年代高峰時期的發電量一度達到了美國總發電量的 40%[70]。在已開發國家掀起大力建設水力發電專案的浪潮後，開發中國家特別是中國和巴西後來居上，建成了三峽大壩、伊泰普水電站等世界級水利樞紐工程，其中中國三峽大壩發電機組總裝機容量達到了 22.5GW，而白鶴灘水電站的單臺發電機組規模已經達到 1GW，屢屢創下世界紀錄，為國家經濟社會發展提供了重要的能源保障。如今水力發電技術已經完全成熟，水力資源已進入深度開發期。根據國際水力發電協會（International Hydropower Association，IHA）統計，截至 2020 年，全球累計水力發電裝機規模達到 1330GW，其中中國的水力發電裝機規模為 370.2GW，占全球總規模的比重為 27.8%（見圖 3-10）。

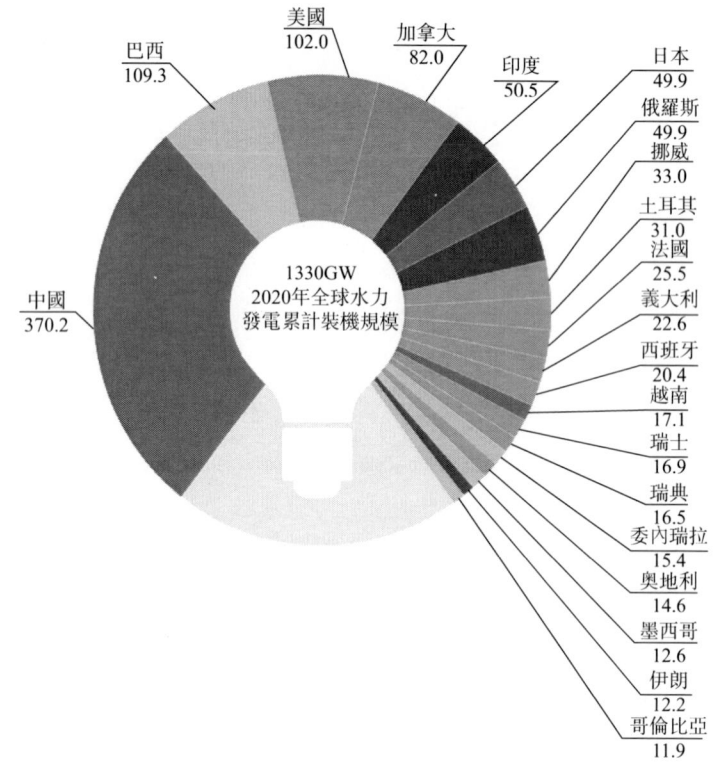

資料來源：IHA[71]

圖 3-10　截至 2020 年全球水力發電裝機情況（GW）

## 3.2.2　風能

人類利用風能的歷史可以追溯至距今 7000 餘年前。當時的尼羅河上，當地居民就已開始利用風能推動船舶行駛，古埃及陶器上刻畫的帆船圖案栩栩如生地展現了水手在甲板上齊力拉動風帆調整航行方向的繁忙場面。中國是世界上最早利用風能從事農業生產的國家之一，早在 3000 多年前已有史料記載人民利用風車提水的場景。立軸式風車是中國古代一項十分重要的發明，廣泛應用在中國沿海、長江流域等一些風力資源較豐富的地區，主要用途包括海水製鹽和農田灌溉等[72]。在世界其他區域如中東和波斯一帶也出現了裝有蘆葦程編製葉片的風車裝置用於碾磨穀物[73]。11 世紀以後，十字軍東征促進了中東與歐洲文明之間的碰撞與交流，中東人發明的風車技術被帶到了歐洲大陸，而荷蘭人在中東風車技術的基礎上開發了大型水平軸風車，進一步擴展風能的用途，使其在造紙、鋸木、榨油等方面發揮

出了獨特優勢。此舉大大提高了荷蘭的工農業生產力，使這個歐洲小國一舉成為17世紀世界的經濟中心[73]。

19世紀中期，發電機等電氣設備的首次出現為世界帶來了第二次工業革命，從此人類社會正式步入電氣化時代。1888年，美國發明家查爾斯·布魯斯（Charles Brush）發明了世界上第一臺風力發電機，而現代風力發電機的原型被認為是由丹麥科學家保羅·拉·庫爾（Poul la Cour）設計的。起初，他發明風力發電機的主要目的是為電解水製氫實驗供電，而隨後他以此為基礎將自家風車磨坊改造成風力發電機，並為阿斯科烏小鎮提供電力[74]。經過實踐檢驗，風力發電技術逐漸獲得公眾認可，kW級小型風力風電機組開始在歐洲和美國的農村等偏遠地區承擔小範圍的供電任務。隨著火力發電技術的高速發展以及長距離高壓輸電技術的進步，風力發電技術因裝機規模小、效率低和不穩定性等因素，發展一度陷入停滯。[73]

儘管如此，風力發電的可再生性和綠色無碳特徵對一些國家依舊存在吸引力。第二次世界大戰後，丹麥開始引領風電技術發展，並於1957年推出了具有劃時代意義的200kW蓋瑟渦輪機（Gedser Turbine）並成為當今風力發電機組的主流樣板[75]。1970年代的石油危機推動了丹麥、德國等歐洲國家能源結構多元化的進程，為保障能源安全自主可控，歐美多國能源部門撥付專案資金用於風力發電技術的研發和應用，其中丹麥在1978年成功推出世界首臺MW級風力發電機組。1980年代，美國特別是加利福尼亞州風電市場需求的快速成長，進一步刺激了風電製造業的發展，全球新增裝機量由1980年的約11MW激增至1990年的1900MW[75]。隨著氣候變化問題逐漸獲得全球主要國家的重視，減碳訴求成為風能發展的重要驅動力。進入21世紀，風能市場迎來快速成長期，風機裝備技術發展迅速，丹麥、德國、中國等國家接連推出大型風力發電機組，其中陸上風機單機容量已突破5MW，海上風電機組更是進入10MW+時代。在政府鼓勵政策和技術的推動下，風力發電成本持續降低，累計裝機量由1997年的7.5GW成長至2021年的830GW[76,77]，發電量從1990年的3880GWh激增至2021年的約1870TWh，發電量占全球總發電量的約8%，已經成為全球電力系統重要組成部分[78,79]。

隨著風力發電的大規模開發，專案建設也面臨土地、風能資源以及環保問題等因素的限制。為突破以上限制，風電行業開始「向海而生」，進而衍生出海上風電產業。經過十餘年的發展，海上風電已經從淺海延伸至中深海，從固定式基礎發展到漂浮式基礎，從小功率風機進化至大功率風機。挪威、英國等歐洲已開發國家透過結合海洋油氣工程裝備製造方面的成熟經驗，已將相關技術成功應用在深遠

海海上風場的設計、建設和運維等環節。原挪威國家石油公司 Equinor 從 2001 年起便著手研發漂浮式海上風電技術，並於 2017 年在英國北海海域建設投運了全球首個漂浮式風電商業化專案。目前，Equinor 開發的 Hywind Scotland 單立柱基礎、Principal Power 研發的 Windfloat 半潛式漂浮基礎、Ideol 開發的阻尼池半潛式漂浮基礎等都進入了商業化示範專案運行階段。中國也正在加速趕超，中國海油自主研發的深遠海浮式風電平臺「海油觀瀾號」已完成建造並啟航出海，三峽集團和明陽智慧聯合研發的「三峽引領號」抗颱風型漂浮式風電樣機成功併網發電。隨著漂浮式風電技術的逐漸成熟，海洋風能資源的開發利用將為人類社會發展提供更多、更穩定的能源供應。

### 3.2.3 太陽能

「日出而作，日入而息」，《莊子·讓王》記錄了中國古代人民的生活方式，人們的起居勞作從古至今一直圍繞著太陽起落而有規律地進行。太陽為地球萬物的生存繁衍提供了源源不斷的能量。這個距離地球大約 1.5 億公里的恆星中心，每分每秒都在發生劇烈的核融合反應。核融合反應釋放出大量的熱量，使得太陽表面溫度長期保持在 5500℃左右，並透過輻射電磁波（太陽光）的形式將能量傳遞至地球表面。由於太陽表面溫度和日地距離相對穩定，太陽光照射到地球表面的能量密度基本固定在（1366±3）W/m$^2$，該值也被稱為太陽常數[80]。太陽光攜帶大量光子，而光子中的能量可以被物質吸收從而轉化成熱能或者電能等形式供人類使用。

1. 光熱利用

熱能是人類利用太陽能的最初形式。由於陽光照射到物質表面時會發生反射、吸收和透射等現象，古代人民便開始根據不同物質的物理性質來利用太陽能。考古學家從發掘出的建築遺骸中發現，美索不達米亞、古埃及和古希臘等文明已經在建築設計中考慮了太陽光自然採暖的功能。羅馬人在太陽能熱利用方面更進一步，發現了玻璃的特殊屬性，這種物質既可以讓光線透射，同時還具備阻熱、防風的功能。於是羅馬人便開始在建築上安裝玻璃用於採光和保暖，甚至用玻璃搭建陽光房用於種植異域植物[81]。光熱的另一種用途是由古希臘科學家阿基米德（Archimedes）發明的。在羅馬軍隊入侵敘拉古城期間，阿基米德利用鏡子可以反射光線以及光的疊加原理設計出了聚光系統，在太陽照射下利用大量鏡子將光線匯聚，並成功點燃了羅馬軍隊的船帆，擊退了入侵船隊。這種聚光集熱裝置在隨後的

很長一段時間裡並未獲得進一步發展。直到第一次工業革命時期，法國化學家安托萬·拉瓦節（Antoine Lavoisier）在 1774 年發明了光熱爐，利用凸透鏡的聚光特性，將光線聚焦到鑽石上，成功點燃了鑽石，並證明了鑽石和石墨都是由碳原子構成的。

　　光熱技術的又一次突破發生在 19 世紀後期。1878 年，奧古斯汀·穆喬（Augustin Mouchot）認為煤炭資源終究會枯竭，工業社會發展將不可避免地面臨能源短缺問題，太陽能是解決此問題的重要方式[82]。1860 至 1880 年，穆喬在已有的太陽能烹飪器具的基礎上，透過增加反射裝置和蒸汽機，設計出太陽能蒸汽機。這項發明被用來為 1878 年巴黎世博會展館的製冰機提供動力，成為如今碟式光熱發電系統的前身（見圖 3-11）。在同期，瑞典工程師約翰·艾瑞克森（John Ericsson）和英國科學家威廉·亞當斯（William Adams）相繼設計出了拋物面槽式（見圖 3-12）、塔式太陽能聚光系統。然而，由於缺乏儲能裝置，這些太陽能裝置只能在白天光照條件比較好的情況下運行，間歇性和不穩定性成為主要問題。1904 年，美國工程師亨利·威爾西（Henry Willsie）在美國密蘇里州和加利福尼亞州建設了兩個儲熱系統，並成功實現了光熱裝置的夜間運行，為後期光熱技術的推廣奠定了基礎。值得一提的是，法國工程師查爾斯·泰利爾（Charles Tellier）將光熱技術引入了家用領域，在 1880 年代設計出了平板太陽能熱水器的雛形。這種太陽能裝置緊湊，易於在屋頂安裝，同時兼具儲熱功能，使太陽能熱水器走進了千家萬戶。

　　煤炭、石油等化石燃料的大規模使用使得成本高昂、供能不穩定的太陽能技術發展一度停滯。然而，1970 年代的石油危機促進了聚光太陽能熱發電（Concentrated Solar Power，CSP）技術的進步。該技術使用反射鏡或透鏡，利用光

資料來源：Solarthermalworld.org[82]

圖 3-11　奧古斯汀·穆喬發明的截錐形碟式光熱引擎

資料來源：Solarthermalworld. org[82]

圖 3-12　世界上首臺光熱發電裝置：100 馬力 Solar Engine One

學原理將大面積的陽光匯聚到一個集光區中，該區域的溫度受太陽光的照射而逐漸上升，並對系統中的工質（如水、礦物油等）進行加熱；工質受熱膨脹後將推動蒸汽渦輪發電機做功，從而產生電力（見圖 3-13）。

在隨後幾十年的發展中，光熱發電形成了塔式、槽式、碟式和菲涅耳式四種技術方向，導熱工質一般採用水、礦物油或者熔鹽，最後可透過水蒸氣朗肯循環、$CO_2$ 布雷頓循環或者史特林循環進行發電。其中，塔式和槽式光熱發電技術已進入商業化應用階段，而蝶式和菲涅耳式系統尚處於示範階段。截至 2019 年底，光熱發電裝機量已達到 6.9GW，其中西班牙和美國的裝機規模遙遙領先，分別投運 2.5GW 和 2.1GW 光熱發電專案，總共占據全球總裝機規模的三分之二[83]。中國、智利、摩洛哥、阿拉伯聯合大公國等國家後來居上，已成為光熱發電產業的生力軍。

中國的光熱發電工程目前主要集中在內蒙古西部、青海、新疆南部、西藏及河西走廊一帶。在「雙碳」目標下，光熱發電技術的優勢將日益凸顯。開發商可將太陽能、風電搭配光熱進行聯合開發，充分發揮光熱發電技術的儲能和尖峰負載優勢，

資料來源：CSPPLAZA 光熱發電網

圖 3-13　敦煌 10MW 熔鹽塔式光熱發電站

一方面降低風電、太陽能專案的棄電率，另一方面還可以為電力系統提供調頻、尖峰負載等輔助服務，這種獨特優勢或將推動光熱發電產業進入新一輪成長階段。

2. 太陽能發電

光生伏特效應的發現和太陽能發電技術的誕生距今不到 200 年，其發展速度已經超乎人們的想像。1839 年，時年 19 歲的法國科學家埃德蒙·貝克勒（Edmond Becquerel）在父親的實驗室中，將一隻氯化銀電極和一隻鉑電極置於酸性導電溶液中，並用光照亮氯化銀電極，導電迴路瞬間產生了電流和電壓[84]，這種光生伏特效應也被稱作「貝克勒效應」。1883 年，美國發明家查爾斯·弗里茲（Charles Fritts）在硒半導體上包裹一層金箔成功製造出了世界上第一塊太陽能電池。隨後，科學家們開始關注光生伏特效應，並利用硒、銅等材料製作出了不同類型的太陽能電池，但裝置的能量轉化率卻一直未能獲得突破，長期徘徊在 1% 左右[85]。進入 20 世紀，太陽能技術的發展離不開理論和半導體材料的突破。1905 年，愛因斯坦在《關於光的產生和轉化的一個啟發性觀點》中提出，光除了具備電磁波特性之外還具有粒子特性，即光透過不連續的一份份光子對外傳播能量，而每個光子的能量與其電磁波頻率直接相關[86]。該學說的提出為後人研究不同材料受到光照後激發出電子並形成電流的現象提供了理論指導。直到 20 世紀中葉，太陽能發電技術還停留在實驗和理論階段，在此期間世界上首個單晶金屬製備方法誕生，德國物理學家費利克斯·布洛赫（Felix Bloch）在研究晶態固體導電性時提出了能帶理論，半導體物理模型由此誕生[85]。

1950 年代，高純度單晶矽被成功生產，貝爾實驗室利用單晶矽材料成功研製出世界首塊晶矽太陽能電池片，將能量轉化效率提升至最高 11%（見圖 3-14）[87]。1958 年，美國研製發射的 Vanguard 1 號衛星成為全球首個搭載太陽能電池的衛星[88]。四年後，搭載了單晶矽太陽能電池片的通訊衛星 Telstar 1 成功入軌，象徵著太陽能電池已正式進入商業化階段（見圖 3-15）。在隨後的四十餘年中，美國政府不遺餘力地發展太陽能技術，推動其在航太領域得以廣泛應用，同時在政策驅動下，美國商業公司也深度參與太陽能產品的研發，太陽能電池產品的能量轉換效率也屢創紀錄，其中波音公司在 1989 年製造的 GaAs/GaSb 疊層太陽能組件的能量轉換效率已達到了史無前例的 22%[89]。

進入 21 世紀，太陽能發電技術的發展從美國的「一枝獨秀」逐漸演變成了世界的「百花齊放」。2000 年，德國政府正式通過可再生能源資源法案，開始為太陽能等新能源發電專案提供為期 20 年的電價補貼（Feed-In-Tariff），太陽能裝機量受

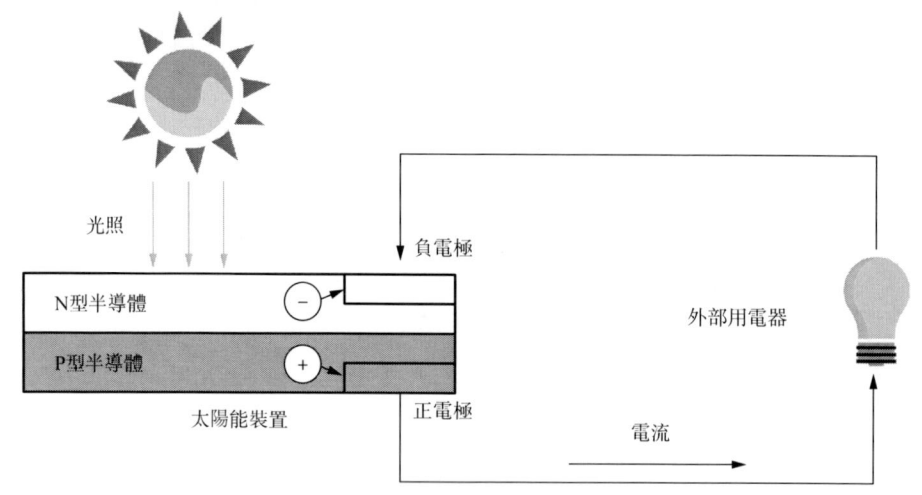

資料來源：Handbook of Energy Efficiency in Buildings: A Life Cycle Approach[87]

圖 3-14　半導體太陽能電池片工作原理圖

資料來源：Nokia Bell Labs[90]

圖 3-15　全球首個通訊衛星 Telstar 1 搭載貝爾實驗室太陽能電池片

政策驅動在歐洲呈現了爆發式成長[91]。同期，無錫尚德太陽能有限公司在 2001 年成立，成為中國第一家太陽能組件生產企業。隨後的幾年裡，民營資本開始湧入太陽能行業，天合光能、英利能源、賽維 LDK 等太陽能企業相繼發展壯大，並成功登陸紐約證券交易所。2000～2010 年，歐洲旺盛的太陽能產品需求為中國太陽能民營企業帶來巨大的發展機遇，推動中國太陽能產業形成了以外貿出口為特徵的發展模式。2011 年，中國發展和改革委員會下發《關於完善太陽能光伏發電上網電價政策的通知》，中國太陽能專案裝機呈現爆發式成長，從 2011 年的 3GW 猛增至 2020 年的 253GW。另外，在中國「雙碳」政策推動下，中國在沙漠、戈壁、荒漠地區

已開發建設多個10GW級風電太陽能基地專案（見圖3-16），進一步鞏固了中國全球最大太陽能市場的地位[92]。同時，中國已形成了自主可控的完整太陽能產業鏈條，覆蓋矽料、矽片、電池片、組件和逆變器等多個環節。2020年，全球太陽能組件前10家企業中中國占據7家，為全球市場供應了58%的多晶矽、93%的矽片、75%的電池片、73%的組件[93]。隨著晶矽太陽能組件的持續降低成本，太陽能發電成本得以快速下降，其中中國太陽能專案平均度電成本❶已從2010年的2元/kWh下降至2020年的0.3元/kWh左右，降幅超過80%[94]。中東地區輻照資源較好的太陽能專案中標電價甚至達到1美分/kWh[95]。此價格已遠低於傳統煤電和天然氣發電成本，以太陽能為代表的可再生能源發電已成為電力行業的絕對增量主力。

資料來源：新華網

圖3-16　青海開工建設10GW級大型風電太陽能基地專案

## 3.2.4　生物質能源

生物質是人類生產生活的重要能量來源，它直接或間接由植物、動物或微生物提供。其中，植物的能量來源於光合作用，從本質上看是太陽能的一種儲存形式，植物中的葉綠體吸收太陽光後，將二氧化碳和水轉化為有機物（如澱粉）並儲存在植物體內[96]。有證據表明，在距今150萬年前，古人類已經開始利用木柴等生物質燃料延續火焰[97]。隨後，人類開始熟練掌握生火技術，並大量利用周圍

---

❶ 此處平均度電成本指的是均化度電成本（LCOE）。

植物作為燃料，這使得人類的飲食習慣和生活水準得到明顯改善，促進了智人的進化和社會的形成。隨著農業社會的發展，人民日常使用的生物質燃料品種逐漸增多，秸稈、稻草、玉米芯、棉籽殼等農林廢棄物都成為農民炊事、取暖不可缺少的能源。除了植物以外，動物不僅為人類提供蛋白質，其體內的油脂和排泄物也是一種重要的燃料。19 世紀的美國，抹香鯨的油脂一度成為重要的燃料和原料，人們大量利用鯨油來取暖、照明和製作肥皂與塗料，然而這種透過捕殺動物來索取能源和原料的行為一度造成抹香鯨數量驟減以及海洋生態的破壞，而煤炭等化石燃料的發掘利用使得這種以掠殺獲取能源的方式得以終結。草食性哺乳動物特別是牛、馬的排洩物也是農村以及畜牧業發達地區的重要燃料品種。在中國西藏地區，牛糞在藏語中被稱為「久瓦」，作為日常生活的燃料已有千年之久的歷史，因此「久瓦」在藏文化中有著舉足輕重的地位[98]。以上介紹的能源品種被稱為傳統生物質能源。

進入 20 世紀以後，現代生物質能源在能源技術和環保意識覺醒的推動下開始在世界各國普及。與傳統生物質能源不同，現代生物質能源一般指的是專門以燃料生產為目的、商業化推廣為導向的生物質產品，以及經過專門加工、用於發電或供熱的生物質燃料[99]。這些新型生物質能源產品包括已在車輛上廣泛應用的生物柴油和燃料乙醇、經過微生物在厭氧環境下發酵形成的生物燃氣（如沼氣）、工業加工形成的固體成型燃料等[96]。整體上看，絕大部分生物質能源是透過能效較低且汙染較嚴重的直接燃燒方式被消耗，用於居民日常的烹飪和取暖[100]。在全球能源綠色低碳轉型背景下，現代生物質能源技術將進一步發展，但是生物質能源易受土地、環境、勞動力等因素影響的本質特點限制了其全球發展的潛力，因地制宜發展生物質能源和培育區域性的生物質能源消費市場將是主要的發展趨勢。

### 3.2.5　海洋能

海洋占據了地球表面積的 71%，因此地球又被稱為「藍色星球」。浩瀚的海洋孕育著生命，同時也蘊含著巨大的能量，全球海洋能年技術可開發潛力在 45000~130000TWh，為當前全球用電總量的 2~5 倍，整體能源儲量巨大[101]（見圖 3-17）。然而惡劣的海況和氣象條件使得人類長時間只能「望洋興嘆」，如何駕馭海洋這隻「猛獸」，使其為人類社會發展提供源源不斷的能量，一直是人類持續探索的目標。

鹽差能 1650TWh

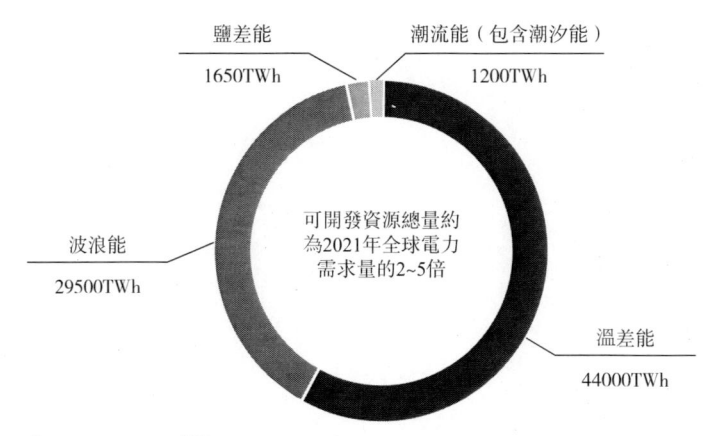

潮流能（包含潮汐能） 1200TWh

可開發資源總量約為2021年全球電力需求量的2~5倍

波浪能 29500TWh

溫差能 44000TWh

資料來源：IRENA[101]

圖 3-17　全球海洋能技術可開發潛力

　　受月球和太陽引力的影響，海平面有規律地起伏漲落，這種週期性現象被稱為潮汐現象。早期，人類透過觀察每天海水的潮起潮落，萌發出了在相對平靜的海灣建設堤壩或者圍堰形成水庫的想法。歐洲的沿海居民率先在堤壩附近建設水車磨坊，利用水流的動能推動磨盤轉動，把穀物碾磨成麵粉，這種利用潮汐能提升農業生產力的方式成為人類開發利用海洋能的先導。相比而言，處於歷史同期的中國古代人民，對於潮汐的認知還停留在防治階段。其中在北宋時期，范仲淹主持修建了途經現江蘇省鹽城、海陵、如皋和海門等地的「捍海堤」（今名「范公堤」），產生了「束內水不致傷鹽，隔外潮不致傷稼」的作用。

　　進入 20 世紀，電氣時代的到來和水力發電技術的發展，推動海洋能利用進入新階段。1961 年，法國電力公司開始在布列塔尼半島聖馬洛港口附近興建朗斯（La Rance）潮汐能發電站（見圖 3-18），成為世界上第一座投入商業營運的潮汐能發電站。該電站全長 750m，裝備 24 個 10MW 燈泡式水力發電機，設計容量為 240MW，每年能夠發電約 540GWh[103]。隨後，已開發國家接連開始探索建設潮汐能電站，其中韓國始華湖 254MW 潮汐能電站和加拿大安納波利斯 20MW 潮汐能電站分列全球第一和第三位。裝機容量位列全球第四位的江廈潮汐電站，是中國在 1980 年建成投產的第一座雙向潮汐電站。該電站位於浙江省溫嶺市樂清灣北端江廈港，裝機容量為 3.9MW，年發電量達到 7.2GWh。由於潮汐能電站對於所處海域海況、海灣地質條件、潮汐漲落的水位差有著較為嚴苛的要求，導致潮汐能的發展潛力十分有限，全球範圍適合建設潮汐能發電站的位置僅有約 40 處[104]。此外，潮汐能電站的建設和營運對於周圍環境的影響不容小覷。研究發現，潮汐能電站所

資料來源：Power Technology

圖 3-18　世界上第一座潮汐能發電站 La Rance 電站

處位置附近的海岸地貌會因潮水流動受限而發生顯著變化。此外，由於電站壩體的阻礙，海港內部水質將隨時間的推移而惡化，泥沙淤積，進而造成海洋生物死亡。受這些因素影響，從 1960 年代第一座潮汐能電站建成至今，潮汐能發電技術雖然已經成熟，但整體規模依然有限，截至 2020 年底全球裝機規模僅為 520MW 左右[101]，而隨著環保政策趨嚴，預計未來成長動力不足。

隨著海洋工程技術的不斷發展，海洋能開發利用方式也逐漸趨於多元，根據能源利用方式可將海洋能分為三大類：一是動能或勢能的利用，即透過利用潮汐、潮流和波浪等流體動能或勢能進行發電；二是海水熱能的利用，即透過海洋表層和深層之間的溫差實現熱能轉化利用；三是海水與淡水鹽度差的利用，即透過海水與淡水的鹽度梯度實現水的勢能提升，進而利用水輪機進行發電[105]。整體上看，海洋能開發利用的經濟性與風能和太陽能相比仍有較大差距，全球範圍僅有少量商業化海洋能發電設施及技術驗證專案。

1. 潮流能發電

潮流能發電是除潮汐能發電技術之外的海洋能中相對成熟且已實現商業化應用的技術。潮流能發電與傳統風力發電原理相同，將裝有葉片的渦輪發電機組固定在海床上，透過潮水流動推動渦輪葉片轉動，從而將海水的動能轉化為電能。相比於陸上風機，潮流能渦輪機葉片更短，轉速更低，但由於海水密度遠高於空氣密度，同等輸出功率下，潮流能發電機組所占空間更小。世界上第一個商業化潮流能發電專案（SeaGen）於 2008 年在英國北愛爾蘭的斯特蘭福德灣正式建成。該

專案包含 2 臺 600kW 渦輪發電機組，由西門子旗下海流渦輪發電機公司（Marine Current Turbines）設計生產，專案耗資 1200 萬英鎊。此外，英國在蘇格蘭北部海岸和 Stroma 島嶼之間的海域，還建設了 MeyGen 潮流能發電專案，專案規劃容量為 398MW，分多期建設，首期工程已於 2016 年底併網發電，包含 4 臺 1.5MW AR1500 渦輪機組，是當前世界最大的潮流能發電專案[106]。中國首個潮流能發電工程——LHD 海洋潮流能發電專案已於 2017 年 5 月實現 1MW 發電機組全天候併網發電，累計發電量位居世界第一。

2. 波浪能發電

波浪能潛在可開發儲量龐大，約為 29500TWh，根據 IRENA 研究顯示，波浪能資源最密集的區域位於緯度 30°~60°的深海海域（水深超過 40m）[102]。受離岸遠、開發環境惡劣等因素影響，波浪能開發尚處於早期階段，全球累計裝機不足 2.5MW，技術發展水準落後於潮流能。以色列 Eco Wave Power 公司在 2014 年與直布羅陀電力部門簽訂購電協議，並於 2016 年在當地東海岸建成第一期 100kW 擺動式波浪能發電裝置，成為世界首個併網發電並簽訂購電協議的波浪能專案。有關波浪能發電的各種技術正在蓬勃興起，其中震盪式水柱、擺動器及點式吸收器等技術已成為波浪能的重點發展方向[105]。

3. 溫差能發電

溫差能發電技術是透過海洋表層和深層之間的溫差實現熱能向電能的轉化利用，在溫差達到約 20℃時即可使用熱交換器，使低沸點工質流體（如氨）在循環系統中推動渦輪機轉動以產生電能[107]。儘管溫差能是海洋能中資源儲量最大的能種，每年發電潛力可達 44000TWh，但因技術難度大，部署的海域離岸較遠且海況複雜，溫差能技術整體尚處於技術驗證階段。從全球範圍看，美國和韓國在該領域的技術相對比較領先。其中，韓國船舶與海洋工程研究所（KRISO）已在韓國部署 20kW 溫差能發電設備，利用 20~24℃溫差成功驗證了該技術的可行性，並著手開發 MW 級溫差能專案。

4. 鹽差能發電

鹽差能發電技術是利用淡水與海水之間鹽度的差異達到發電目的。從原理上看，目前主流技術包括壓力延遲滲透（Pressure Retarded Osmosis，PRO）和反向電透析（Reverse Electrodialysis，RED）。前者採用滲透膜技術，利用淡水與海水之間滲透壓差，驅動水由低濃度向高濃度方向滲透，導致高濃度側溶液體積增大，從而增加了水的勢能，為後續發電儲備能量。後者則是依靠交替排列的陰離子和陽離

子交換膜，利用海水與淡水之間化學電位差直接進行發電，不包含機械轉動裝置。淡水流入大海的河床是部署鹽差能發電技術的天然場所，其產生的能量與鹽濃度差成正比[108]。由於地域和技術限制，鹽差能發電技術在所有海洋能源技術中的可開發潛力較小，資源儲量僅為1650TWh。目前，全球有少量小規模鹽差能發電專案，包括挪威國家電力公司（Statkraft）在托夫特地區開發的全球首個利用PRO技術的10kW鹽差能發電示範專案和荷蘭REDstack公司在荷蘭Afsluitdijk攔海大壩建設的首個RED鹽差能示範電站。受技術難度和資源稟賦限制，僅有少數國家正在開展相關技術研究和原型示範，短期內還不具備商業化部署的條件。

總體上，在現有海洋能技術中，潮汐能發電發展得最為成熟，商業化程度最高，但該技術受地理位置的影響較大，對沿岸的生態環境也會造成影響，其資源儲量與其他海洋能相比較小，未來發展潛力較為有限。相比而言，溫差能、潮流能和波浪能資源儲量十分可觀，儘管此類專案裝機容量不高，且技術仍處於驗證和示範階段，但在碳中和目標的推動下，預計未來十年，裝機容量或快速成長，到2030年，海洋能累計裝機容量在樂觀情境下或將達到10GW[109]。

### 3.2.6 可再生能源經濟性情況

近十年，可再生能源電力行業快速發展，風電、太陽能發電技術快速更新疊代，其均化度電成本快速降低，正在成為未來可再生能源領域的絕對主力。根據預測，到2050年前，中國可再生能源發電成本還有十分可觀的下降空間（見圖3-19）[110,111]。整體來看，集中式太陽能和陸上風電的發電成本已低於燃煤發電

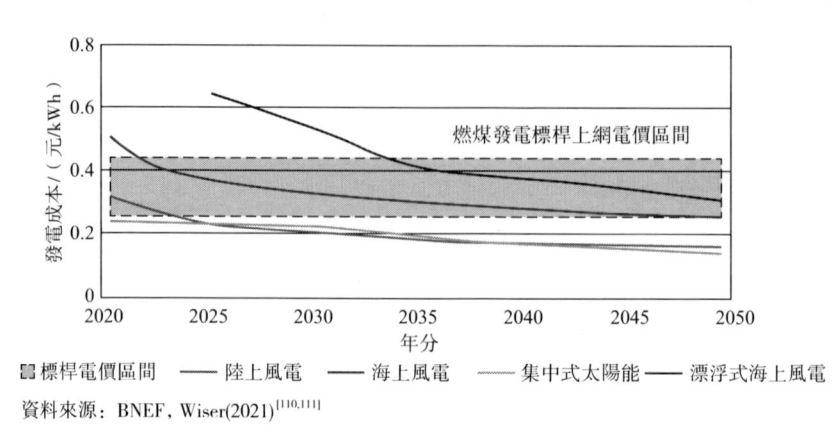

資料來源：BNEF，Wiser(2021)[110,111]

圖3-19 2020—2050年中國可再生能源均化度電成本趨勢

標桿上網電價，專案經濟性顯著提升。海上風電目前來看成本競爭力較低，預計在部分標桿電價較高的省份如江蘇、廣東和浙江等（>0.35元/kWh）逐步實現平價上網，但較陸上風電、陸上太陽能的發電成本始終具有明顯差距。未來十年，漂浮式海上風電發電成本將進入快速下降階段，預計在2033年左右進入中國燃煤發電標桿上網電價區間，隨後將持續降低成本，在2050年前後達到0.3元/kWh左右。

## 3.3　電動汽車技術

在可再生能源規模化發展的大環境下，大力發展電氣化技術將有助於社會加速脫碳，降低化石能源消費量。正如本章前面所述，電氣化技術在實現碳中和方面的減碳貢獻度僅次於節能與能效提升和可再生能源，累計減碳量比重可達20%，其重要性不言而喻。在眾多電氣化技術中，電動汽車技術的碳減排潛力最為突出，被世界各國寄予厚望。

眾所周知，交通運輸占石油消費的比重高，是溫室氣體排放的重要來源。美國作為「車輪上的國家」，石油消費量一直遙遙領先於全球其他國家，近十年以來長期保持在每天消費1900萬桶的水準，占全球石油消費量的比重約為20%[112]。根據美國能源情報署（Energy Information Administration，EIA）數據，該國交通運輸部門的石油消費量比重高達三分之二以上[113]，導致該部門的二氧化碳排放量占全國總量的比重超過了30%[57]。對比來看，中國交通領域二氧化碳排放比重在9%左右[57]。而隨著人民生活水準的提升，若不採取針對燃油車輛銷售的限制措施，中國交通領域排放量和排放占比也會大幅提升。為了解決交通領域碳排放問題，電動汽車技術成為關鍵一招。在當前，動力電池儲能技術正在加速進步，以純電動汽車為代表的新能源汽車逐步進入市場，在政策引導、財政補貼和技術降低成本等多重因素推動下，市場滲透率正在呈現加速上升的趨勢。

### 3.3.1　發展簡史

世界上第一臺內燃機汽車由德國人卡爾·賓士（Karl Benz）在1886年發明，隨後開啟了內燃機汽車的時代。事實上，同一年代也誕生出了電動汽車的雛形，其

發明時間甚至早於內燃機汽車。關於誰發明了世界上第一臺電動汽車的問題，至今依然有較大爭議，但早在 19 世紀初，來自匈牙利、荷蘭以及美國的發明家們就有了使用馬達驅動汽車的想法。其中，美國機械工程師托馬斯·達文波特（Thomas Davenport）在 1834 年製造出了一臺在軌道上行駛的電動車模型，但因行駛距離短，未取得進一步突破。世界上第一輛可以充電的電動汽車誕生於 1881 年，由法國工程師古斯拉夫·特魯韋（Gustave Trouvé）設計，採用鉛酸電池驅動電機運轉，這大大提升了電動汽車的使用價值。隨後，法國、美國等國家的工程師開始紛紛製造電動汽車，其中就包括美國著名發明家湯瑪斯·愛迪生（Thomas Edison）。他在 1912 年設計出了一款電動汽車，對常規蓄電池進行了改良，這使得電動汽車的行駛路程大幅提升，成為當時行駛距離最長的電動汽車[114]。

電動汽車在 19 世紀末和 20 世紀初一度在歐美國家流行，主要因為當時內燃機技術才剛剛起步而道路基礎設施建設尚不完善，人們對車輛的續航里程要求並不如現在這樣高。此外，當時社會正在進行第二次工業革命，「電氣時代」的到來讓人們對於電力在各方面的應用充滿期待，電動汽車無排放、安靜、操作簡單等特徵受到了社會上流人士特別是女性的歡迎（見圖 3-20）。然而，隨著內燃機汽車的加速發展以及道路基礎設施的不斷完善，燃油車輛的優勢開始顯現，更加凸顯了電動汽車續航里程短、充電時間長、載客容量小等劣勢，這些成為阻礙電動汽車發展的主要問題。更重要的是，亨利·福特（Henry Ford）發明了世界上第一條流水線並成功推出福特 T 型車，使內燃機汽車的生產成本得到大幅降低，每輛汽車的售價僅為 650 美元，是當時市場上電動汽車價格的三分之一，經濟性上的劣勢讓電動汽車徹底出局[115]。從此，汽車行業徹底進入了化石能源時代，而電動汽車陷入了漫長的沉靜期。

1970 年代第一次石油危機使電動汽車再次回到人們的視野。儘管如此，電動汽車依舊未能得到有效發展，這主要源於馬達和電池的技術瓶頸。在當時，電動汽車的最高速度僅能達到 45mph（約 72km/h），而單次充電的續航里程不到 70km[115]。為解決電池儲能問題，牛津大學約翰·古迪納夫教授（John Goodenough）❶ 在 1980 年開創性地發明了全球第一塊鋰離子電池，這為後面電動汽車以及電子設備的普及奠定了基礎。

1990 年代，國際社會開始重視氣候變化問題，《聯合國氣候變化綱要公約》《京

---

❶ 約翰·古迪納夫（John Goodenough），美國德州大學奧斯汀分校機械工程系教授，1922 年 7 月 25 日出生於美國，是鋰離子電池的奠基人之一，曾發明鈷酸鋰、錳酸鋰和磷酸鐵鋰正極材料，於 2019 年 10 月獲得諾貝爾化學獎，是獲獎時年齡最大的諾貝爾獎得主。

資料來源：The Mind Circle

圖 3-20　一位女士正在演示用手搖充電裝置為 Columbia Mark 68 Victoria 電動汽車充電

都議定書》等有關應對氣候變化的國際協議陸續簽訂，歐洲、美國和日本紛紛加速制定限制燃油車排放的法律法規，同時頒布促進電動汽車發展的支持政策。1990 年，美國加利福尼亞州議會就通過了一項法規，要求「零汙染」汽車在該州的汽車銷售比重到 2003 年達到 10%。日本制定的《第三屆電動汽車普及計劃》也提出了類似目標，提出到 2000 年推動電動汽車年產量達到 10 萬輛、保有量達到 20 萬輛。中國緊隨其後，啟動「十五」國家高技術研究發展計劃（簡稱「863 計劃」）電動汽車重大專案，確立了以混合動力汽車、純電動汽車、氫燃料電池汽車為「三縱」，以電池、電機、電控為「三橫」的研發布局，對中國電動汽車發展進行了總體規劃。在此期間，全球電動車技術蓄勢待發，日本豐田汽車在 1997 年推出全球首個量產油電混合動力汽車——豐田 Prius（PRIUS Hybrid）。該車型採用鎳氫電池技術，並成功銷往全球 40 多個國家，一舉成為 21 世紀初最暢銷的新能源汽車。但是，由於鎳氫電池的能量密度較低並且充放電效能不佳，加上混合動力汽車並未實質性解決燃油汽車碳排放的問題，混合動力汽車未能真正獲得市場青睞。2003 年，特斯拉汽車（Tesla Motors）誕生於美國矽谷，並成功製造出續航里程能夠達到 200 英里（約合 334km）的豪華型純電動汽車。隨後，中國汽車企業比亞迪在 2009 年推出了全球首款量產插電混合動力汽車——BYD F3DM。與油電混合動力不同，插電混合型汽車的主要動力來源於馬達，而當電池快用盡時，車載內燃機將啟動並為汽車提供動力。

2010 年以來，電池技術突飛猛進，特別是鋰離子電池材料的突破，使得鋰離子電池組的平均價格從 2010 年的 1200 美元 /kWh 下降了近 90%，達到了 2021 年的

132美元/kWh，而在中國甚至達到了111美元/kWh[116]。除了電池價格大幅下降之外，電池的能量密度也得到了明顯提升。相比於2010年錳酸鋰電池電芯100Wh/kg的能量密度水準，三元鋰電池（鎳鈷錳酸鋰）電芯的能量密度在2020年已經達到了300Wh/kg，是十年前水準的三倍[117]。電池效能的提升帶動了純電動汽車市場的走勢。一直走純電動汽車路線的特斯拉已經成為全球最大的電動汽車生產商，其在2021年的全球銷量接近94萬輛，佔據全球新能源乘用車市場占有率的14.4%。其中，最暢銷的Model 3車型在中國已實現本土化發展，起售價已降至30萬人民幣以下，單次充電的續航里程可達450km左右，而長續航版的里程已經超過600km，百公里加速最快可達3.4s。在中國新能源汽車補貼政策的驅動下，中國品牌如比亞迪、蔚來、小鵬等加速發展，其中比亞迪新能源汽車2021年全球銷量達到59.3萬輛，全球市場占有率超過9%。傳統燃油汽車製造商面對能源轉型壓力也紛紛推出電動汽車系列，社會大眾對於電動汽車的接受程度逐漸升高。根據公安部和乘用車市場信息聯席會的數據統計，截至2022年底，中國新能源汽車保有量已達1310萬輛，佔汽車總量的4.1%。其中，純電動汽車保有量為1045萬輛，佔全部新能源汽車總量的79.78%，乘用車市場新能源滲透率已達27.6%。中國已成為全球新能源汽車保有量最高的國家，未來發展勢頭強勁。

### 3.3.2 電動汽車類別

電動汽車與燃油汽車的最大區別在於其動力來源的不同，前者利用電能驅動馬達為車輛提供動能，而後者利用內燃機將汽油、柴油等燃料燃燒的熱能轉化為機械能以驅動車輛。從廣義角度來看，凡是搭載儲能設備和馬達的車輛均可以認為是電動車輛。按照這個標準，電動汽車可以分為純電動汽車、混合動力汽車和氫燃料電池汽車，這些汽車均屬於新能源汽車範疇。本章將重點介紹前兩類汽車，關於氫燃料電池汽車及其相關技術，將在下一章進行詳細介紹。

1. 純電動汽車

純電動汽車的動力全部來自馬達，其能量儲存在車載動力電池單元中。圖3-21展示的是純電動汽車結構圖。純電動汽車主要包含儲能單元、動力單元和傳動單元三大部分。儲能單元主要包含電池組，一般布製在車輛底部，佔據的空間較大。動力單元的核心是馬達，它的轉動依靠電池組的持續供電。傳動裝置與燃油汽車類似，主要包括傳動軸、差速器等。與傳統燃油汽車不同，大多數純電動汽車不含多

純電動汽車

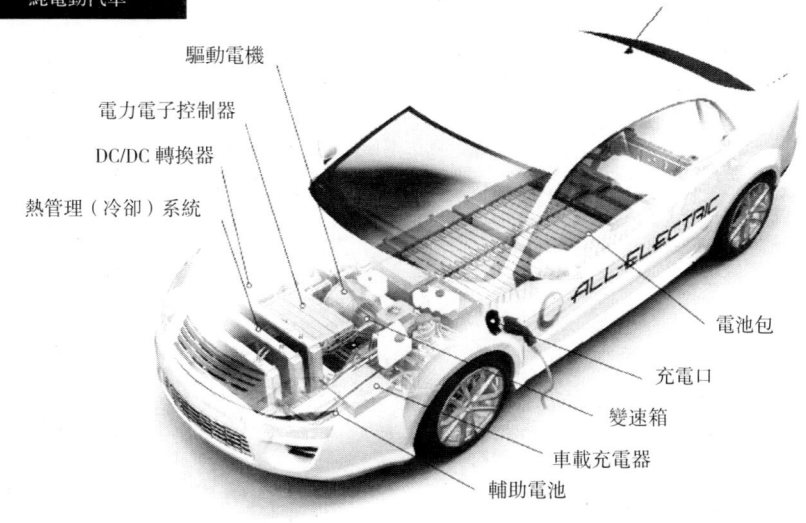

驅動電機
電力電子控制器
DC/DC 轉換器
熱管理（冷卻）系統
電池包
充電口
變速箱
車載充電器
輔助電池

資料來源：NREL[118]

圖 3-21　純電動汽車結構圖

級變速箱，這主要源於馬達的轉速範圍比內燃機大，其最高轉速可以達到 20000r/min，而內燃機的最高轉速一般在 4000~6000r/min。因此，燃油汽車必須搭配多級變速箱，以適應汽車的變速行駛要求。此外，電動汽車還有較為複雜的電控系統，包括整車控制器、電池管理系統和驅動電機控制器。相比於燃油汽車，純電動汽車的能源利用效率更高，煞車系統一般配有能量回收裝置，可以將煞車時的動能轉化為電能儲存在電池中，減少了煞車片摩擦的能量損耗。

2. 混合動力汽車

混合動力汽車，顧名思義是指車輛的動力來源不止一個，其動力單元既包含馬達也包含內燃機。該車型的推出一方面可以解決動力電池因能量密度低導致續航距離短的「里程焦慮」，另一方面可以提升車輛的能效水準，透過內置的混合動力控制單元合理分配動力來源以減少燃油消耗，降低碳排放水準。從圖 3-22 可以看出，混合動力汽車的系統比純電動汽車更為複雜，除了包含純電動汽車的主要單元以外，也包含一般燃油汽車的主要部件，包括內燃機、多級變速箱等。插電混合動力汽車配有先進的能量管理系統，可以智慧化評估車輛的運行能源消耗，透過先進演算法決定當前車輛運行的動力來源，因此綜合能效水準比一般燃油汽車高，相同行駛距離下的排放更少。

傳統混合動力汽車的動力主要來自內燃機，馬達作為輔助動力一般在汽車起步時或者低速行駛時使用，當車輛速度超過 40km/h 後，內燃機將開始運轉，成為汽

### 混合動力汽車

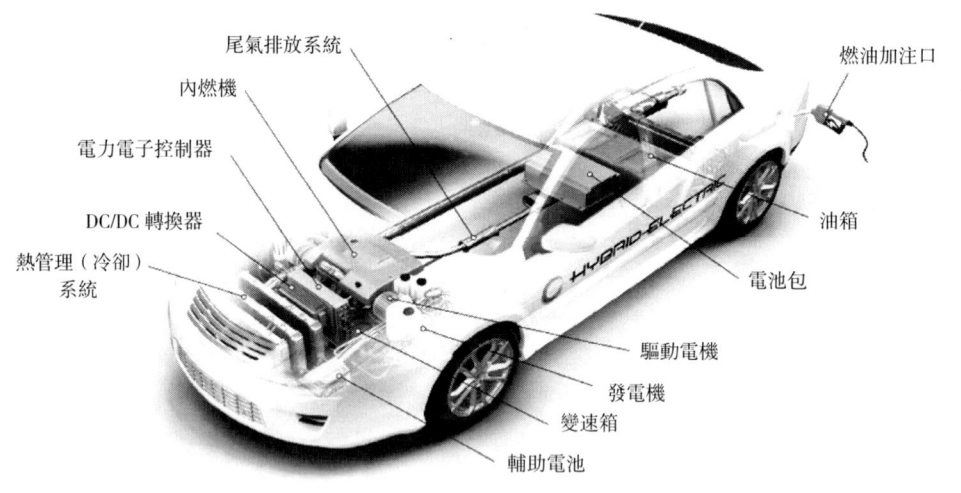

資料來源：NREL[118]

圖 3-22　混合動力汽車結構圖

車的主要動力源。同時，內燃機工作過程中也會對車載電池組進行充電，以保證電池電量在合理範圍。此外，混合動力車輛也安裝了像純電動汽車一樣的能量回收系統，可以在車輛煞車時回收部分動能，透過車載發電機對電池進行充電。

隨著動力電池能量密度的大幅提升，插電混合動力汽車逐漸進入市場。該車型最大的特徵是車輛的主動力來自馬達，而內燃機則作為輔助動力，一般在電池容量不足時為汽車提供動力。該車型與傳統混合動力車輛的另一個顯著區別是充電方式。由於插電混合動力車型的動力電池容量大，該車型配有專門充電插口，可以像純電動汽車一樣透過外接電源以插電的方式進行充電，並且在城市短距離行駛過程中幾乎完全同純電動汽車一樣，不需要消耗燃油。當行駛距離較長時，則可以切換至燃油引擎模式，從而延長車輛的行駛距離。此外，插電混合動力汽車也可以利用內燃機的運行對電池的電量進行補充，並利用能量回收系統收集煞車時的能量，綜合能效水準高於傳統燃油汽車和混合動力汽車。

總的來看，混合動力汽車的系統比較複雜，兼具傳統燃油汽車和純電動汽車的特點，能源利用效率高，駕駛方式靈活，解決了大部分人的「里程焦慮」問題。但這種車型也有缺點，比如製造成本普遍高於傳統燃油汽車和純電動汽車，且後期保養的難度和費用也相對更高。在日益嚴苛的環保政策下，傳統油電混合動力汽車已不再被劃入新能源汽車範疇，純電動汽車已成為交通電氣化的主力方向。

### 3.3.3 行業現狀及趨勢

在碳中和目標驅動下，加速新能源（電動）汽車對傳統燃油汽車的替代將是公路交通領域實現碳減排的主要甚至是唯一途徑。在過去的十年裡，電池技術的革新使得全球新能源汽車保有量從 2010 年的 2 萬輛快速成長至 2020 年的 1000 萬輛（見圖 3-23），2020 年新能源汽車占全球新車銷量的比重已達到了 4.6%[119]。其中，純電動汽車的累計銷售量占據了新能源汽車銷售總量的一半以上。

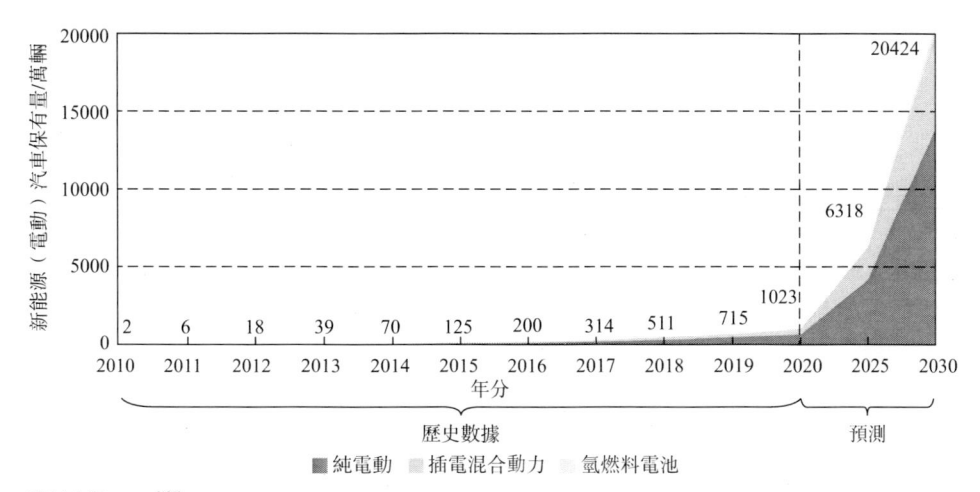

資料來源：IEA[120]

圖 3-23　2010—2030 年全球新能源（電動）汽車保有量發展趨勢

近幾年，各國政府紛紛提升了燃油汽車排放的標準，加大了排放監管力度，挪威、荷蘭、德國等歐洲國家已發布了燃油汽車禁售的時間表，燃油汽車的時代正在加速走向衰落，取而代之的則是新能源汽車的時代。根據 IEA 對於新能源汽車累計銷售量的預測，在可持續發展情景下，2030 年全球新能源汽車的累計保有量或將達到 2020 年的 20 倍左右，超過 2 億輛，其中純電動汽車和插電混合動力汽車將占據電動汽車總量的 95% 以上。為保持在新能源汽車領域的引領地位，中國在 2020 年專門制定了《新能源汽車產業發展規劃（2021—2035 年）》，提出了到 2025 年「新能源汽車新車銷售量達到汽車新車銷售總量的 20% 左右」，以及到 2035 年「純電動汽車成為新銷售車輛的主流」的遠景目標。隨著世界各國加速推動交通領域的電氣化替代，預計到 2050 年，交通領域的電氣化水準將得到大幅提升，新能源汽車完全替代燃油汽車的目標或成為現實。

## 3.4 儲能技術

隨著風電、太陽能等可再生能源的高速發展，電力系統的主體電源正在從傳統化石能源向新能源轉變。然而，可再生能源發電具有隨機性、間歇性、反尖峰負載性和波動性等與生俱來的特點，高比例接入電網將對傳統電力系統的安全穩定運行帶來挑戰。德國、荷蘭等歐洲已開發國家就因此時常經歷電力價格「雲霄飛車式」的漲跌。在光照和風能資源豐富的季節，可再生能源的發電量有時會高於實際需求，造成電力供應嚴重過剩，導致「負電價」情況的發生；在連續陰雨天氣和無風季節，可再生能源電力的產能將顯著下降，無法滿足終端電力需求，從而推高電價水準。

為了提高電力系統的穩定性和靈活性，僅靠提升電網的數位化、智慧化水準還遠遠不夠，還需要大規模使用現代化的儲能技術。儲能技術具有削峰填谷、平滑波動、調頻調壓、無功補償等功能，是支援高比例可再生能源電力系統穩定運行的重要基礎設施。

### 3.4.1 儲能技術

根據應用場景和需求特性，儲能技術可分為容量型、功率型和能量型三種。容量型儲能一般要求連續儲能時長大於 4h，適合削峰填谷或離網儲能等場景，典型技術包括抽水蓄能、壓縮空氣、熔融鹽及儲氫。功率型儲能要求儲能系統能夠在短時間內（秒級甚至毫秒級響應速度）實現大功率充放電功能，儲能時長在秒級至分鐘級，通常應用在輔助調頻或平滑間歇性電源功率波動等場景，典型技術包括飛輪儲能和超級電容。能量型儲能介於容量型儲能和功率型儲能之間，要求儲能系統能夠提供尖峰負載調頻和緊急備用等多重功能，儲能時長一般為小時級，典型技術為鋰離子電池等電化學儲能技術（見圖 3-24）。

抽水儲能發展得較早，單體專案規模大，建設成本和週期較長，易受地理位置限制及環境政策影響，更適合電網側的大規模尖峰負載調頻。相比而言，以電化學儲能為典型代表的新型儲能技術，單體部署規模可大可小，對於地理位置和自然環境的要求不高，可與太陽能、風電等可再生能源專案進行同步建設、同步營運，商業模式也更加靈活，特別適合在電力系統的發電側和用戶側進行部署，其應用範圍和市場規模潛力更大。在新型儲能技術中，鋰離子電池在循環壽命、能量密度和自放電率等效能參數上的優勢十分突出，已發展成為新型儲能的絕對主力。此外，其

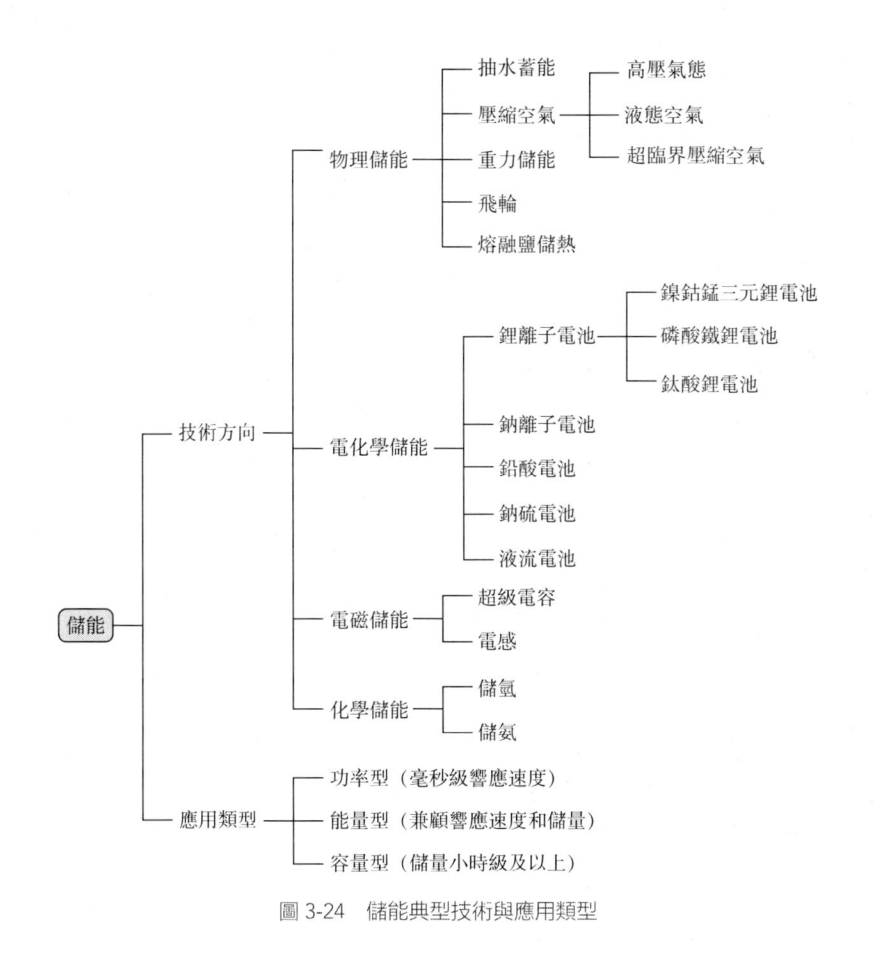

```
                                            ┌─ 抽水蓄能      ┌─ 高壓氣態
                                            ├─ 壓縮空氣 ─────┼─ 液態空氣
                              ┌─ 物理儲能 ──┤                └─ 超臨界壓縮空氣
                              │             ├─ 重力儲能
                              │             ├─ 飛輪
                              │             └─ 熔融鹽儲熱
                              │
                              │                             ┌─ 鎳鈷錳三元鋰電池
                              │             ┌─ 鋰離子電池 ──┼─ 磷酸鐵鋰電池
                              │             │               └─ 鈦酸鋰電池
                  ┌─ 技術方向─┼─ 電化學儲能─┤
                  │           │             ├─ 鈉離子電池
                  │           │             ├─ 鉛酸電池
                  │           │             ├─ 鈉硫電池
                  │           │             └─ 液流電池
         ┌─ 儲能─┤            │
         │        │            ├─ 電磁儲能 ──┬─ 超級電容
         │        │            │             └─ 電感
         │        │            │
         │        │            └─ 化學儲能 ──┬─ 儲氫
         │        │                          └─ 儲氨
         │        │
         │        └─ 應用類型 ──┬─ 功率型（毫秒級響應速度）
         │                      ├─ 能量型（兼顧響應速度和儲量）
         │                      └─ 容量型（儲量小時級及以上）
```

圖 3-24　儲能典型技術與應用類型

他電化學儲能技術如鈉離子電池也被寄予厚望。儘管鈉離子電池在循環壽命、能量密度等效能參數方面落後於鋰離子電池，但具備安全性高、高低溫效能優異、快充速率高等潛在優勢。此外，鈉資源來源廣泛、儲量豐富，比如氯化鈉（鹽）、碳酸鈉（純鹼）、碳酸氫鈉（小蘇打）等都是常見的鈉鹽，這些原料供應穩定且價格低廉，為鈉離子電池大幅降低成本提供了空間。隨著寧德時代等主流電池企業入局，鈉離子電池有望在儲能領域實現大規模商業化應用。

從長遠來看，可再生能源大規模替代傳統火力發電的過程中，必然將面臨能源吸收和利用的問題，僅憑抽水蓄能和電化學儲能依然不夠，而儲氫技術被認為是解決大規模、跨區域、長時間儲能的最佳方式之一。所謂儲氫，即透過電解水製氫技術將富餘的可再生能源電力轉化為氫氣進行儲存。儲氫技術一方面可以結合燃料電池技術，將氫氣轉為電力重新回輸至電網，另一方面可以直接作為能源進行使用，比如氫燃料電池汽車、氫冶金、氫燃料燃氣輪機等。這部分內容將在下一章節進行詳細介紹。

第三章　碳中和技術　　083

## 3.4.2 行業現狀及趨勢

截至2021年底，全球已投運儲能專案累計裝機規模為209.4GW，同比成長9%。從儲能技術看，抽水蓄能規模最大，占比達到86.2%。其次為新型儲能，占儲能總裝機規模的12.2%，裝機規模已經達到25.5GW，同比成長67.7%，成為裝機增速最快的儲能技術[121]（見圖3-25）。在所有新型儲能技術中，鋰離子電池的規模最大，占比高達90.9%，成為當前儲能新增市場的絕對主力。中國儲能累計裝機規模在2021年底已達到46.1GW，占全球的比重約為22%，位列世界第一。從儲能裝機結構上看，中國與全球情況大致相同，其中鋰離子電池和壓縮空氣均實現了GW級別專案的併網投運，新型儲能技術的規模化發展趨勢正在加速顯現。

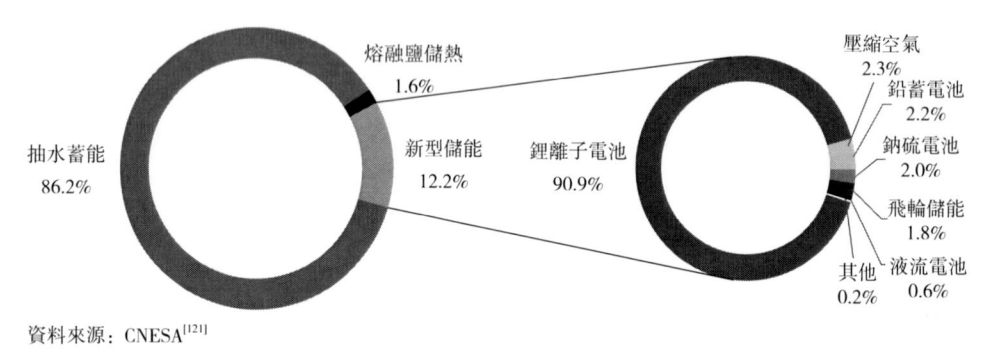

熔融鹽儲熱 1.6%
壓縮空氣 2.3%
鉛蓄電池 2.2%
鈉硫電池 2.0%
飛輪儲能 1.8%
其他 0.2%
液流電池 0.6%
抽水蓄能 86.2%
新型儲能 12.2%
鋰離子電池 90.9%

資料來源：CNESA[121]

圖3-25　2021年全球儲能累計裝機占比情況

在「雙碳」目標驅動下，中國在2021年提出了構建以新能源為主體的新型電力系統的目標。同年，中國頒布了《關於加快推動新型儲能發展的指導意見》等多項文件，指導儲能行業特別是新型儲能領域發展，要求加快鋰離子電池等新型儲能技術的發展和商業化規模應用，並提出目標：到2025年，實現新型儲能從商業化初期向規模化發展轉變，新型儲能裝機規模達30GW以上；到2030年，實現新型儲能全面市場化發展，新型儲能核心技術裝備自主可控，標準體系、市場機制、商業模式成熟健全，裝機規模基本滿足新型電力系統需求。

為配合目標實現，發揮市場作用，促進儲能商業模式創新是重要的一環。目前，中國新頒布的儲能政策和規劃中均提出了一些具體舉措，包括推動儲能進入並同時參與各類電力市場、允許儲能作為獨立市場主體參與輔助服務市場、鼓勵發電和電網企業以市場化交易方式獲取儲能尖峰負載資源等。此外，健全新型儲能價格機制也成為重要改革方向，例如建立電網側獨立儲能電站容量電價機制、探索將電

網替代性儲能設施成本收益納入輸配電價回收、完善峰谷電價機制為用戶側儲能提供套利空間等。這些舉措的落地實施，將為中國儲能行業快速發展奠定基礎，推動以新能源為主體的新型電力系統加速構建。

## 3.5 負碳技術

負碳技術從字面上理解就是對碳排放做減法，主要是將化石燃料產生或者空氣中存留的二氧化碳進行捕捉，再將其進行封存、固化或者作為原料製成化學品的一類技術手段。前面所介紹的能效提升、可再生能源等多數針對的是碳排放源頭管控，而負碳技術主要用於碳排放的末端治理，可以說是碳減排的「最後一道屏障」。負碳技術主要包括碳捕捉利用及封存（CCUS）、二氧化碳直接空氣捕捉（DAC）以及利用森林植被的光合作用進行固碳（碳匯）等。本節將重點介紹 CCUS 和 DAC 技術。

### 3.5.1 碳捕捉利用及封存技術

碳捕捉利用及封存技術（CCUS）作為最重要的負碳技術之一，對於全社會實現碳中和目標至關重要。根據 IEA 的預測，在 2070 年全球實現碳中和的假設情景下，透過 CCUS 技術將累計減少超過 240Gt 二氧化碳。其中，約 90% 的二氧化碳將被直接地質封存，剩餘 10% 的二氧化碳將被資源化利用[122]。

1. 技術概況

CCUS 的目的是將二氧化碳從化石燃料燃燒或工業過程排放的廢氣中進行分離捕捉，再透過車輛、船舶或管道等方式將其運輸至化工廠、油田等進行再利用，或直接注入地下深處的地質構造中進行永久封存（見圖 3-26）。

二氧化碳捕捉技術是 CCUS 的前提。此項技術按排放源可分為固定源捕捉和移動源捕捉。其中，固定源捕捉技術應用得最為廣泛，燃煤電廠、鋼鐵廠、水泥廠及化工廠等碳排放集中的固定廠區均適合部署該項技術[124]。根據固定源捕捉順序，碳捕捉還可進一步細分為燃燒前捕捉、燃燒中捕捉和燃燒後捕捉[125]。燃燒前捕捉技術以整體煤氣化聯合循環系統（Integrated Gasification Combined Cycle，IGCC）- 化學吸收技術為主。該項技術利用煤氣化工藝將煤炭轉化為一氧化碳和

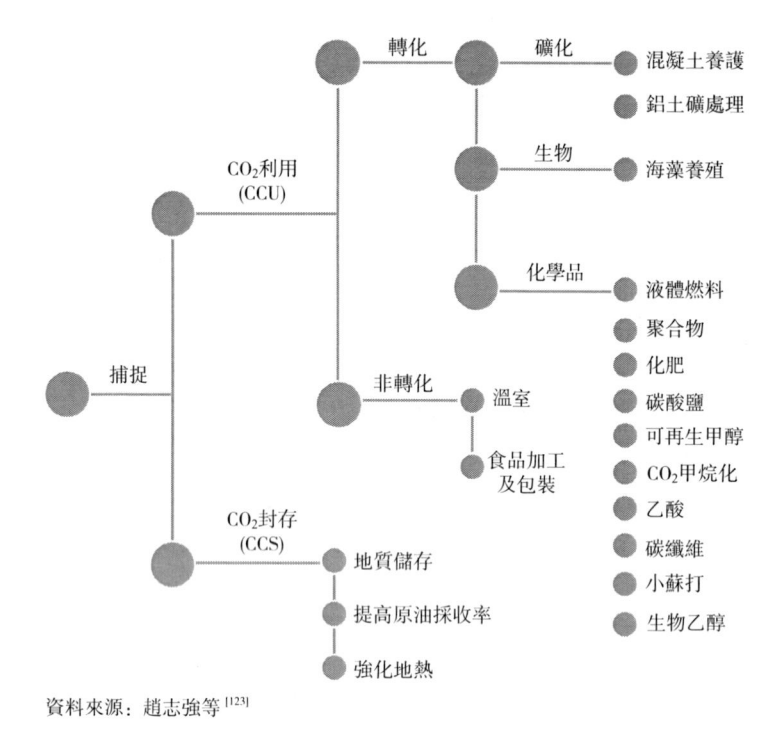

```
                                    ┌─ 礦化 ─┬─● 混凝土養護
                         ┌─ 轉化 ───┤        └─● 鋁土礦處理
                         │          │
            ● CO₂利用     │          ├─ 生物 ───● 海藻養殖
              (CCU)      │          │
                         │          │         ┌─● 液體燃料
                         │          └─ 化學品 ─┤● 聚合物
                         │                    │● 化肥
         ●               │                    │● 碳酸鹽
         捕捉             │                    │● 可再生甲醇
                         │                    │● CO₂甲烷化
                         │                    │● 乙酸
                         └─ 非轉化 ─┬─● 溫室   │● 碳纖維
                                    │         │● 小蘇打
            ● CO₂封存               └─● 食品加工  └─● 生物乙醇
              (CCS)                     及包裝
                         ├─● 地質儲存
                         ├─● 提高原油採收率
                         └─● 強化地熱
```

資料來源：趙志強等 [123]

圖 3-26　CCUS 技術流程圖

氫氣合成氣，再透過水煤氣變換反應將一氧化碳轉化為二氧化碳並進行分離，剩餘 $H_2$ 被送入燃氣輪機進行燃燒。其核心是在燃料發生劇烈氧化反應前，透過化學方法將碳元素從化石燃料中轉移出來（如以二氧化碳的形式），同時盡可能保留燃料的化學能。燃燒中捕捉是透過改進傳統燃燒方式，利用富氧燃燒（比如純氧）和化學鏈燃燒技術，盡可能地增加燃燒反應過程中的氧含量，使得燃料燃燒得更為充分，以提高煙氣中的二氧化碳濃度，提升碳捕捉效率。燃燒後捕捉是碳排放的末端治理技術，也是目前應用得最廣泛的碳捕捉技術，它可以利用溶液吸收（如有機胺、氨水等）、固體吸附或者膜分離方法將二氧化碳從鍋爐煙氣中分離出來並進行捕捉。這項技術無須對現有的燃燒系統、工藝和設備進行大規模改造，經簡單技改即可直接進行部署。

二氧化碳經過捕捉後，可因地制宜選擇資源化利用（Carbon Capture and Utilisation，CCU）或者直接封存（Carbon Capture and Storage，CCS）兩類途徑。CCU 是國際社會重點突破的技術發展方向，人們可以透過此途徑將二氧化碳「變廢為寶」，使二氧化碳變成一項重要資源。從技術路線看，二氧化碳可分為直接利用和轉化利用兩種方式。直接利用技術中包括將二氧化碳加工提純用於製作碳酸飲料或製成乾冰

用於食品加工和冷凍保鮮等。但需要注意的是，這種直接利用方式雖然產生了經濟效益，但二氧化碳在使用後依然會釋放至環境中，因此難以實現減碳目的。相比之下，二氧化碳轉化利用的應用領域更多，減碳潛力和市場前景也更加廣闊。首先是二氧化碳製化學品。該技術方向以二氧化碳作為碳源，用於生產各類含碳化學品，比如二氧化碳加氫製尿素，二氧化碳加氫製甲烷、甲醇、甲酸或烴類燃料等，甚至可直接或間接製取碳纖維或奈米碳管等高附加值材料。其次是二氧化碳礦化利用，比如利用二氧化碳與工業固廢如煉鋼爐渣進行碳酸化反應，形成化學性質穩定的碳酸鹽，用作建築材料；或向混凝土中充入二氧化碳，促進材料中的鈣鎂成分加速形成碳酸鹽，提高混凝土的強度和耐用性，同時達到固化二氧化碳的效果。此外，還有二氧化碳的生物利用路線，本質上是利用植物的光合作用進行固碳，其中利用微藻固碳轉化技術生產生物燃料、生物肥料、飼料以及化學品等已形成了一定的產業規模；二氧化碳還可直接用於調節農業溫室大棚的二氧化碳氣體濃度，以提高農業作物的產量[125]。

相比於CCU，CCS被認為是實現減碳最直接、最有效的技術之一。與CCU將二氧化碳「變廢為寶」的思路不同，CCS的主要目的是將二氧化碳作為廢棄物進行大規模封存，並同時兼顧地質利用。在現有的技術路線中，主要分為利用二氧化碳提高油氣等地下礦產資源採收率和永久封存兩類。前者相關技術包括二氧化碳驅油（Enhanced Oil Recovery，EOR）、二氧化碳驅氣（Enhanced Gas Recovery，EGR）、二氧化碳強化採礦等技術，主要利用二氧化碳化學性質穩定、來源廣泛等特點，透過注入地下儲層改善原油的流動性或利用氣體密度差異進行天然氣置換、驅替等。後者則是將二氧化碳注入地下鹹水層或者枯竭油氣藏進行永久封存（見圖3-27），透過營造密封環境，使得二氧化碳與環境中的鹽水和礦物質形成天然礦物質，實現二氧化碳固化的目的，當然這也是一個十分漫長的過程。

2. 國外產業現狀及趨勢

CCUS專案的商業化運行可以追溯到1970年代的美國。位於德克薩斯州的特雷爾天然氣處理廠專案是迄今世界上投產最早的在營CCUS商業化專案。該專案在1972年正式投產，二氧化碳捕捉裝置安裝在天然氣處理廠中，透過對開採出的含二氧化碳天然氣進行脫碳處理並集中回收二氧化碳，為當地的油田利用二氧化碳提高原油採收率提供穩定氣源，二氧化碳捕捉能力為400~500kt/a。$CO_2$-EOR模式為CCUS商業化和規模化發展奠定了重要的發展基礎，推動了多個CCUS專案在美國落地實施。比如在1980年代建成投產的700kt/a奧克拉荷馬州伊尼德化肥廠

火電站和CCS儲存設施之間的距離可達500km以上

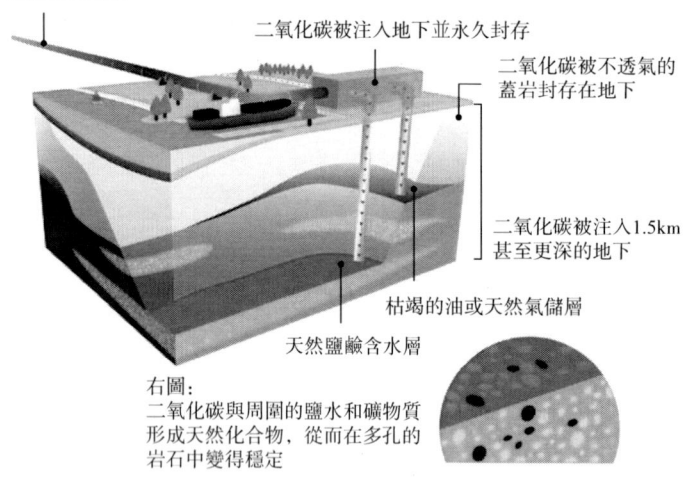

二氧化碳被注入地下並永久封存

二氧化碳被不透氣的蓋岩封存在地下

二氧化碳被注入1.5km甚至更深的地下

枯竭的油或天然氣儲層

天然鹽鹼含水層

右圖：
二氧化碳與周圍的鹽水和礦物質形成天然化合物，從而在多孔的岩石中變得穩定

資料來源：歐盟委員會 DG-TREN

圖 3-27　CCS 工程示意圖

專案和 7Mt/a 懷俄明州埃克森美孚天然氣處理廠專案，這些專案的二氧化碳同樣採用 $CO_2$-EOR 的商業模式，至今依然在正常運行。挪威開展 CCUS 研究的時間也非常早，在 1996 年建成了世界上首個 CCS 專案——斯萊普內爾（Sleipner）二氧化碳封存專案。該專案選址挪威北海的斯萊普內爾天然氣田附近，將天然氣處理廠產生的二氧化碳集中捕捉後，直接注入氣田附近的海床以下 1km 的鹹水層中，二氧化碳封存能力達到 1Mt/a。與美國 $CO_2$-EOR 模式不同，挪威開展直接封存專案的原因主要為兩個方面，一方面是響應當地的環保政策，減少海洋油氣生產的碳稅支出❶；另一方面是針對碳封存技術開展技術示範驗證，為後面大規模推廣累積經驗。截至 2020 年，該專案累計封存二氧化碳總量已經超過 20Mt[122]。

據全球碳捕捉與封存研究院（Global CCS Institute）統計，截至 2020 年底，世界範圍內共有 65 個 CCUS 商業化設施，整體的二氧化碳封存能力約為 40Mt/a[126]。從地域分佈看，已投運商業化專案主要集中在美國和加拿大，其中美國 CCUS 規模達 21Mt/a，占全球規模的一半以上，包含多個 Mt 級的 CCUS 專案，其中於 2010 年投運的世紀（Century）天然氣處理廠專案的碳捕捉能力已達 8.4Mt/a。從二氧化碳的捕捉源頭看，天然氣處理廠約占 65%，而化工、電力等捕捉成本較高的高排放行業占比均不足 10%。從這些二氧化碳的用途來看，受石油市場利潤驅動，

---

❶ 挪威政府於 1991 年開始對海洋石油和天然氣開發生產活動徵收碳稅。

現有 CCUS 專案主要集中在二氧化碳驅油領域，即 $CO_2$-EOR 的發展模式居多，而二氧化碳封存專案占比不足 15%。

隨著世界各國碳中和進程加快，高排放行業的脫碳需求推動全球 CCUS 專案容量迅速成長。在已公開的專案中，規劃或在建專案容量已達現有投運容量的四倍，其中美國一枝獨秀，其新增規劃容量占比達 37%，約為歐洲國家的總和。此外，受碳排放立法、環保政策收緊及補貼措施頒布等因素影響，新增 CCUS 專案的捕捉目標已發生顯著變化，電力和工業行業等高排放領域捕捉規模約占規劃容量的三分之二。同時，CCUS 專案的用途也在迅速轉變，在石油需求接近峰值後，新規劃的 CCUS 專案中驅油占比已降至 14%，而 $CO_2$ 封存專案占比增至 60%。由此來看，世界各國透過 CCUS 對重點排放行業進行深度脫碳的發展趨勢愈加明顯[127]。

在 CCUS 市場需求的不斷成長驅動下，石油公司發揮產業優勢已成為市場開發的主力。從 1970 年起，美國石油公司便開始在油田大規模注入二氧化碳以提高石油採收率，為 CCUS 技術商業化應用奠定了基礎。埃克森美孚等石油公司正加快 CCUS 技術研發及應用，發揮地質勘查、鑽完井技術、管道基礎設施和油氣田資源等優勢，逐步構建 CCUS 產業生態。截至 2020 年底，全球已營運的 CCUS 專案中，石油公司占比達三分之一，其中埃克森美孚占據全球市場近五分之一的占有率。從增量市場看，石油公司也獨占鰲頭，總體占比接近 40%，歐洲石油公司正在引領新一輪的投資熱潮。義大利埃尼集團計劃改造義大利東北部海域的枯竭氣藏，建設歐洲大型二氧化碳封存設施；挪威國油、道達爾和殼牌透過組建產業聯盟開發「北極光」專案，計劃從歐洲主要港口城市捕捉二氧化碳，匯集管輸至離岸 100km 外的海底鹹水層進行封存，2024 年一期專案投產後二氧化碳封存能力最高可達 5Mt/a，設計累計封存量或超過 100Mt [128]。

3. 中國產業現狀及趨勢

中國 CCUS 產業起步較晚，2007 年首個 $CO_2$-EOR 工業化示範專案在中國石油吉林油田建成投產，二氧化碳來自附近天然氣處理廠，封存能力為 350kt/a。在「十二五」時期，神華集團、華能集團、國電投等煤炭和電力企業也開始實施火力發電廠的二氧化碳捕捉技術的工程示範[123]。截至 2021 年底，中國已建成約 40 個 CCUS 示範專案，總體規模約為 3Mt/a，單體專案規模較小，基本在 100kt/a 左右，產業鏈尚不完善，商業化程度不及歐美已開發國家[129]。隨著「雙碳」目標的提出，一些大型 CCUS 專案正在加速落成，比如由中國石化建設的齊魯石化—勝利油田 CCUS 專案、中國海洋帶頭推動的大亞灣區海上規模化 CCS/CCUS 集群專案

等，設計規模均已達到 1Mt/a。中國作為世界能源消費和工業製造大國，正在加快推進 CCUS 規模化應用，以維持中國火力發電和煉油化工等傳統能源設施的活力，實現傳統能源清潔化的利用。

CCUS 產業發展規模和速度主要取決於專案經濟性，主要包括二氧化碳捕捉、運輸、封存、利用等全流程各環節的投資、營運和維護等支出。表 3-1 顯示的是中國生態環境部環境規劃院等機構關於 CCUS 各環節經濟成本的預測[129]。可以看出，二氧化碳捕捉成本是決定 CCUS 成本的關鍵，其中燃燒前捕捉技術成本最低，而富氧燃燒捕捉技術（燃燒中捕捉）成本最高。預計到 2030 年和 2060 年，二氧化碳捕捉成本區間將分別達到人民幣 90~390 元 /t 和 20~130 元 /t。二氧化碳封存成本占 CCUS 總成本的比重相對較低，預計到 2030 年和 2060 年成本區間將分別達到 50~60 元 /t 和 20~25 元 /t。另外，影響 CCUS 專案成本的另一個關鍵因素在於運輸距離，當碳源與封存地距離超過 50km 時，運輸成本將超過封存成本成為影響 CCUS 總成本的第二大因素。因此，縮短碳源與封存地的距離將有助於降低 CCUS 專案的綜合成本。

表 3-1　中國 CCUS 各環節經濟成本預測

| 年分 | | 2025 | 2030 | 2035 | 2040 | 2050 | 2060 |
|---|---|---|---|---|---|---|---|
| 捕捉成本 /（元 /t） | 燃燒前 | 100~180 | 90~130 | 70~80 | 50~70 | 30~50 | 20~40 |
| | 燃燒後 | 230~310 | 190~280 | 160~220 | 100~180 | 80~150 | 70~120 |
| | 富氧燃燒 | 300~480 | 160~390 | 130~320 | 110~230 | 90~150 | 80~130 |
| 運輸成本 /[元 /（t·km）] | 罐車運輸 | 0.9~1.4 | 0.8~1.3 | 0.7~1.2 | 0.6~1.1 | 0.5~1.1 | 0.5~1 |
| | 管道運輸 | 0.8 | 0.7 | 0.6 | 0.5 | 0.45 | 0.4 |
| 封存成本 /（元 /t） | | 50~60 | 40~50 | 35~40 | 30~35 | 25~30 | 20~25 |

資料來源：生態環境部環境規劃院[129]

在技術經濟性逐步提升的趨勢下，CCUS 地質封存潛力也是決定產業發展規模的一個重要因素。據理論測算，中國 CCUS 地質封存潛力約為 1210~4130Gt 二氧化碳，其中 $CO_2$-EOR、$CO_2$-EGR 及枯竭氣藏的理論封存潛力分別為 5.1Gt、9Gt 和 15.3Gt 二氧化碳；深部地下鹹水層的封存能力約為 2400Gt 二氧化碳[129]。從理論封存容量看，中國僅次於北美地區（2300~21530Gt 二氧化碳），高於歐洲、澳洲和亞洲其他地區，具有較好的發展空間。

4. 產業展望

從全球範圍看，全球二氧化碳的整體利用和封存規模僅為 230Mt/a，其中化肥行業二氧化碳消耗量為 130Mt/a（用於尿素生產），占比超過 50%，剩餘部分則主要被油氣生產、食品加工等行業吸收和利用[122]。相比於全球約 36Gt/a 二氧化碳排放量而言，可謂是杯水車薪。對比 CCU 和 CCS 兩類技術看，CCU 的目的是將二氧化碳進行資源化利用，包含多種技術路線和應用場景，可以支援碳循環經濟構建，促進現有傳統產業轉型和未來新興綠色產業的發展，未來的價值成長空間十分可觀。但是，CCU 推廣的難點在於技術成熟度不高、專案經濟性不足，特別是二氧化碳製化學品領域（非尿素方向）。在技術經濟性難題尚未得到有效解決之前，CCU 短期內難以實現高速成長。相反，CCS 因其技術難度相對較小、封存規模大成為當前應對氣候變化的重要手段，是中短期內減少二氧化碳排放的有效方式。不過，封存二氧化碳雖然達到了減碳目的，但這種類似於支付「垃圾處理費用」的方式增加了碳排放企業的經營負擔，無法為其綠色轉型提供有效激勵。所以，從長遠看，大力發展 CCU 將是提升全社會綠色轉型積極性、產生「綠色」效益的最佳方式。

### 3.5.2　直接空氣捕捉技術

與 CCUS 從含有高濃度二氧化碳的工業煙氣中進行碳捕捉不同，直接空氣捕捉技術（DAC）是一種在空氣中直接捕捉二氧化碳的技術，其技術難度極大，這主要源於二氧化碳在空氣中的體積濃度一般在 0.028%~0.035%，含量極低。儘管如此，DAC 的減碳作用也不容小覷。CCUS 裝置一般應用在火力發電、化工、煉鋼等大型工業領域，僅適合部署在固定設施上，並且對於廢氣/煙氣中的二氧化碳濃度有著較高要求，固定投資額大且缺乏靈活性。相比而言，DAC 技術的部署則更加靈活，適合對小型化石燃料燃燒裝置甚至交通運輸車輛等比較分散的排放源進行二氧化碳捕捉，是負碳技術中的新興方向。

1. 技術概況

DAC 技術主要由引風機、吸附/吸收劑、再生裝置三個部分組成。引風機啟動後形成負壓，將空氣引入 DAC 系統，設備內部的吸附/吸收劑對於二氧化碳具有高選擇性，可以實現在低濃度環境下對二氧化碳的捕捉，並同時允許空氣中的其他組分自由通過。當二氧化碳的吸收量達到吸附/吸收劑的極限時，DAC 裝置一般將轉為再生工況，在高溫和低壓條件下釋放出高濃度的二氧化碳。一些 DAC 裝置

還會配有儲存模組，將捕捉的二氧化碳進行儲存。根據 DAC 裝置中二氧化碳吸附/吸收劑的物理狀態，可分為固體和液體 DAC 兩類技術（見圖 3-28）。

固體 DAC 技術（S-DAC）採用固體吸附劑，主要利用分子間作用力以物理方式吸附二氧化碳，吸附材料需要有比較大的比表面積和豐富的孔道結構，使空氣能夠與吸附劑充分接觸。常用的物理吸附材料包括金屬有機框架材料（MOFs）、奈米碳球等。物理吸附的脫碳再生過程一般比較簡單，在低壓和較低溫度（<100℃）環境下即可實現[130]。

液體 DAC 技術（L-DAC）採用的是液體吸收劑，比如有機胺、氫氧化鉀溶液等，這類吸收劑透過與二氧化碳發生化學反應形成化合物實現對二氧化碳的捕捉。圖 3-28 顯示的是加拿大 Carbon Engineering 公司設計的 L-DAC 碳捕捉流程圖。該系統含有一個空氣接觸器模組，透過引入空氣使之與液體吸收劑進行充分接觸，其中的二氧化碳與氫氧化鉀溶液發生化學反應並生成碳酸鹽。當溶液達到飽和狀態後，溶液將被送入顆粒反應器，使碳酸鹽從溶液中分離出去形成小型顆粒。這些顆粒將隨後被送至燃燒窯分解成二氧化碳氣體並被捕捉。剩餘的顆粒物將進入水化器，變成溶液後被重新回收利用。

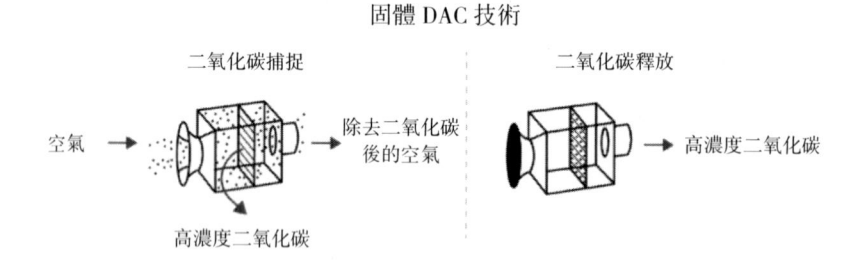

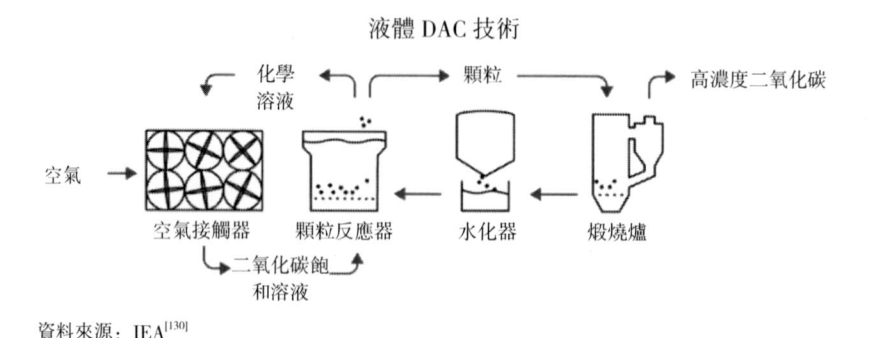

資料來源：IEA[130]

圖 3-28　固體和液體 DAC 技術示意圖

對比兩種技術，S-DAC 工藝簡單、設備緊湊，而 L-DAC 則流程複雜、操作難度更高。不過，後者由於採用化學反應的方式對二氧化碳進行捕捉，其吸收效率更高、選擇性更好，更適合處理二氧化碳濃度較低的氣體。由於液體吸收過程中形成的化學鍵要強於分子間作用力，在再生過程中，L-DAC 需要在高溫（300~900℃）下進行，能源消耗更高，且溶液回收過程也需要消耗一定的水。S-DAC 設備普遍較小，捕捉能力偏低，並且需要不停地在捕捉—釋放（再生）兩個工況之間進行切換，因此連續運行能力差，而 L-DAC 的捕捉能力更強，可以連續不間斷工作，更適合規模化部署和工業化應用。目前，還有一些新的 DAC 技術包括電子變壓吸附、基於薄膜的 DAC 技術等，這些技術多數還處於實驗室研發階段。

2. 產業現狀及趨勢

截至 2021 年底，全球已有 18 個 DAC 設施部署在加拿大、歐洲和美國，整體的二氧化碳捕捉能力約在 100kt/a。其中，迄今規模最大的一座 DAC 工廠 Orca 建於冰島首都雷克雅維克一處地熱發電站附近。該工廠於 2021 年底投運，每年捕獲近 4000t 二氧化碳。被捕捉後的二氧化碳溶解在淡水中，並透過高壓注入地下 800~2000m 深的玄武岩中進行固化。此外，全球第一座 Mt 級 DAC 裝置正在進入快速研發階段，預計將在美國完成部署。目前，這些商業化示範專案的開發和核心技術研製主要由歐美國家的公司主導，比如瑞士的 Climetwork、加拿大的 Carbon Engineering 以及美國的 Global Thermostat 和 Infinitree 等公司。

總體上看，DAC 技術成本要比 CCUS 高，這主要源於前者的捕捉環境中二氧化碳濃度更低，技術要求更高且能源消耗更大。由 Carbon Engineering 設計的 Mt 級 L-DAC 系統的中間試驗數據顯示，該套設備的均化 $CO_2$ 捕捉成本在 94~232 美元 /t[131]，是目前 CCUS 捕捉成本的 5 倍以上。圖 3-29 顯示的是二氧化碳捕捉成本隨二氧化碳濃度變化的情況。可以看出，在工業領域使用的 CCUS 技術，其捕捉成本均在 100 美元 /t 以下。其中，天然氣處理的二氧化碳捕捉成本最低，在 20 美元 /t 左右，約為當前 DAC 捕捉成本的十分之一！儘管如此，DAC 技術依然有較大的降低成本空間，這主要取決於二氧化碳吸附/吸收材料的革新、工藝技術的發展、專案規模的擴大以及用能成本的降低（利用可再生電力）等。另外，碳市場價格和碳稅政策也是促進 DAC 發展的重要外部因素。根據 IEA 的預測，在 2050 年淨零情景下，DAC 技術的二氧化碳捕捉能力在 2030 年將達到 85Mt/a，到 2050 年將提升至 980Mt/a，成為負碳技術的重要補充[130]。

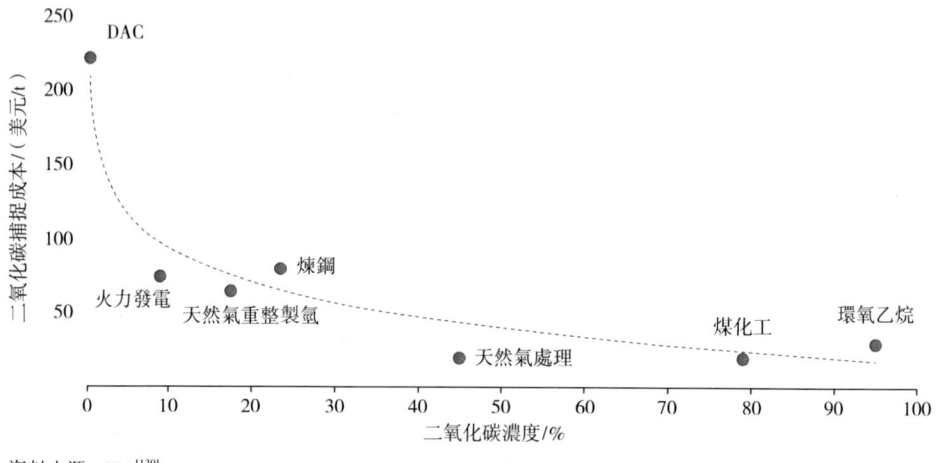

資料來源：IEA[130]

圖 3-29 二氧化碳捕捉成本隨二氧化碳濃度變化情況

## 3.6 氫能

　　由於化石燃料均含有碳元素，在使用過程中，難免造成大量的碳排放，加劇了全球氣候變化程度。為此，人類社會開始思考，是否存在一種來源廣泛、供應穩定、經濟實惠的無碳能源，可以替代化石能源並直接用於生產生活中呢？於是，氫能概念呼之欲出。眾所周知，氫分子由兩個氫原子組成，是自然界已知質量最輕、結構最簡單的分子。如果氫可以像石油、天然氣一樣被安全地使用，人們不僅可以從源頭上解決化石能源的碳排放問題，還能將化石能源枯竭的焦慮拋之腦後。這種夢想是否能夠成真？氫能將會在碳中和願景下扮演何種角色？在本書接下來的章節中，我們將深入探討氫能的發展歷程和未來趨勢，並對建設氫能社會進行展望。

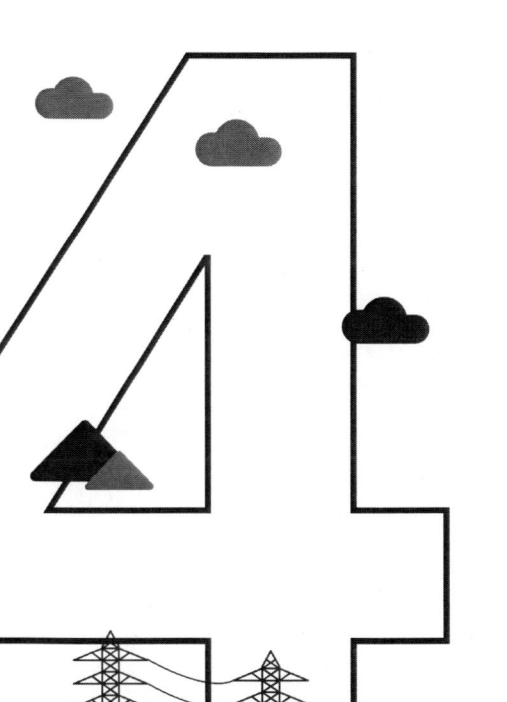

# 第四章
## 走向碳中和之路的氫能角色

氫在元素週期表中排在首位，它的相對原子質量為 1，是所有元素中相對原子質量最輕同時也是自然界分布最為廣泛的元素，占據宇宙所有原子數量的 91.2% 和質量的 71%，近 75% 的物質都包含氫元素[132]。常溫常壓下氫的單質形態為氫氣，無色無味且無毒，極易燃燒，不易大量聚集並形成天然氫氣藏，導致人們難以察覺氫氣的存在。歐洲文藝復興之後，人類科學技術水準得到大幅提升，先進化學理論和實驗儀器的誕生使得人類發現了氫的存在，並發明了一系列具有劃時代意義的技術，推動了氫在人類社會的應用。

## 4.1 氫的發現和利用

歷史上關於誰最先發現氫（若非特別註明，下文提到的氫均指氫氣，即氫元素的單質）的爭論一直存在，比較公認的是英國物理學家、化學家亨利·卡文迪許（Henry Cavendish），他是世界上最先將氫氣作為單一物質進行研究的科學家。為了證明地球上存在這種看不見、摸不到的可燃氣體，他在英國皇家學會的展示實驗中，將活潑金屬鋅扔進酸溶液，並收集反應後產生的氣體，使其與空氣混合。隨後，他輕易地點燃了混合氣體，淡藍色的火焰震驚了所有在場的科學家。卡文迪許還發現，這種氣體燃燒後只會產生一種液體——水。他於 1766 年透過發表學術文章，揭示了利用實驗方法獲取氫氣的方式，並將氫氣稱為「易燃空氣（Inflammable Air）」[133]。17 年以後，法國著名化學家安托萬·拉瓦節（Antoine Lavoisier）首次確認了「易燃空氣」由氫元素組成，並將其命名為「氫（Hydrogen）」，意為「合成水之物（Water Former）」。

氫的發現使得整個科學界為之興奮，關於氫的製取和使用成為研究的重點。1789 年，荷蘭人亞拉恩·范·特羅斯特伍耶克（Adriaan van Troostwijk）和約翰·德爾曼（Johan Deiman）向水中導入直流電後，首次發現有氫氣生成的現象。1800 年，英國科學家威廉·尼科爾森（William Nicholson）和安東尼·卡萊爾（Anthony Carlisle）將銅-鋅電池（即伏特電池❶）的兩極浸潤在水中，並觀察到電池的正極和負極分別產生了氧氣和氫氣。這場實驗不僅開闢了氫氣生產的新途徑，還證明了電流與化學

---

❶ 伏特電池也叫作伏特堆，由義大利物理學家亞歷山卓·伏特（Alessandro Volta）於 1800 年發明，成為世界上第一塊電池，電壓單位伏特即是以他的姓名命名的。

反應存在密切連繫，催生了電化學這門新學科[134]。氫氣的易燃特點使得人們開始從能源的角度思考氫氣的用途。1807 年，瑞士工程師法蘭索瓦・艾薩克・德・里瓦茲（François Isaac de Rivaz）製造了第一款單缸氫氣內燃機，並為此申請了發明專利。該臺氫氣內燃機的工作原理與普通內燃機類似，即將氫氣與空氣混合後注入氣缸內點燃，使氣體的熱能轉化為活塞運動的機械能，推動車輛行駛。但由於氫氣的單位體積能量密度低，並且獲取難度和成本居高不下，氫氣內燃機的推廣面臨很多現實障礙[135]。隨著汽油和柴油內燃機的發明，氫氣內燃機逐漸淡出了人們的視野。

然而，科學家並未停止對氫的探索。1839 年，英國科學家威廉・格羅夫（William Grove）在一次實驗中讓兩根鉑金屬電極分別與氫氣和氧氣接觸，並使電極的另一端浸潤在硫酸溶液中，此時他意外地發現電極之間產生了電流[136]。世界上第一塊燃料電池由此誕生，發明它的格羅夫也被譽為「燃料電池之父」。燃料電池的發明，使人們可以將氫氣和氧氣的化學能直接轉化為電能進行利用，這比直接燃燒的方式更加安全和高效，為氫發展成為能源奠定了基礎。

人們還進一步發現，氫不僅可以作為能源使用，也是重要的農業和化工原料。最值得一提的當屬德國巴登苯胺蘇打廠（現巴斯夫公司）。1909 年，在巴登苯胺蘇打廠工作的卡爾・博施（Carl Bosch），透過改良化學家佛列茲・哈伯（Fritz Haber）的合成氨工藝，成功發明了哈伯－博施（Haber–Bosch）合成氨工藝：在 200atm 和 500℃高溫下，使用鐵催化劑將氫氣和氮氣在容器中反應生成氨。此項革命性技術使大規模、低成本生產農業所需的氮肥成為可能，讓人類從此擺脫了「看天吃飯」的傳統生產方式（圖 4-1）。同樣是在巴登苯胺蘇打廠，為哈伯－博施工藝研發催化劑的化學家艾爾文・米塔許（Alwin Mittasch）和馬賽厄斯・皮爾（Matthias Pier），發明

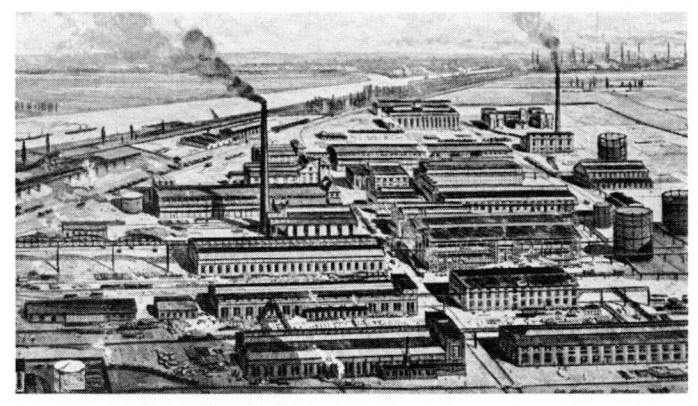

資料來源：巴斯夫官網

圖 4-1 世界上第一個合成氨工廠於 1913 年在德國奧堡投產

了一種含有氧化鉻和氧化鋅的催化劑，直接將合成氣（CO+H$_2$）轉化成了甲醇。這一重要發明顯著降低了甲醇的生產成本，推動了現代化工產業的發展[137]。

另外，氫在石化行業的作用也不容小覷。20世紀以來，燃油汽車、飛機等現代交通工具的普及拉動了石油需求，油品的種類和質量也隨之增加，這有賴於加氫工藝的發展。對含碳燃料進行加氫處理可以追溯到19世紀中期。當時的技術水準已經可以將煤炭透過加氫方式製成液態輕烴燃料，即煤製油技術。1927年，世界上首個煤製油工廠在德國洛伊納（Leuna）正式投運，而第二次世界大戰所造成的石油短缺，使德國加速升級煤製油工藝，其產能在1944年一度達到了3.17Mt/a的峰值[138]。1950年前後，催化重整技術的推出和應用，使人們可以大量獲取價格低廉的氫氣，加氫處理技術因而在燃料生產領域得到了進一步應用。特別是在石油煉製領域，許多煉油廠利用加氫處理技術，去除石腦油、汽油、柴油等石油餾分❶中的硫、氮、氧等雜質元素，提升燃料的品質。此外，1960年代投入工業化應用的加氫裂化技術可以使渣油❷裂化為分子結構簡單的輕烴，從而生產出汽油、柴油或者乙烯原料等品質更優、附加值更高的產品。

目前全球氫需求量約為100Mt/a，而隨著全球經濟復甦，氫的需求或將逐漸上升。圖4-2展示的是氫氣從生產端至消費端的流向圖。可以看出，天然氣製氫、煤

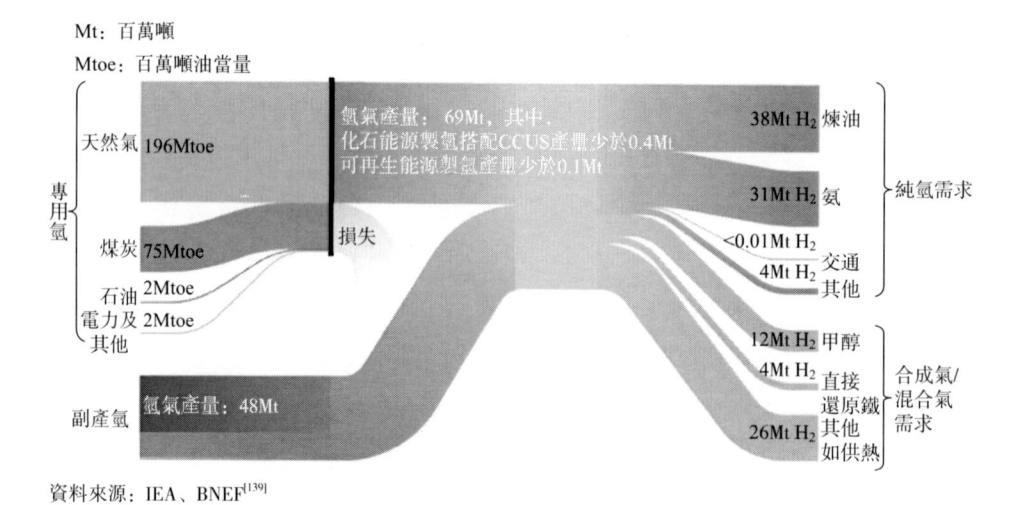

圖4-2 2018年全球氫能供需情況示意圖

---

❶ 石油餾分是指原油透過物理蒸餾的方法在不同沸點範圍下分離得到的油品。在此過程中，原油內部的各種化合物基本上沒有發生化學變化。一般來講，常壓蒸餾70°C～200°C的輕餾分稱為汽油餾分；常壓蒸餾200°C～350°C的中間餾分稱為煤油或柴油餾分；大於350°C的餾分稱為常壓渣油或常壓重油。

❷ 渣油是指原油經過常壓和減壓蒸餾所得的剩餘物質。

氣化製氫和副產氫是氫的主要生產方式。從氫的消費領域看，有 32% 的氫用於石油煉製，剩餘部分則用於合成氨（26%）、甲醇（10%）和其他領域[139]。在當前，工業原料是氫在現階段最主要的用途，而氫在能源領域的應用卻遲遲未能形成規模。

## 4.2　氫的能源特點

其實早在 1970 年代第一次石油危機期間，西方國家為減少化石能源依存度就已經提出了「氫能」概念。然而，無論是選擇電解水製氫還是化石能源製氫路線，氫的生產均無法擺脫對化石能源的依賴，高成本、高排放也使得氫能的發展停滯不前。進入 21 世紀，風電、太陽能等新能源技術發展迅速，裝機量和發電量逐年攀升，正在推動全球能源結構從以化石能源為主體向以可再生能源為主體的方向轉變。能源格局的演進也同時推動著整個社會的變革，「碳中和」、「氣候變化」、「循環經濟」等從無人問津的生僻詞變成了人盡皆知的常用詞，這也使得「氫能」再一次獲得了國際社會的關注。

眾所周知，氫具有質量能量密度高的特點。從圖 4-3 可以看出，單質氫氣的能量密度達到了 120MJ/kg，遠遠超過了同等質量下化石燃料、生物質燃料及鋰電池所攜帶的能量，約為天然氣的 2.5 倍、汽油的 2.7 倍。然而，從體積能量密度看，在相同體積下，氫氣在常溫常壓下的體積能量密度低於天然氣，且遠不及汽油、柴油和煤炭；即使將氫氣液化成為液氫之後，其體積能量密度依舊不高。氫的能量密度特點決定了它在體積敏感度低但質量敏感度高的場景更具優勢。

從能源的生產角度來看，氫和電力同屬二次能源，均需要透過其他能源進行轉化而得到。在第二次工業革命之後，電力走入千家萬戶，成為生產生活必不可少的能源。那麼，同屬二次能源的氫能否像電力一樣被廣泛普及呢？為此，我們需要將氫與電力進行對比。從表 4-1 可以看出，電力相比於氫氣在製、儲、運、用等各環節上的經濟性優勢比較明顯。此外，氫氣在各環節成本變化區間較寬，意味著氫氣產業不同環節上技術發展水準差別較大，產業整體發展不均衡。

然而，電力作為能源使用也面臨明顯的缺點，最主要的瓶頸在於電能儲存。雖然電力儲存技術特別是電化學儲能技術在近年來發展迅速，投資成本逐年降低，但該技術受能量密度的限制，僅能滿足小時級的儲能響應要求，在儲存容量和經濟性上難以滿足終端用能電氣化的發展需要。相反，氫可以作為優良的能量儲存介質，

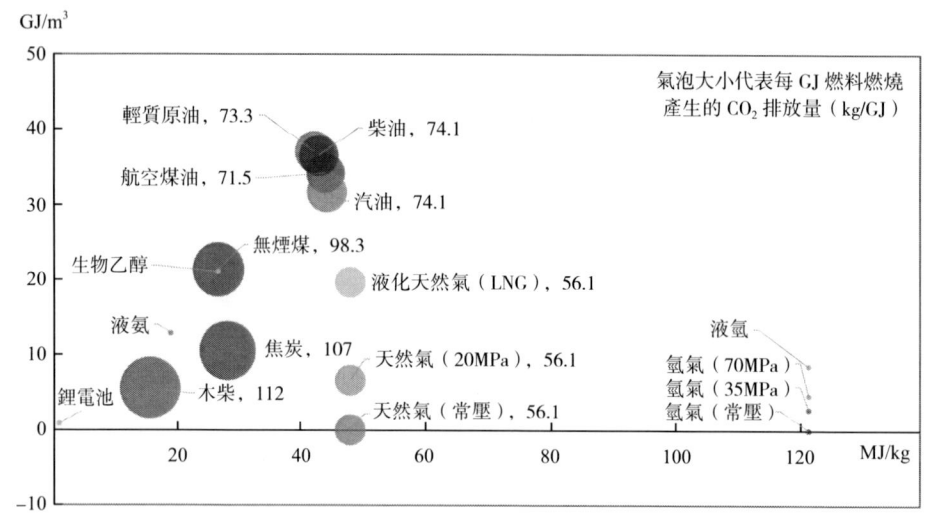

圖 4-3 不同燃料的能量密度及二氧化碳排放強度情況（取低位熱值對比）

資料來源：The Engineering Toolbox、美國能源部、《IPCC 國家溫室氣體清單指南》

解決大規模儲能難題，與可再生能源發電可以形成良好的協同發展效應。更重要的是，氫具備電力所沒有的物質屬性，可實現電—熱—氣不同性質能源（或稱異質能源）之間的相互轉化，是在可預見的未來實現大規模跨能源網路協同優化的主要甚至是唯一途徑。

表 4-1　電力與氫氣對比

| 環節 | | 電力 | 氫氣 |
|---|---|---|---|
| 生產 | 方式 | 化石能源、可再生能源、核能等 | 化石能源、可再生能源電解、工業副產、光催化等 |
| | 成本／（元／kWh） | 0.20~0.55 | 0.27~1.50 |
| 儲存 | 方式 | 電化學儲能、抽水蓄能、電氣儲能等 | 鹽穴、高壓儲氫瓶／罐、液態儲氫（低溫或有機氫載體）、固態儲氫 |
| | 成本／（元／kWh） | 0.2~0.8① | 0.3~21.0② |
| 運輸 | 方式 | 輸電線路 | 管束車、液氫槽車、輸氣管道 |
| | 成本／（元／kWh） | 0.020~0.160③ | 0.036~0.420④ |
| 應用 | 行業 | 建築、工業、交通等 | 建築、工業、交通等 |

① 何穎源（2019）[140]。
② Elberry（2021）[141]。
③ 取 220kV 及以上工業用電輸配電價[142]。
④ 取 100km 輸氫成本數據[143,144]。

與電氣化技術相比，氫能具有哪些優勢呢？從圖 4-4 可以看出，氫能占據絕對優勢的領域位於右上角的煉油和化工板塊，這也是氫在當前應用得最廣泛、最成熟的領域。其次，鋼鐵、遠洋運輸、長距離航空運輸和長時儲能等也是氫能具有一定競爭優勢的領域，而氫能技術在長距離貨運卡車、工業高溫供熱、輪渡和火車等領域也具有一定的發展空間。相比之下，短距離大眾運輸、乘用車、小規模儲能以及家用供暖方面，氫能競爭優勢尚不明顯。在碳中和大背景下，氫能將與電氣化技術一道為社會綠色低碳轉型提供支援，而氫能的應用領域也將從傳統的煉油、化工延展至冶金、交通運輸、大規模儲能等其他領域，多元化趨勢日益顯現。

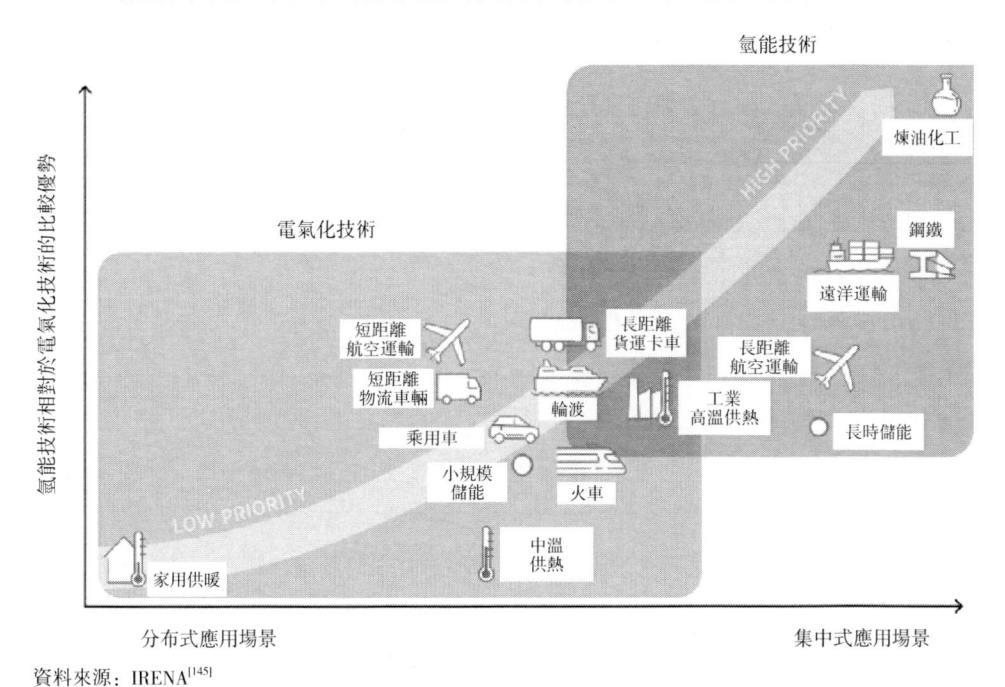

資料來源：IRENA[145]

圖 4-4　IRENA 關於氫能應用技術與電氣化技術的對比研究

## 4.3　氫的安全性

　　氫自從被發現以來，已經廣泛應用在工業、農業和科學研究領域，在天然氣普及之前，人們日常生活所使用的管道煤氣中也含有一定比例的氫氣，儘管大多數人並沒有意識到氫氣的存在。「聞氫色變」是當前社會大眾談到氫氣的主流反應。眾所周知，氫氣無色無味，是一種極易揮發的易燃氣體，人們總能把火災、爆炸和氫

氫聯想在一起。多個國家將氫氣按照危險化學品進行管理，頒布實施了氫氣使用安全技術規程等標準，規範氫氣的生產、運輸和使用等多個環節。

說到氫氣事故，歷史上最著名的事件之一是「興登堡」號飛艇空難。1937年5月6日，由德國齊柏林飛艇公司建造的「興登堡」號在美國紐澤西州萊克赫斯特上空突然起火燃燒，短短幾十秒內，火焰在氫氣的助燃下迅速吞噬了這艘長245m、重110t的巨型飛艇，造成36人遇難。事故調查發現，此次空難真正的原因是飛艇外殼的漆面採用了易燃塗料，靜電產生的火花引燃了塗料，燒穿了飛艇結構，導致氫氣大量洩漏，並加速火焰蔓延[133]。不過這場火災並沒有造成爆炸事故，97名乘客（包括乘務員）中有61人逃生（圖4-5）。

其實，氫氣易燃並不一定意味著易爆，如果科學制定氫的「製儲運輸用」各環節的標準與規範並操作得當，氫的安全性是可以得到保障的。這首先需要我們深入瞭解氫的物理化學屬性。從表4-2可以看出，汽油是最容易燃燒的物質，當汽油在空氣中的濃度達到1%時，一旦遇到明火就能被瞬間點燃。不過，從燃燒濃度範圍看，汽油和天然氣的燃燒濃度範圍較窄，而氫氣最大，其燃燒濃度範圍在4.0%~75.0%，可以說，氫氣一旦泄漏後，如果通風條件不足，則極易在密閉空間遇明火發生燃燒。此外，氫氣的引燃能只有0.011mJ，遠低於其他燃料，靜電或者金屬摩擦產生的小火花就能點燃氫氣。然而，易燃只是導致事故的一方面，人們更多的是擔心爆炸的危害，這將對周圍環境和居民造成難以估量的破壞。從表中可以看出，汽油和天然氣的爆炸濃度下限都很低，極易導致爆炸的發生。相比而言，氫氣的爆炸濃度下限則要高得多，只有當體積濃度達到18.3%時才會導致爆炸的發生。此外，結合擴散係數和密度來看，氫氣在空氣中的擴散速度比其他兩種燃料更快，密度更小，一旦發生洩漏，氫氣會快速逸散，產生聚集的可能性較低，很難達到爆炸極限。在自燃溫度方面，氫氣與天然氣接近，遠高於汽油自燃溫度，因此對於儲存環境的溫度要求不會特別嚴苛。那麼一旦發生爆炸，氫氣會比汽油和天然氣更具有破壞力嗎？其實不然。

資料來源：Computer World

圖4-5 「興登堡」號飛艇事故照片

從單位體積發熱量和爆炸能方面看，氫氣的指標均遠低於汽油和天然氣，且不含毒性。如果採用相同體積儲存三種燃料，氫氣的破壞力最小，並且由於密度低，其爆炸方向更多朝向空間頂部，一定程度上縮小了爆炸所產生的破壞範圍。

表 4-2　汽油、天然氣和氫氣物理化學性質對比（在空氣和常溫常壓情況下）

| 物理化學屬性 | 汽油 | 天然氣 | 氫氣 |
| --- | --- | --- | --- |
| 燃燒濃度範圍 /vol % | 1.0～7.6 | 5.0～15.0 | 4.0～75.0[①] |
| 爆炸濃度範圍 /vol % | 1.1~3.3 | 6.3~13.5 | 18.3~59.0[②] |
| 擴散係數 / ($m^2$/s) | $5×10^{-6}$ | $1.6×10^{-5}$ | $7.6×10^{-5}$ |
| 密度比重（空氣 =1） | 3.4~4.0[③] | 0.55 | 0.0695 |
| 自燃溫度 /°C | 228 | 540[①] | 585 |
| 引燃能 /mJ | 0.8[⑤] | 0.28[⑥] | 0.011[⑥] |
| 爆炸濃度範圍 /vol % | 1.1~3.3 | 6.3~13.5 | 18.3~59.0 |
| 單位體積發熱量 / (MJ/$Nm^3$) | 242.7 | 55.5 | 12.8 |
| 單位體積爆炸能 / (gTNT/$Nm^3$) | 44.22 | 7.03 | 2.02 |
| 毒性 | 高 | 中 | 無 |

注：未標注數據來自曹湘洪 (2020)[151]。
①Cashdollar(2000)[146]。
②Dagdougui(2018)[147]。
③ 汽油蒸汽密度。
④Robinson(1984)[148]。
⑤Barauskas(2003)[149]。
⑥Haase(1976)[150]。

總的來說，氫氣屬於易燃但不易爆的物質，其危險性是可防可控的。如果我們根據氫氣的物理化學性質，科學制定生產、運輸、銷售和使用等環節的安全規範，並同時向社會大眾普及氫能使用的安全常識，在當前技術水準下，民用領域實現氫能技術的安全應用並非「天方夜譚」。

## 4.4 氫能技術與應用

### 4.4.1 燃料電池

燃料電池技術的出現使氫的利用擺脫了劇烈燃燒的傳統供能方式，不僅提升了能源使用效率，而且大幅改善了氫燃料的使用安全性，擴展了氫的應用場景。因此燃料電池技術被認為是解鎖氫能源屬性的「金鑰匙」。

與火力發電技術不同，燃料電池可以將反應物（一般為氫氣和氧氣）的化學能在催化條件下直接轉換為電能，避免了劇烈的燃燒過程，簡化了化學能—熱能—機械能—電能的轉化環節，使得發電不再「繞道而行」，從而減少了能量的損耗。從理論上看，燃料電池的發電效率可以接近100%，但目前技術上能夠穩定實現的效率基本在60%左右，但也遠高於火力發電技術的效率[152]。此外，燃料電池在運行過程中也會產生熱量，如固體氧化物燃料電池、熔融碳酸鹽燃料電池等高溫燃料電池，它們的運行溫度較高（一般大於400℃），十分適合採用熱電聯產聯供方式對外供能，其綜合效率可達80%以上。除了效率高之外，氫與氧在燃料電池中發生電化學反應後僅會產生水，不會對環境造成影響，這也是燃料電池最顯著的優勢之一。

燃料電池的核心發電場所是電堆，它通常是由多個被稱為膜電極的基本發電單元串聯組成，主要結構和工作原理如圖4-6所示。通常來說，膜電極包含電解質、催化層（多孔狀陰陽兩極）、氣體擴散層，是發生電化學反應的核心場所，決定著燃料電池的效能強弱。氫和氧在物理空間上被電解質（隔膜）分割在電池兩端，以避免兩種氣體混合發生爆炸。這種電解質具有選擇性通過的功能，可以讓一些陰離子（如OH⁻）或陽離子(如H⁺)順利通過，從而完成電化學反應。以質子交換膜燃料電池為例，氫氣在燃料電池陽極一側進入，在催化劑作用下發生氧化反應生成H⁺和電子。隨後，H⁺和電子分別透過電解質和外部電路遷移至陰極，氧氣分子在陰極發生還原反應，生成電中性的水分子。除了膜電極之外，電堆內部還包括雙極板、集流板、絕緣板和端板等結構件，產生電流傳導、氣體進出、排水排熱和機械支援等作用。

陽極反應：$\qquad H_2 \rightarrow 2H^+ + 2e^-$

陰極反應：$\qquad \frac{1}{2}O_2 + 2H^+ + 2e^- \rightarrow H_2O$

總反應：$\qquad H_2 + \frac{1}{2}O_2 \rightarrow H_2O$

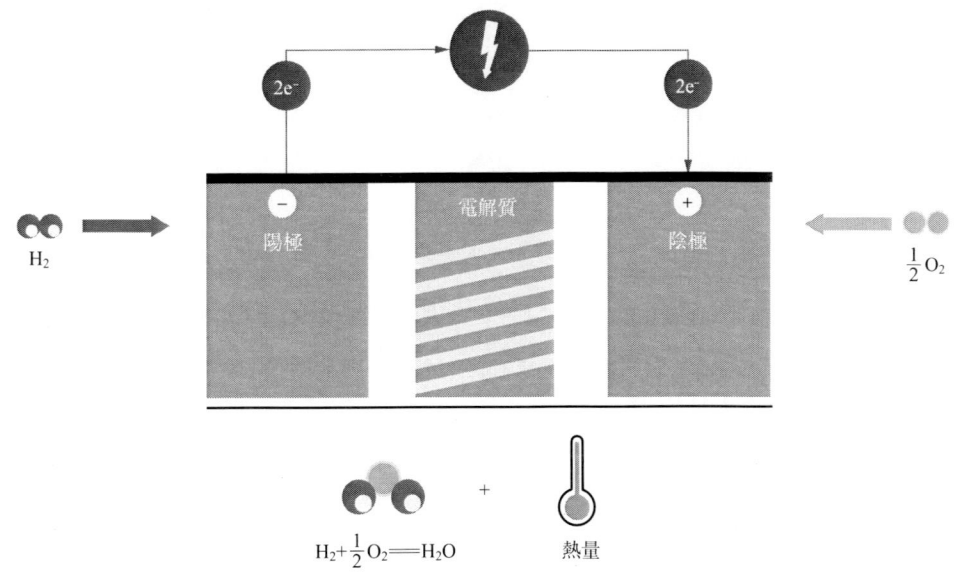

資料來源：Shell[152]

圖 4-6　質子交換膜燃料電池膜電極工作原理

1. 燃料電池種類

燃料電池根據電解質的類型可以分為鹼性燃料電池（Alkaline Fuel Cell，AFC）、質子交換膜燃料電池（Proton Exchange Membrane Fuel Cell，PEMFC）、磷酸燃料電池（Phosphoric Acid Fuel Cell，PAFC）、熔融碳酸鹽燃料電池（Molten Carbonate Fuel Cell，MCFC）、固體氧化物燃料電池（Solid Oxide Fuel Cell，SOFC）。這些燃料電池的運行溫度依次升高，對氫氣的純度要求依次降低。以下簡要介紹各種燃料電池技術的原理[152]。

● 低溫燃料電池

鹼性燃料電池

鹼性燃料電池是開發時間最早、技術發展最為成熟的燃料電池技術。英國劍橋大學法蘭西斯・培根（Francis Bacon）在 1930 年代成功研製出了多孔狀鎳基電極，成為鹼性燃料電池技術發展的里程碑事件[153]。到 1960 年代，鹼性燃料電池首次作為便攜式電源被應用於美國阿波羅載人登月飛行任務。隨後，鹼性燃料電池的功率不斷增大，應用場景已不再侷限於便攜式電源，一些固定式大型電源也開始採用該技術。

鹼性燃料電池的原理如圖 4-7 所示。氫氣在陽極與此處的 $OH^-$ 離子發生氧化反應，生成水和電子。電子透過外部電路遷移至陰極，與氧氣發生還原反應產生

OH⁻ 離子。在此處產生的 OH⁻ 離子可以透過隔膜遷移至陽極，繼續與氫氣發生氧化反應，從而持續產生電流。從技術特點上看，鹼性燃料電池屬於低溫燃料電池，工作溫度一般在 60~90℃，採用鹼性溶液（一般是氫氧化鉀溶液）作為電解質，並採用成本相對低廉的多孔鎳基材料製作電極，避免了貴金屬的使用，大幅降低了設備的整體製造成本。不過，鹼性燃料電池也存在一些問題，比如它對二氧化碳的耐受性很低，鹼性溶液長期暴露在空氣中會產生碳酸鹽，影響電解液的導電效能，從而降低燃料電池的發電效率[153]。此外，使用鹼性溶液還會造成設備潮濕、腐蝕以及壓力控制等難題。為了解決以上問題，科學家已研製出鹼性膜燃料電池技術（Alkaline Membrane Fuel Cell，AMFC），大幅提升了對於二氧化碳的耐受效能，不過功率不高，僅能達到 kW 級別，與質子交換膜燃料電池技術存在明顯差距[154]。

質子交換膜燃料電池

質子交換膜燃料電池又稱作聚合物電解質膜燃料電池，採用可傳導離子的固態聚合膜作為電解質，使質子也就是氫離子（H⁺）在膜之間發生遷移（由陽極轉移至陰極），從而持續發生電化學反應並產生電流（見圖 4-7）。與鹼性燃料電池類似，質子交換膜燃料電池的運行溫度一般小於 100℃；不同的是，該技術不含液態電解質，設備結構簡單且緊湊，具有響應速度快、功率密度高等優勢，特別適合移動應用場景比如汽車、船舶和飛機。不過，該技術需要使用鉑等金貴金屬作為電極催化劑，製造成本高昂，設備價格是相同功率鹼性燃料電池的數倍甚至是數十倍。

陽極反應：$2H_2 + 4OH^- \rightarrow 4H_2O + 4e^-$
陰極反應：$O_2 + 2H_2O + 4e^- \rightarrow 4OH^-$

陽極反應：$2H_2 \rightarrow 4H^+ + 4e^-$
陰極反應：$O_2 + 4H^+ + 4e^- \rightarrow 2H_2O$

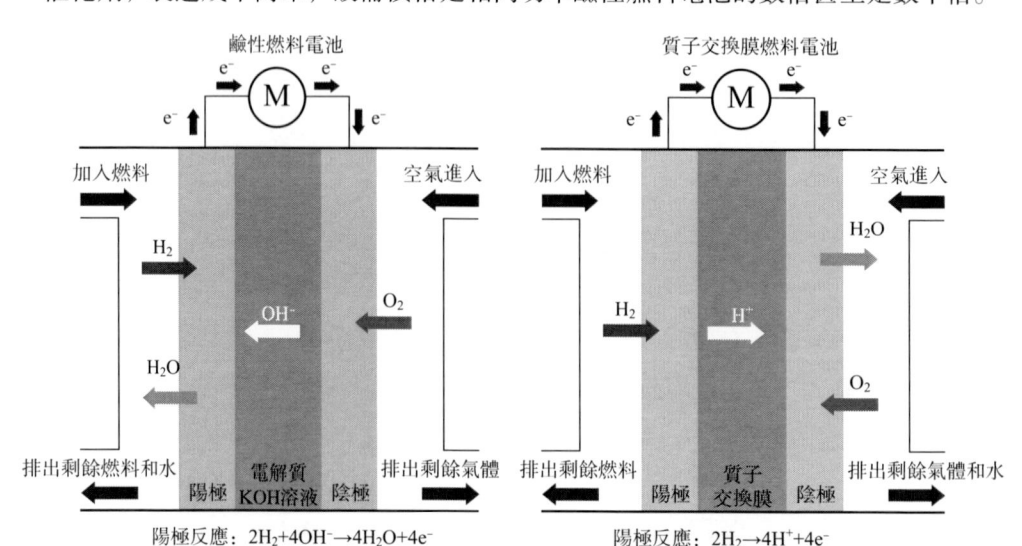

圖 4-7　鹼性和質子交換膜燃料電池工作原理圖

此外，貴金屬催化劑對於反應氣體的純度要求極高，如果遇到一氧化碳等雜質氣體，其催化效能將會大幅下降甚至失效。

為了提高電池發電效率和雜質氣體的耐受能力，高溫質子交換膜燃料電池（HT-PEMFC）技術正處於研發階段。該技術使用一種新型的酸摻雜高溫質子交換膜（如磷酸），發電過程不再需要水參與離子的傳導，簡化了排水系統，同時也提升了電池的運行溫度，使其可以在 200℃ 左右運行。由於運行溫度較高，這種技術還可用於熱電聯產聯供，綜合效率比一般的低溫質子交換膜燃料電池更高。然而，高溫質子交換膜燃料電池技術還處於研發階段，並且需要採用耐熱性和耐酸性強的先進材料，導致生產成本昂貴，在一定程度上限制了其商業化推廣的進度[152]。

● 中溫燃料電池

磷酸燃料電池

磷酸燃料電池使用高濃度液體磷酸（$H_3PO_4$）作為電解質，透過多孔碳化矽基質的毛細管作用將其進行穩定儲存，工作原理如圖 4-8 所示。和質子交換膜燃料電池一樣，磷酸燃料電池工作時的傳導離子是氫離子（$H^+$），其陽極和陰極上的電化學反應也與之相同。不同的是，磷酸燃料電池的工作溫度比質子交換膜燃料電池高，一般為 170~210℃。此外，磷酸燃料電池的發電效率偏低，僅為 40% 左右，但若採用熱電聯產聯供模式，其綜合效率可以提升至約 80%[154]。

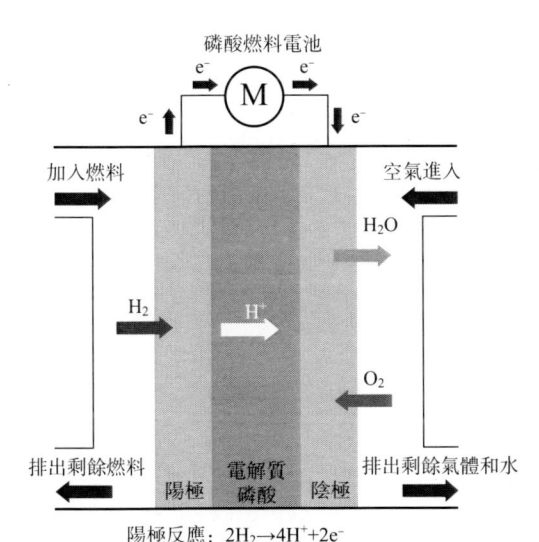

陽極反應：$2H_2 \rightarrow 4H^+ + 2e^-$

陰極反應：$O_2 + 4H^+ + 4e^- \rightarrow 2H_2O$

圖 4-8　磷酸燃料電池原理圖

從燃料電池的結構上看，磷酸燃料電池與質子交換膜燃料電池類似，其多孔碳電極均含有鉑金屬催化劑。不過，由於磷酸電解質的存在，磷酸燃料電池對於氫氣的純度要求不高，只要氫氣中的一氧化碳濃度不超過 1.5%，設備就可以正常運行。正因為如此，化石能源製氫和工業副產氫在經過簡單提純之後，即使含有少量一氧化碳和二氧化碳，也可以直接被用於磷酸燃料電池[155]。在應用方面，磷酸燃料電池的功率可達 MW 級，更適合於固定式場景，比如分布式小型發電站或者醫院、學校等建築物的備用電站等。由於磷酸燃料電池功率密度較小、設備複雜且貴金屬載量大，裝置的製造成本和運維成本比較高，未來的降低成本空間有限，因此關注度不如其他技術。

● 高溫燃料電池

熔融碳酸鹽燃料電池

熔融碳酸鹽燃料電池的電解質是熔融態碳酸鹽，它儲存在多孔狀偏鋁酸鋰陶瓷材料（$LiAlO_2$）中，可以在高溫狀態下保持穩定並選擇性通過碳酸根離子（$CO_3^{2-}$），其工作原理如圖 4-9 所示。氫氣在陽極上與碳酸根離子發生氧化反應，產生二氧化碳和水，並釋放電子。隨後，電子透過外部電路遷移至陰極，與此處的氧氣和二氧化碳發生還原反應，產生碳酸根離子；該離子透過電解質遷移至陽極，進入下一個循環。值得注意的是，熔融碳酸鹽燃料電池中的二氧化碳在陽極是產物，在陰極則為反應物，在電池實際工作中可以實現循環利用，使得電化學反應能夠持續進

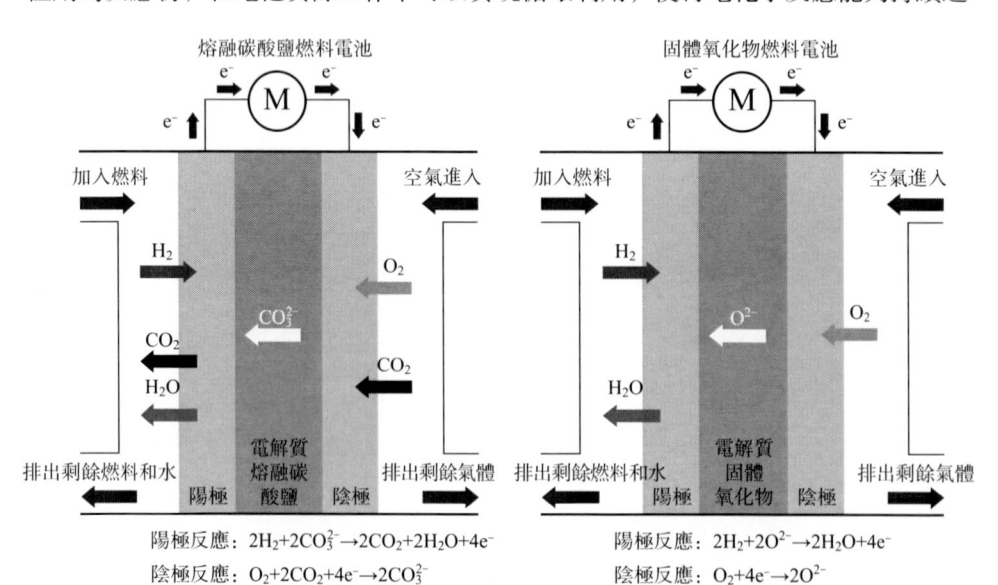

陽極反應：$2H_2+2CO_3^{2-}\rightarrow 2CO_2+2H_2O+4e^-$
陰極反應：$O_2+2CO_2+4e^-\rightarrow 2CO_3^{2-}$

陽極反應：$2H_2+2O^{2-}\rightarrow 2H_2O+4e^-$
陰極反應：$O_2+4e^-\rightarrow 2O^{2-}$

圖 4-9　熔融碳酸鹽和固體氧化物燃料電池工作原理圖

行。此種電池的工作溫度較高，一般在 600~700℃，屬於高溫燃料電池，電池的發電效率高於磷酸燃料電池，可達 65%[154]；若採用熱電聯產聯供模式，則可將整體效率提高到 85% 左右[152]。

相比於其他燃料電池技術，熔融碳酸鹽燃料電池可以不必使用純氫作為燃料，天然氣、生物沼氣或者甲醇等均可以直接通入電池設備，在高溫作用下，這些氣體將發生「內部重整（Internal Reforming）」，產生氫氣，免去了複雜的製氫環節，因此節省了運行成本[154]。此外，該技術不需要使用昂貴的貴金屬作為催化劑，降低了設備的製造成本。

不過，熔融碳酸鹽燃料電池也有一些劣勢。由於電池的運行溫度高，電池中的各部件在高溫環境下容易產生加速老化甚至分解的現象，嚴重影響電池的壽命。此外，電池運行中，從陽極排出的二氧化碳氣體需要經過脫氫處理，再按一定的比例與空氣混合送入陰極。二氧化碳循環系統增加了電池結構設計和控制的複雜性，同時提高了製造和運維難度。目前來看，熔融碳酸鹽燃料電池已實現了 MW 級的規模，主要應用在發電領域，但市場規模較小。

固體氧化物燃料電池

固體氧化物燃料電池的電解質由固體多孔陶瓷材料組成，依據電解質導電粒子的種類，可以分為固體氧化物氧離子導體（O-SOFC）和固體氧化物氫離子導體（H-SOFC）兩大類，其中前者技術更為成熟，應用也更為廣泛。圖 4-9 顯示的是 O-SOFC 的工作原理。在陽極側，氫氣與氧離子（$O^{2-}$）發生氧化反應，產生水和電子。電子透過外部電路進入陰極側，與在此處的氧氣發生還原反應，產生 $O^{2-}$。隨後，$O^{2-}$ 透過電解質遷移至陽極，進入下一個電化學循環。這種燃料電池的電解質一般由摻釔穩定氧化鋯材料（Yttria-stabilised Zirconia，YSZ）製成，具有耐磨效能好、高溫效能佳、機械效能優、離子傳導性強等特點，可在 O-SOFC 的正常工作溫度範圍內（700~1000℃）對氧離子進行高效傳導[156]。與熔融碳酸鹽燃料電池一樣，固體氧化物燃料電池也不需要使用貴金屬催化劑，電極的製造成本具有較大的降低成本空間，並且該技術同樣可以使用氣態輕烴（如甲烷）或者合成氣（氫氣與一氧化碳）作為原料，在高溫條件下實現內部重整，產生氫氣參與電化學反應。不過，這種方式雖然擴展了燃料電池的燃料品種，但是由於燃料中含有碳元素，一方面會產生二氧化碳氣體，造成環境汙染；另一方面會使陽極出現積炭現象，導致多孔電極出現封堵情況，阻礙氣體交換，從而降低燃料電池的效能[157]。

相比於其他燃料電池技術，固體氧化物燃料電池的發電效率較高，能夠達到

60%以上；如果採用熱電聯產聯供方式，則可以將整體效率提升至約85%。此外，該燃料電池的壽命較長，可以達到約50000h，是低溫燃料電池壽命的近10倍。由於電極不含貴金屬催化劑，此種燃料電池對於一氧化碳和硫黃有更強的耐受能力，對於原料的氫氣純度要求更低，在理論上具有廣闊的應用潛力。不過在實際中，由於固體氧化物燃料電池的工作溫度極高，反應環境還可能包含一氧化碳、二氧化碳和硫黃等複雜成分，這要求電池內部材料和零部件需要有較強的耐高溫性和抗腐蝕性，製造成本相比於低溫電池更高。另外，固體氧化物燃料電池需要較長時間進行預熱，並且高溫工作環境使得這類電池僅適合在固定式場景發揮作用，比如大型建築的備用電站或者大型熱電聯供發電廠等。隨著技術的不斷進步和成本的快速降低，近年來，固體氧化物燃料電池在數量和裝機容量方面已發展成為僅次於質子交換膜燃料電池的第二大燃料電池技術，發展勢頭良好。

不同類型燃料電池的屬性總結在表4-3中。從市場潛力來看，質子交換膜燃料電池在功率密度、靈活性和降低成本潛力等方面最具競爭力，已在交通領域得到廣泛應用（汽車、輪船、飛機等）。固體氧化物燃料電池因其綜合效率高、輸出功率大的特點已在固定式場景中開展商業化示範應用，其市場前景僅次於質子交換膜燃料電池。

表4-3 燃料電池效能對比

| 類型 | 低溫燃料電池（60～200°C） | | 中溫燃料電池（160～220°C） | 高溫燃料電池（600～1000°C） | |
|---|---|---|---|---|---|
| | 質子交換膜燃料電池（PEMFC） | 鹼性燃料電池（AFC） | 磷酸燃料電池（PAFC） | 熔融碳酸鹽燃料電池（MCFC） | 固態氧化物燃料電池（SOFC） |
| 電解質 | 聚合物電解質 | 氫氧化鉀溶液 | 高濃度液體磷酸 | 熔融碳酸鹽 | 氧化釔、氧化鋯等固體氧化物 |
| 傳導離子 | $H^+$ | $OH^-$ | $H^+$ | $CO_3^{2-}$ | $O^{2-}$ |
| 燃料 | 純氫 | 純氫 | 高濃度氫氣 | 淨化煤氣、天然氣、氫氣 | 淨化煤氣、天然氣、氫氣 |
| 催化劑 | 鉑 | 鉑、鈀等 | 鉑 | 鎳 | 鎳 |
| 氧化劑 | 空氣 | 純氧 | 空氣 | 空氣 | 空氣 |
| 工作溫度 /°C | 低溫：50～100 高溫：<180 | 60～90 | 150～200 | 600～700 | 700～1000 |
| 啟動時間 | 幾分鐘 | 幾分鐘 | ~1h | >1h | >1h |

續表

| 類型 | 低溫燃料電池（60～200°C） | | 中溫燃料電池（160～220°C） | 高溫燃料電池（600～1000°C） | |
| --- | --- | --- | --- | --- | --- |
| | 質子交換膜燃料電池（PEMFC） | 鹼性燃料電池（AFC） | 磷酸燃料電池（PAFC） | 熔融碳酸鹽燃料電池（MCFC） | 固態氧化物燃料電池（SOFC） |
| 發電效率/% | 40～60 | 50～60 | 30～40 | 50～60 | 50～70 |
| 電堆規模/kW | 1～1000 | <250 | 1000 | 100～1000 | 1～1000 |
| 使用壽命/h | ～6000 | 5000～8000 | 30000～60000 | 20000～40000 | ～50000 |
| 市場發展 | 進入商業化階段，正在大規模部署 | 已發展幾十年，但僅限於專業應用 | 較為成熟，但市場空間有限 | 處於早期階段 | 商業化早期階段，規模逐步擴大 |
| 應用領域 | 交通運輸領域（小型乘用車、物流車、商用客車）、固定式領域（小型分布式發電）、便攜式領域（行動電源） | 小型固定式用電場景、特殊用途（航太領域） | 發電廠、備用電源及其他特殊用電需求（軍事領域） | 發電廠、熱電聯供設施 | 發電廠、熱電聯供設施、重型物流卡車、商用客車、備用電源等 |
| 優點 | 電解質不易損耗；低溫運行；快速啟動 | 鹼性環境中陰極反應更快，效率更高；成本低 | 高溫實現電熱聯產；燃料純度要求不高 | 高效率；燃料靈活；無須貴金屬催化劑；高溫實現熱電聯產 | 高效率；燃料靈活；無須貴金屬催化劑；固體電解質；高溫實現熱電聯產；循環發電 |
| 缺點 | 催化劑成本過高；燃料純度要求高；餘熱少 | 對燃料和空氣中的二氧化碳敏感 | 鉑催化劑成本高；啟動時間長 | 高溫損壞電池零件；啟動時間長；低能量密度 | 電池材料耐高溫、耐腐蝕要求高；效能衰減速率快；啟動時間長 |

資料來源：北汽產投[158]

2. 燃料電池應用

● 燃料電池汽車

如果有人說氫燃料電池汽車是解鎖氫能需求的「金鑰匙」，這一點也不為過。

圖 4-10 展示的是氫燃料電池汽車的結構圖。一般而言，氫燃料電池汽車包含燃料電池電堆、儲氫罐、驅動電機、熱管理系統、輔助電池等零部件，整體結構比純電動汽車更為複雜，這也是導致氫燃料電池汽車成本高昂的因素之一。其中，占據整車成本約 50% 的燃料電池系統，其製造難度和生產成本長期居高不下，使得氫燃料電池汽車在市場上一直處於「叫好不叫座」的尷尬處境。截至 2021 年底，中國燃料電池汽車累計保有量接近 9000 輛（見圖 4-11），而同期純電動汽車的保有量已達 640 萬輛，兩者差距十分明顯。不過，純電動汽車也面臨發展瓶頸。比如電池能量密度低、充電時間長、安全效能差、低溫續航里程縮減等技術難題在短期內難以實現突破性進展，這意味著純電動汽車技術僅適合解決短途和輕量化的運輸需求。相比之下，氫燃料電池汽車具有續航里程長、加注時間短、耐低溫能力強等特點，可以彌補純電動汽車的不足，在城際客運、幹線物流、工程車輛、遠洋航運甚至航空運輸等領域發揮作用。根據中國氫能聯盟、中國電動汽車百人會等機構的預計，2030 年前後有望突破百萬輛大關。從車型看，商用客車、物流車、工程專用車輛將是未來 10 年氫能汽車的成長主力，而隨著燃料電池技術、車載儲氫技術和系統集成技術的進步和持續降低成本，乘用車也將迎來新的成長機遇[159]。

● 固定式燃料電池系統

除了車用燃料電池以外，利用固定式燃料電池系統供電和供熱也是氫能的重要應

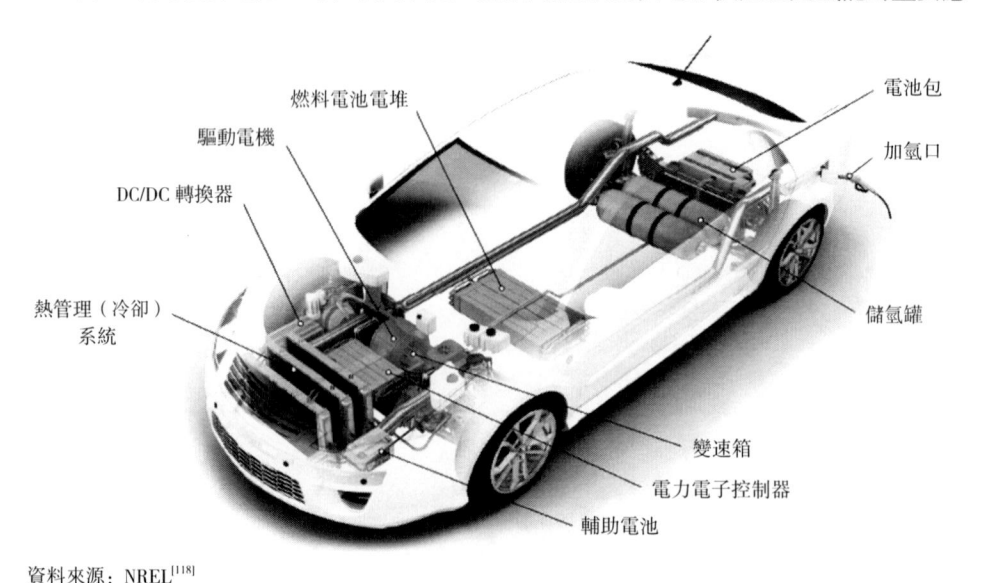

資料來源：NREL[118]

圖 4-10　氫燃料電池汽車

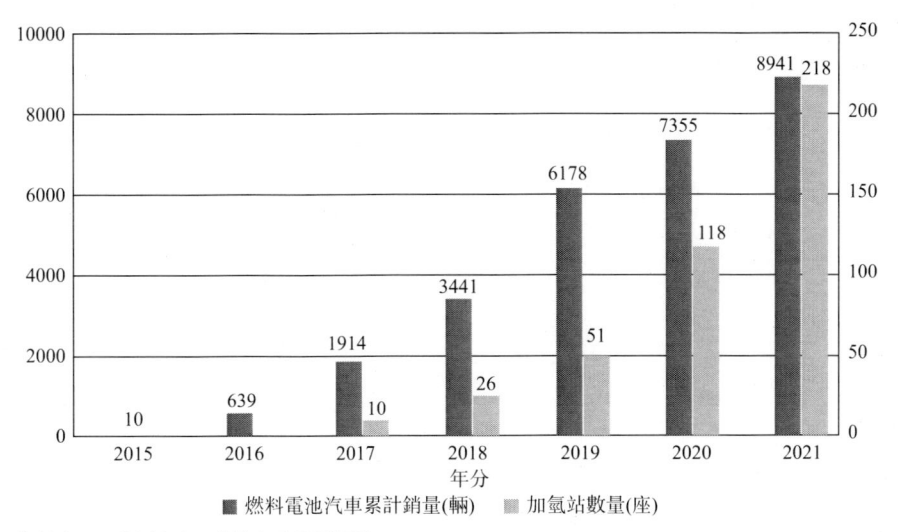

资料來源：中國汽車工業協會及公開資訊

圖 4-11　2015—2021 年中國燃料電池汽車累計銷售量與加氫站數量

用方向。燃料電池能量轉化效率高，裝置設計緊湊且不含大型運動部件，因此不存在機械磨損和噪音汙染等問題，十分適合部署在醫院、民宅、學校、中小型分布式電站等場景。從技術上看，目前市場上主流產品以質子交換膜燃料電池（PEM）和固體氧化物燃料電池（SOFC）為主。

固定式熱電聯供燃料電池系統的應用主要集中在日本和歐洲等已開發國家，其中日本已成為家庭式微型熱電聯供燃料電池系統最大的市場，裝機規模穩居世界第一。從 2009 年開始，日本政府開始大力推廣家用燃料電池系統 Ene-Farm，分 PEM 和 SOFC 兩類產品，其中 PEM 產品的市場占有率最大。圖 4-12 展示的是家用型 Ene-Farm 系統的示意圖。該套裝置的最高輸出功率為 700W，發電效率可達 55%，設備熱電聯供系統總能效在 80%~97%[161]。燃料電池產生的直流電透過逆變器轉化為交流電，為家用電器供電。在氫燃料供應不足時，系統的電力控制器還可切換至市電，以保障家庭用電需求。據統計，該裝置可為一般家庭供應約 60% 的電力。燃料電池產生的熱能用於加熱儲罐中的水，可使其保持在 65℃ 的水準。熱水儲罐與備用的燃氣熱水器相連，可用於家庭供暖和生活熱水供應[162]。截至 2021 年年中，Ene-Farm 專案總共在日本全境推廣超過 40 萬套家用熱電聯供燃料電池設備（見圖 4-13）。根據日本經濟產業省發布的《氫能與燃料電池策略發展路線圖》顯示，日本將繼續推廣和研發新一代 Ene-Farm 系統，使設備發電效率到 2025 年時升至 65%，累計銷售量在 2030 年前實現 500 萬套[163]。

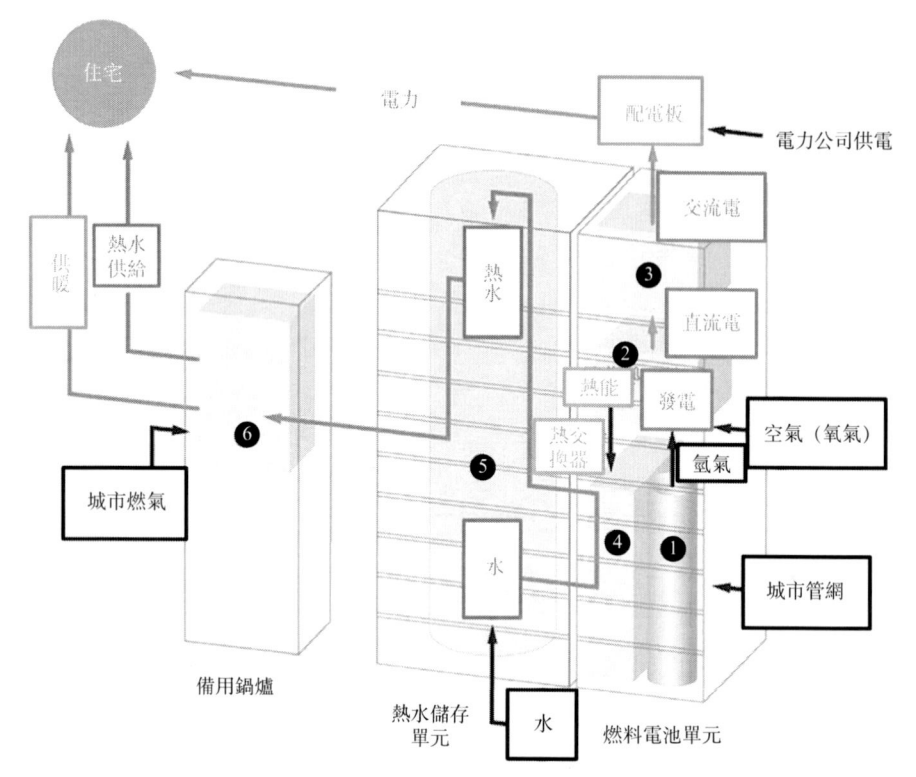

資料來源：Challenge Zero[160]

圖 4-12　Ene-Farm 熱電聯供系統示意圖

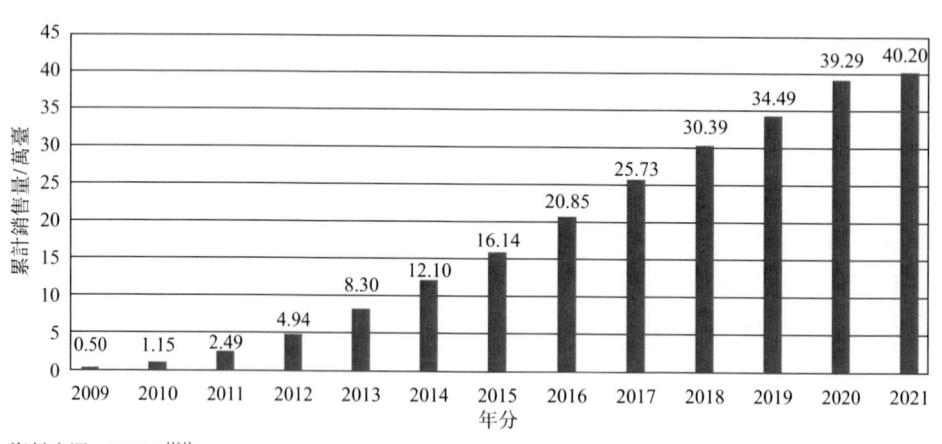

資料來源：JLPGA[161]

圖 4-13　2009——2021 年 6 月 Ene-Farm 累計銷售情況

　　與日本專注家用微型燃料電池熱電聯供系統不同，美國則關注開發 MW 級分布式發電系統。美國 Bloom Energy 是世界領先的分布式燃料電池系統製造商，其

114　　碳中和與氫能社會

開發的 SOFC 設備 Hydrogen Energy Server 單機發電功率為 300kW，發電效率達到 52%，可為用戶提供 1kW~10MW 不同功率的供電服務[164]。目前，Bloom Energy 在全球範圍部署累計超過 500 個發電系統，服務對象既包含蘋果、英特爾等科技公司，也包含沃爾瑪、IKEA 等大型商場超市，同時還為 AT&T 等通訊公司提供 24h 不間斷電力供應[165]。

中國的固定式燃料電池應用尚處於商業化早期。中國科學院大連化學物理研究所是中國從事燃料電池技術研發的主要機構之一，由該所設計的 MW 級 PEM 燃料電池發電系統已交付國網安徽電力公司開展示範營運。同時，舜華新能源也研製出了 100kW PEM 燃料電池熱電聯產設備，其峰值最高發電效率可達 54%，熱電聯產總效率超過 90%，目前已在貴陽市投運。總體上看，中國在固定式燃料電池研發和應用方面的發展比較滯後，與日本、美國、德國等已開發國家存在明顯差距。

### 4.4.2 氫冶金

氫冶金技術的核心是利用氫氣替代煤炭在煉鋼過程中的角色。如前面所述，鋼鐵行業中，多數鋼鐵廠採用的是傳統的高爐—轉爐長流程工藝，全球約 70% 的鋼鐵依賴此路線，而剩餘部分則採用的是較為先進的電弧爐煉鋼工藝（見圖 4-14）[166]。圖 4-15 展示了不同煉鋼工藝過程中的二氧化碳排放情況。可以看出，長流程工藝碳排放強度最高，二氧化碳主要來自鐵礦石還原成鐵的過程，這也是該行業最具減排潛力的環節。鐵礦石的還原需要大量使用焦炭作為還原劑，使其在不完全燃燒的情況下生成一氧化碳，將鐵礦石還原為生鐵。然而，此工藝碳排放強度大，生產 1t 粗鋼對應的二氧化碳排放量高達 2t。另外，全球還有約 30% 的鋼鐵採用電弧爐短流程

資料來源：Giglio(2020)[166]

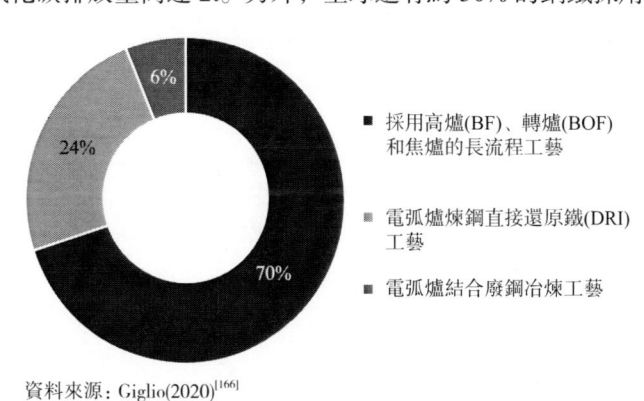

圖 4-14　全球鋼鐵冶煉技術使用情況（2018 年）

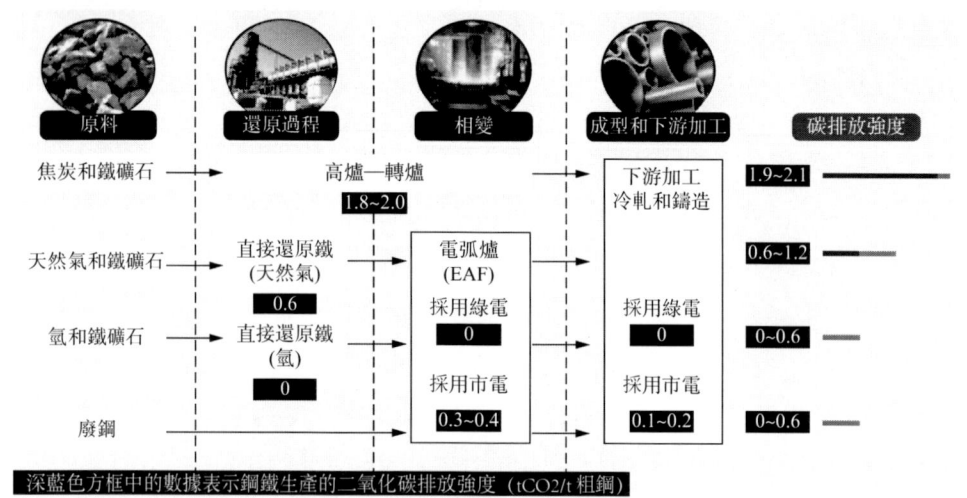

| 原料 | 還原過程 | 相變 | 成型和下游加工 | 碳排放強度 |
|---|---|---|---|---|
| 焦炭和鐵礦石 | 高爐—轉爐 1.8~2.0 | | 下游加工 冷軋和鑄造 | 1.9~2.1 |
| 天然氣和鐵礦石 | 直接還原鐵 (天然氣) 0.6 | 電弧爐 (EAF) 採用綠電 0 | 採用綠電 0 | 0.6~1.2 |
| 氫和鐵礦石 | 直接還原鐵 (氫) 0 | | | 0~0.6 |
| 廢鋼 | | 採用市電 0.3~0.4 | 採用市電 0.1~0.2 | 0~0.6 |

深藍色方框中的數據表示鋼鐵生產的二氧化碳排放強度（tCO2/t 粗鋼）

資料來源：Goldman Saches[57]

圖 4-15　不同鋼鐵生產工藝的二氧化碳排放強度

工藝，以直接還原鐵❶或廢鋼作為原料進行生產，此類方法的二氧化碳排放強度則要低很多。無論採用何種工藝，只要以鐵礦石作為鐵源，還原劑的使用是必不可少的。為了降低煉鐵環節二氧化碳的排放，天然氣替代焦炭作為還原劑也是鋼鐵工藝減碳的一個方向，可減少約50%的二氧化碳排放量，但依舊無法徹底解決碳排放問題。

為此，人們提出了氫冶金概念，旨在利用氫的強還原性和可燃性特點，從根本上實現對焦炭及天然氣的替代。從氫冶金技術的發展情況看，氫在鋼鐵領域的脫碳作用主要分為兩類：一是直接將氫氣注入高爐中以替代焦炭作為鐵礦石的還原劑；二是作為天然氣的替代物用於生產直接還原鐵，再透過電弧爐工藝進行冶煉[166]。關於一氧化碳和氫氣還原鐵礦石的化學式如下所示：

$$Fe_2O_3(s)+3CO(g) \rightarrow 2Fe(s)+3CO_2(g)$$

$$Fe_2O_3(s)+3H_2(g) \rightarrow 2Fe(s)+3H_2O(g)$$

德國蒂森克虜伯等知名鋼鐵企業已經展開氫基還原製鐵示範工程營運，中國寶武集團、中國鋼研等鋼鐵企業也相繼開展氫能冶金技術研究和示範應用相關工作。儘管氫冶金技術正在快速發展，但是氫的來源和成本也是不得不考慮的問題。如果採用灰氫，則無法從源頭上解決二氧化碳排放問題，但若採用綠氫，則面臨成本高昂的現實難題。儘管如此，一些已開發國家已經先行一步，積極探索綠氫冶金技術的

---

❶ 直接還原鐵（Direct Reduced Iron, DRI）是指鐵精礦粉（主要成分為氧化鐵）在低於礦石軟化溫度條件下，經還原形成的多孔狀金屬鐵。由於其在顯微鏡下呈現大量因失氧而形成的微孔，形似海綿，故又稱為海綿鐵，是重要的煉鋼原料。

商業化發展模式。比如蒂森克虜伯已聯手英國石油公司（BP），在德國林根市規劃建設 500MW 電解槽專案用於生產綠氫，產能將達到 75kt/a，預計將滿足該地區鋼鐵廠生產直接還原鐵的全部用氫需求。[167] 隨著氫冶金技術的進步和綠氫生產成本的降低，氫冶金的市場規模將不斷擴大。

### 4.4.3 氫燃料燃氣輪機

傳統燃氣輪機以天然氣為燃料，經燃燒後將燃料的化學能轉化為熱能，從而推動渦輪機轉動。人們利用這種原理，將燃氣輪機應用在航空航太、船舶運輸、發電等諸多領域，為生產生活提供動力、電力以及熱能。由於天然氣燃燒會產生大量二氧化碳，並且天然氣中的甲烷成分也是強效的溫室氣體，在環保政策趨嚴的大形勢下，傳統的燃氣輪機製造商已經開始研製純氫/摻氫燃氣輪機，旨在向零排放方向發展。有關不同發電技術的二氧化碳排放強度如圖 4-16 所示。

氫氣化學性質極為活潑，其燃燒特性與天然氣有著諸多不同。首先，氫氣極易在空氣中燃燒，其在空氣中的燃燒濃度範圍在 4%~75%。相比之下，甲烷（天然氣的主要成分）的燃燒範圍在 5%~15%，比氫氣的燃燒範圍窄得多[146]。摻氫燃燒無疑加大了燃燒控制技術的難度，並且對設備的安全性和穩定性提出了更高要求。其次，氫氣的火焰速度快，在常溫常壓下，氫氣充分燃燒的火焰速度可以達到 2m/s 以上，而甲烷僅為 0.36m/s，為氫氣火焰速度的 1/6。火焰速度快意味著回火的危險性增加，導致氫氣火焰向噴嘴逆行回燒至混合氣管道甚至儲氫裝置，可能造成爆炸

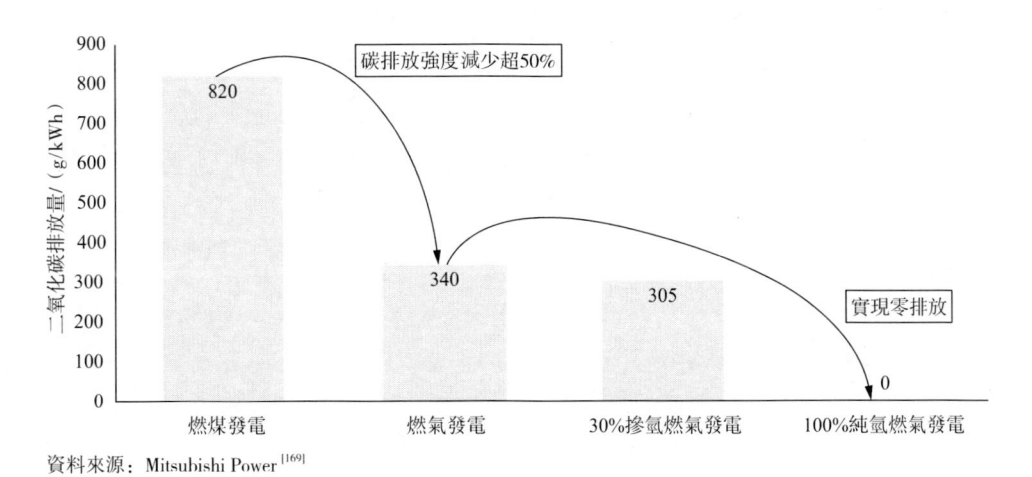

資料來源：Mitsubishi Power[169]

圖 4-16　火力發電二氧化碳排放強度對比

等災難性後果。此外，氫氣的火焰溫度極高，在絕熱狀態下可達2100℃，顯著高於甲烷火焰溫度，這意味著一方面氫燃氣輪機需要採用更耐高溫的渦輪葉片材料，另一方面還需要控制火焰溫度，避免高溫下氮氧化物（屬於溫室氣體）的產生。

　　為了解決氫氣燃燒問題，全球主要燃氣輪機生產商從摻氫燃氣輪機開始研發，已經取得了明顯進展。美國奇異公司（GE）在摻氫燃氣發電技術方面已累積了20餘年的研發經驗，在韓國大山石化廠部署的6B型燃氣輪機於1997年就實現了70%摻氫燃料的實驗運行。隨著技術的不斷成熟，GE已決定在澳洲建設首個摻氫燃氣發電工廠，計劃2023年前後投入運行，最終目標是使用100%純氫燃料運行。在技術上，GE已在其B/E和F型重型燃氣輪機上成功完成100%純氫燃料的運行測試，計劃逐步向市場推廣該類產品。2018年，日本三菱電力完成30%摻氫燃燒實驗，並準備在日本兵庫縣建設高砂氫能工業園（Takasago Hydrogen Park），推動首個摻氫燃氣發電專案商業化營運，逐步實現從現有30%摻氫向100%純氫發電過渡。中國燃氣輪機摻氫技術也不甘落後。2022年，中國電投荊門綠動電廠透過改造在役的一臺54MW燃氣輪機，順利完成了30%摻氫運行實驗。

　　氫燃料燃氣輪機在應用過程中還需解決自燃、火焰閃燃和氮氧化物排放等問題，預計技術的成熟時間在2035年左右。隨著清潔氫（包括綠氫、藍氫等）成本的降低以及各國碳稅、碳排放權交易價格的走高，以及電力輔助服務市場的擴大，氫燃料燃氣輪機規模化應用的前景被越來越多的國家所看好（見圖4-17）。

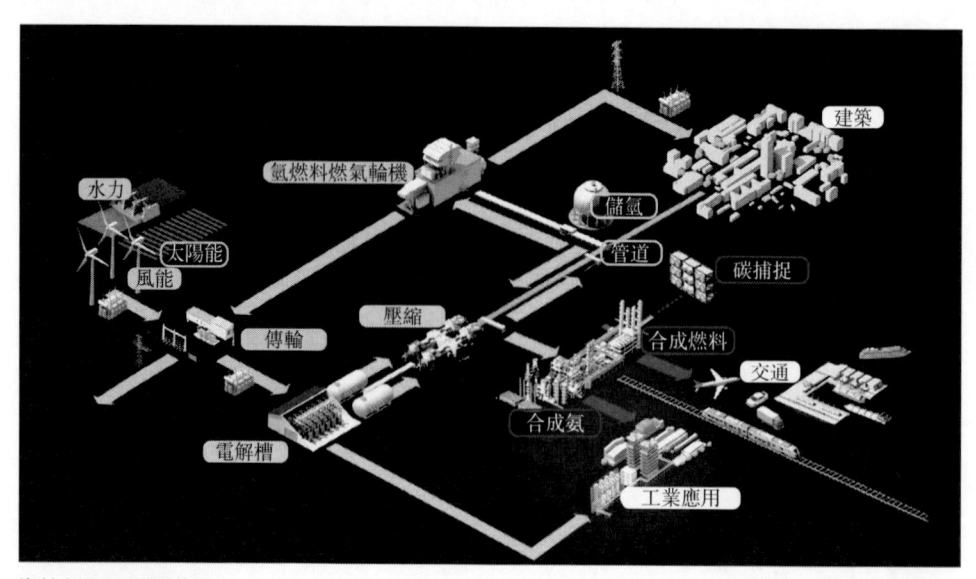

資料來源：西門子能源

圖4-17　氫燃氣輪機工廠及氫能應用生態概念圖

## 4.4.4 氫儲能

當前全球的電力系統正在加速轉型，可再生能源在電力系統的占比加速提升。由於可再生能源具有「靠天吃飯」的典型特徵，風電、太陽能等新型電源的電力輸出具有較強的季節性、間歇性和波動性等特點。因此，在包含高比例可再生能源的電網系統中，電源側發電的不確定性將明顯上升。為了使電源側的電力供應和用戶側的電力需求進行匹配，電力系統調度面臨諸多挑戰，而當前「發電追隨負載」的傳統電網將難以適應「發電與負載互動」的新情況。為了消除風電、太陽能等不穩定電源對電力系統的衝擊，在源、網、荷等各環節配置儲能裝置十分重要。儲能技術按照能量儲存形式可分為機械儲能、電化學儲能、電磁儲能、化學儲能和儲熱等類別，我們在第 3 章中已經對此進行了介紹。

典型儲能技術在響應速度和容量這兩項核心指標上的對比如圖 4-18 所示。可以看出，氫儲能在大規模儲能尖峰負載方面具有比較明顯的優勢。這種優勢主要體現在以下幾個方面：一是電氫耦合技術日益成熟，氫和電之間透過電解槽和燃料電池技術可實現電—氫—電的相互轉換，儘管整體效率尚不理想。二是氫氣能量密度高，經過壓縮後的氫氣無論在單位質量能量密度還是單位體積能量密度均高於鋰離子電池。三是能量衰減速率低，氫氣在儲存期間耗散速率比電池儲能的電能衰減速率低，可以滿足長時儲能的要求。在可再生能源裝機比重加速上升的趨勢下，氫儲能不僅可在短期內為電網安全穩定運行提供調頻尖峰負載能力，還可以實現長時、跨區域的能量調配，大幅度提升可再生能源電力的使用效率，從而減少「棄風」、

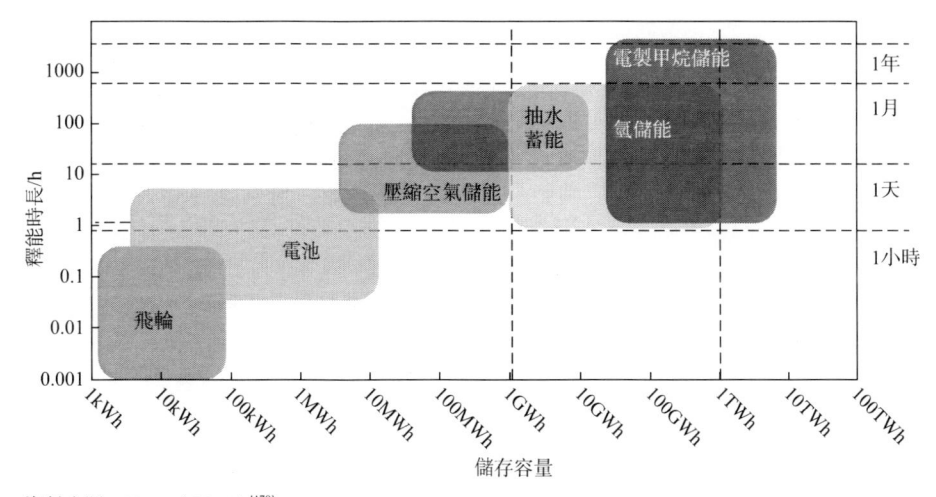

資料來源：Moore（2016）[170]

圖 4-18　不同儲能技術對比

「棄光」現象的發生，為可再生能源大規模深度開發提供保障。

### 4.4.5 電力多元轉化技術（Power-to-X）

電力多元轉化技術（Power-to-X）是一組集可再生能源發電、電供熱、電解水製氫及化學品生產為一體的技術體系，其核心在於將可再生能源電力向化學物質轉化，實現電能—熱能—燃料等異質能源的互聯互通（見圖4-19）。電轉氫技術是 Power-to-X 的中樞，它將可再生電力以電化學途徑轉化成為氫，實現了電能向物質燃料/原料的轉變。

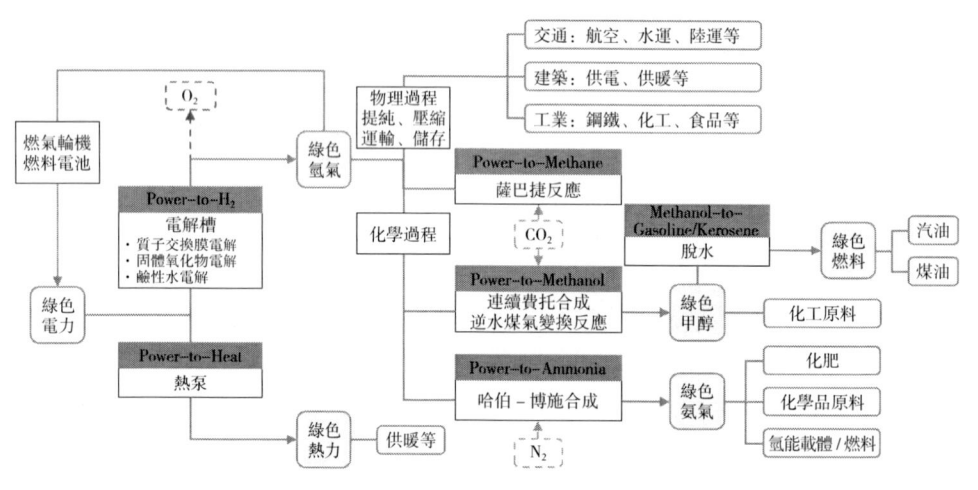

圖 4-19 Power-to-X 技術示意圖

● 電轉氫（Power-to-H$_2$）

電轉氫是 Power-to-X 技術體系的樞紐，是實現電能向物質燃料/原料轉化的關鍵步驟。氫在 Power-to-X 的體系中主要發揮三大作用：一是作為能量儲存介質，發揮長時間、大容量的儲能功能，配合燃料電池為電力系統提供尖峰負載資源以及輔助服務。二是實現可再生能源的非電利用，使可再生能源突破電力基礎設施限制，透過轉化為氫燃料，直接應用於交通、建築和工業等領域。三是作為綠色化工原料，替代煤製氫和天然氣重整製氫等傳統工藝，一方面在合成氨、製甲醇、煉油等傳統用氫領域替代灰氫；另一方面與 CCUS、DAC 等負碳技術結合，透過逆水煤氣變換反應、薩巴捷反應、連續費托合成等化工技術，生產液態輕烴、甲醇、甲烷甚至高附加值碳基材料等，實現 $CO_2$ 的資源化利用。電轉氫的核心技術是電

解水製氫，總反應化學式如下所示：

$$H_2O(l) \to H_2(g) + \frac{1}{2}O_2(g)$$

目前，主要的電解水製氫技術包括鹼性水電解、質子交換膜電解、固體氧化物電解三種方式，具體技術內容將在第 5 章介紹。

● 電轉甲烷（Power-to-Methane）

自 1902 年法國人保羅·薩巴捷（Paul Sabatier）發明 $H_2$ 與 $CO_2$ 甲烷化反應後，經過一百年的發展，該項技術已經有較大的進步和突破，並應用在航太、煤化工等領域。化學反應式如下所示：

$$CO_2(g) + 4H_2(g) \to CH_4(g) + 2H_2O(g)$$

在 Power-to-X 技術體系下，電轉氣技術最大的特點是利用綠電、綠氫將 $CO_2$ 轉為 $CH_4$，實現與傳統天然氣產業的無縫銜接，無須大規模基礎設施建設或改造。儘管此項技術已較為成熟，但尚未形成產業規模，主要的掣肘因素在於綠氫高昂的生產成本。從全球已投產的專案看，目前規模最大的是奧迪公司在德國韋爾特（Werlte）開發的 E-Gas 專案。該專案以北海海上風電為電力來源，依靠 3 臺總計 6 MW 的鹼性電解槽生產綠氫，再與工業捕捉的 $CO_2$ 發生甲烷化反應，並透過天然氣管道實現外輸，甲烷產能為 1000t/a，資源化利用 $CO_2$ 達 2800t/a。

● 電轉甲醇（Power-to-Methanol）

甲醇是用途最廣的基礎石油化工原料之一，不僅可以直接用作燃料或者制汽油，同時也可以製取甲醛、醋酸、甲基丙烯酸甲酯等高附加值的化學品。目前，甲醇的生產原料以天然氣和煤炭為主，透過製取合成氣（主要成分是 CO 和 $H_2$）進行甲醇生產，是一種成熟、高度集成且經濟高效的工藝，但面臨著高碳排放的問題。

為解決碳排放問題，諾貝爾化學獎得主喬治·奧拉（George Olah）在 2006 年出版的《跨越油氣時代：甲醇經濟》一書就提出了 $CO_2$ 加氫製取可再生低碳甲醇的設想[133]。該技術的主要原理是以 $CO_2$ 為碳源，透過催化加氫生產甲醇，並利用現有基礎設施進行儲存、分配和利用。$CO_2$ 加氫製甲醇化學反應式如下所示：

$$CO_2(g) + 3H_2(g) \to CH_3OH(g) + H_2O(g)$$

和電轉甲烷一樣，電轉甲醇也同樣需要可再生電力和綠氫作為能量和原料來源。在世界範圍內，此種生產方式僅在冰島實現了商業化營運。冰島國際碳循環公

司（Carbon Recycling International，CRI）於 2012 年建成首期專案，綠色甲醇產能達到 1300t/a，2014 年擴展至 4000t/a。CRI 公司利用當地豐富的地熱資源發電，透過電解水製氫生產綠氫，並將工業廢氣中捕捉的 $CO_2$ 轉化成甲醇液體燃料。相比而言，其他國家電轉甲醇專案大多處在技術驗證或中間試驗階段。韓國科學技術研究院奈米技術研究中心在 2002 年就已開發出 $CO_2$ 加氫製甲醇的中型試驗裝置，利用過渡金屬催化劑在加溫加壓條件下實現了 100kg/d 的產能，但因技術、成本等因素未能進一步發展。2009 年，日本三井化學株式會社斥資 1600 萬美元建成了全球首套 100t/a $CO_2$ 製甲醇中間試驗裝置，曾嘗試進行商業化推廣，但未能取得突破。2020 年，中國企業首次實現了綠色甲醇的關鍵技術突破，海洋石油富島公司與中國科學院上海高等研究院等單位合作建成全球首套 5000t/a $CO_2$ 製甲醇工業試驗裝置，為工業化放大和後期商業化營運提供了技術支援。整體上看，電轉甲醇在全球範圍仍處於發展初期，其商業化應用還有賴於可再生能源發電、電轉氫及 $CO_2$ 捕捉成本的進一步降低。

● 電轉氨（Power-to-Ammonia）

傳統合成氨工藝採用哈伯－博施法，其中氫氣的生產來源為化石燃料，導致大量 $CO_2$ 排放，其排放量約佔全球 $CO_2$ 排放總量的 1.5%。利用電解水獲取氫氣，並從空氣中分離氮氣，透過現有的哈伯－博施方法合成綠氨在技術上是可行的（見圖 4-20）。關於合成氨的反應式如下所示：

$$N_2(g) + 3H_2(g) \rightarrow 2NH_3(g)$$

電轉氨概念的提出，不僅推動了合成氨工藝的綠色低碳轉型，也為氨燃料和氨儲能的規模化、低碳化發展提供了可能，使氨既可作為尿素等傳統化工品的生產原料，也可以直接作為零碳燃料用於交通運輸，還能成為可再生能源的儲能載體。

透過電轉氨生產的綠氨在低碳、儲能、技術成熟度等方面具有顯著優勢。首先是零碳，氨不含碳，將其作為能源載體（燃料），不需要上下游的碳捕捉即可實現零碳排。其次，氨能量密度高，液氨的質量能量密度雖然低於液氫，但體積能量密度比液氫高 50%，適合規模化儲存和運輸，相應成本也更低，因此綠氨具有相對較高的實用性和經濟性。最後，合成氨工業已十分成熟，相關儲存和運輸的基礎設施已經存在，使得綠氨容易向工業和交通部門推廣。不過，氨也有一定的缺點，比如易揮發、具有腐蝕性和毒性、燃燒產物含有氮氧化物等環境汙染物等。

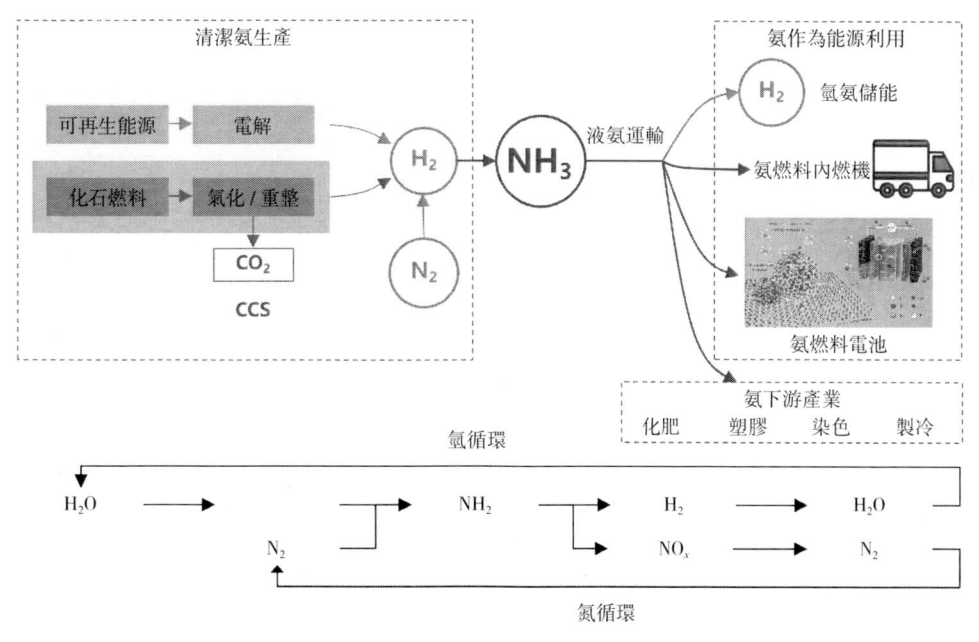

圖 4-20　工業化氫氨產業示意圖

　　實現工業化生產綠氨的首要目標是大幅提高電解水製氫能力。目前，傳統合成氨廠的產能在 500~1500t/d，最大的工廠可達到 3500t/d 以上。若假設容量係數為 50%，實現 200t/d 的綠氨生產則需要 150~200MW 的可再生能源電力及電解能力。其次，是需要解決由可再生能源發電的不穩定所導致的氫氣供應波動。綠氨的生產需要穩定的氫氣原料供應，波動性工況會導致生產設備中的催化劑壽命變短，從而降低生產效率。目前可採用的解決方案是使用大型儲氫裝置來避免波動，以提供穩定的原料輸入。

● 電轉熱（Power-to-Heat）

　　電轉熱指的是實現電能與熱能之間的轉化，一方面用於建築供暖或者工業生產；另一方面用於電力儲存，減少電能棄置的同時提高電源靈活性和電網的調節能力。如今，電轉熱技術已成為各國節能減排的重要手段，廣泛應用在集中式和分布式供熱場景（見圖 4-21）。

　　中國國家電網公司已在部分區域開展新能源吸收和利用和電採暖相結合的電轉熱試點示範工程。中國國家電投在山西省忻州市繁峙縣布局了 200MW 風電清潔能源供暖專案，配套建設 $40 \times 10^4 m^2$ 電採暖供熱站。該專案於 2020 年 12 月實現全容量併網發電，主要利用電網離峰時段電量蓄熱，並向繁峙縣大營鎮區域建築物供

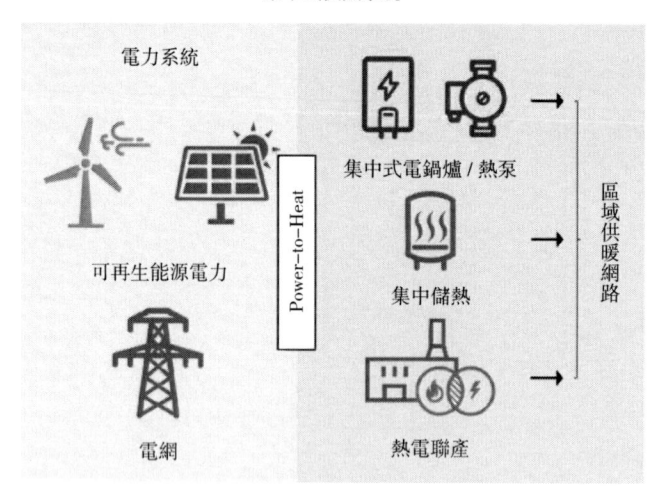

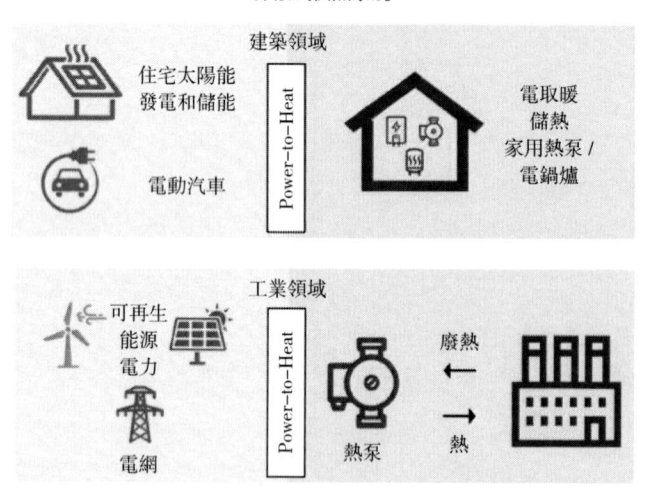

圖 4-21　集中式和分散式電轉熱系統示意圖

熱，覆蓋周邊 1000 餘戶家庭。

2021 年 1 月，中國國家能源局《關於因地制宜做好可再生能源供暖工作的通知》明確提出繼續推進太陽能、風電取暖，構建政府、電網企業、發電企業、用戶側共同參與的風電供暖協作機制，透過熱力站點蓄熱鍋爐與風電場聯合調度運行實現風電清潔供暖，提高風電供暖專案整體營運效率和經濟性。從未來發展趨勢上看，發展電轉熱已成為構建以新能源為主體的新型電力系統必不可少的一項重要任務。

● Power-to-X 技術成熟度及經濟性

有關 Power-to-X 技術的部分化學反應機理和對應的技術成熟度（Technology Readiness Levels，TRL）總結於表 4-4。總體上看，綠氨技術最為成熟，其制約因素在於綠氫的生產成本和供應穩定性。$CO_2$ 加氫製甲烷的技術已在航太領域得到應用，技術已較為成熟，而其他化合物如甲醇、液態輕烴、奈米碳材料等大多還處於技術研發和示範階段，離規模化商業推廣還有較長距離。

表 4-4 電力多元轉換技術（Power-to-X）原理及成熟度

| 產品 | 反應機理 | 技術成熟度（TRL） |
| --- | --- | --- |
| 氫氣 | 水電解反應：$2H_2O \rightarrow 2H_2 + O_2$ | 8~9 |
| 氨氣 | 合成氨反應：$N_2 + 3H_2 \rightarrow 2NH_3$ | 9 |
| 甲烷 | 薩巴捷反應：$CO_2 + 4H_2 \rightarrow CH_4 + 2H_2O$ | 8~9 |
| 液態輕烴 | 逆水煤氣反應和連續費托合成：<br>$CO_2 + H_2 \rightarrow CO + H_2O$<br>$nCO + (2n+1)H_2 \rightarrow C_nH_{2n+2} + nH_2O$ | 5~9 |
| 甲醇 | $CO_2 + 3H_2 \rightarrow CH_3OH + H_2O$ | 4~6 |
| 奈米碳材料 | 薩巴捷反應：$CO_2 + 4H_2 \rightarrow CH_4 + 2H_2O$<br>甲烷催化裂解：$CH_4 \rightarrow C + 2H_2$ | 3~5 |

資料來源：Hermesmann（2021）[171]
注：技術的 TRL 從 1~9 進行分類，其中 1~3 表示研究階段，4~5 表示設計開發階段，6 表示技術示範階段，7~9 表示專案示範階段至技術全面部署階段。

Power-to-X 產業在當前面臨的最大挑戰在於高昂的成本。圖 4-22 對比了 2020 年傳統化工產品與綠色化工產品的平均價格，可以看出，綠色化工產品在成本上尚不具備市場競爭條件，而社會或者企業進行深度脫碳的代價也是相對高昂的。儘管如此，Power-to-X 產業依然擁有巨大的市場潛力，這主要源於可再生能源發電和電解水製氫設備的成本存在較大的降幅空間。此外，各國碳排放監管力度的強化也將大幅增加傳統化石能源使用的成本。以上因素將推動縮小綠色化工產品與傳統化工產品的價差，為 Power-to-X 技術的規模化推廣提供經濟和政策層面的支援。

單位：元/GJ

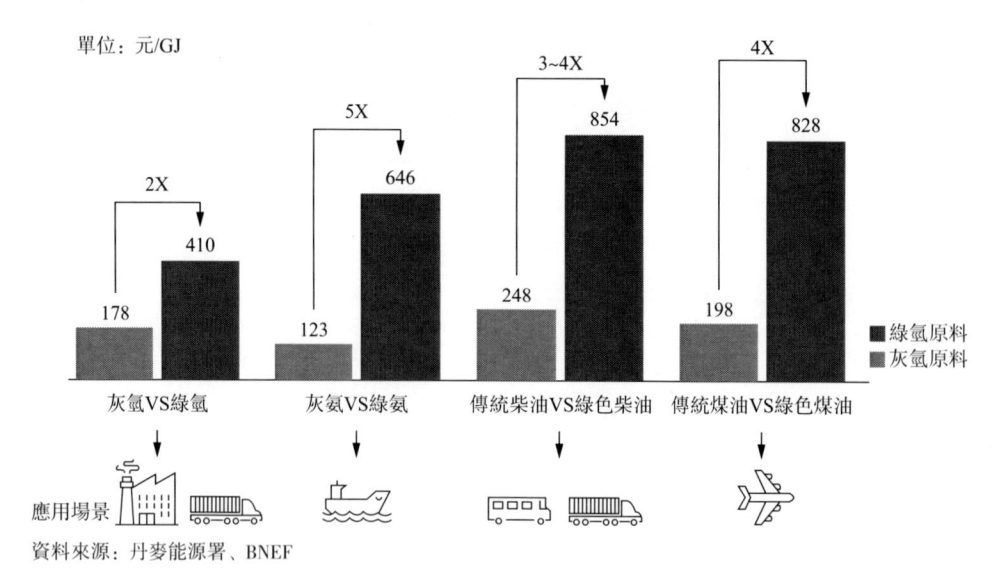

| | 灰氫VS綠氫 | 灰氨VS綠氨 | 傳統柴油VS綠色柴油 | 傳統煤油VS綠色煤油 |
|---|---|---|---|---|
| 灰氫原料 | 178 | 123 | 248 | 198 |
| 綠氫原料 | 410 (2X) | 646 (5X) | 854 (3~4X) | 828 (4X) |

應用場景：工廠/卡車、船舶、巴士/卡車、飛機

資料來源：丹麥能源署、BNEF

圖 4-22　2020 年傳統化工產品與綠色化工產品價格差距

# 第五章 氫能的生產與供應

上一章介紹了氫的發現、技術進展以及應用場景，並從碳中和的角度分析了氫能在深度脫碳方面的重要角色。可以看出，綠色清潔是氫能再次興起的關鍵原因，也是其區別於化石能源最鮮明的特點。在能源技術加速演進的趨勢下，氫能的應用場景將不斷拓寬，各行各業對清潔氫能的需求也因此而成長。隨著氫能熱潮的來臨，氫能的生產和供應就顯得十分重要，這將是本章將要重點介紹的內容。

## 5.1 氫的生產

氫單質化學性質活潑，不易聚集成藏，但天然氫也並非不存在。目前全球已有多地發現了天然氫的蹤跡，比如非洲馬里 Bourabougou 地區就存在多個可用於開採的天然氫氣藏。然而，天然氫氣藏勘探開發難度大、經濟性不足且儲量稀少，若要滿足當前的用氫需求，還得依靠其他能源的轉化，這其中既包括煤炭、天然氣等化石能源，也包括可再生能源和生物質能。除了來源廣泛以外，氫的生產方式也十分多元。圖 5-1 展示了氫的主要生產方式。首先，熱化學方法是當前使用得最廣泛的

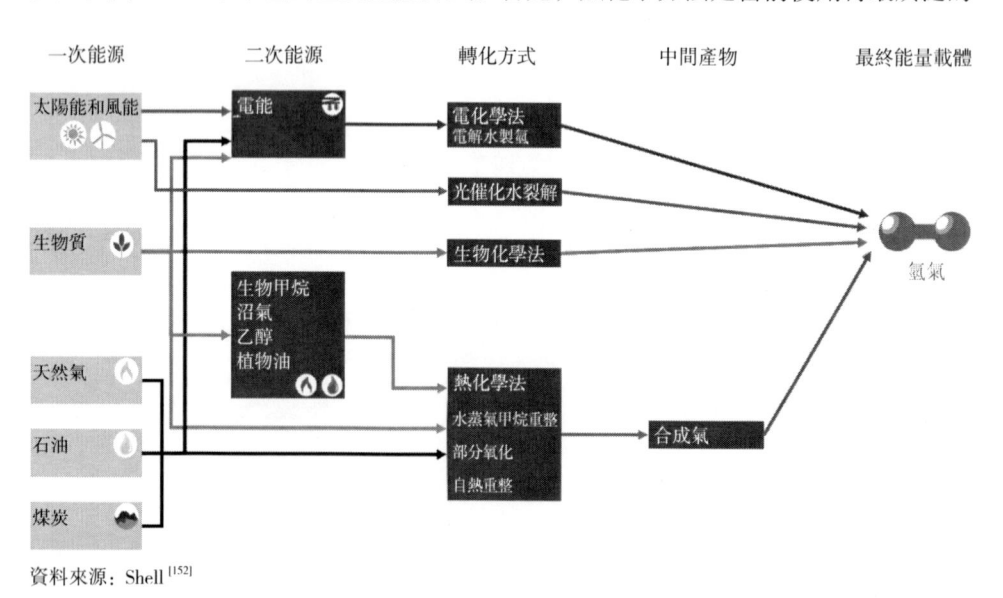

資料來源：Shell [152]

圖 5-1 一次能源製氫方式

生產技術，比如煤氣化製氫、水蒸氣甲烷重整、部分氧化和自熱重整等。電化學方法主要指的是電解水製氫技術，即在外部電源驅動下，電解槽裡發生電化學反應將水分解為氫氣和氧氣的過程。生物化學法指的是利用微藻的光合作用、厭氧菌的發酵等生物代謝過程來製取氫氣的途徑。除了利用一次能源製氫之外，氯鹼、煉焦、輕烴利用等領域在生產過程中也會副產大量氫氣（簡稱工業副產氫）。從全球範圍看，主流製氫技術以熱化學反應為主，少部分由工業副產氫供應，而電解水製氫比重較低，生物化學法製氫和光催化水裂解技術還處於研發階段。

在碳排放監管日益嚴苛的趨勢下，傳統化石能源製氫和工業副產氫等主流製氫工藝面臨的環保壓力也與日俱增，製氫產業正面臨成本控制和碳減排之間的矛盾。從表 5-1 可以看出，煤氣化製氫的成本最低，但碳排放強度大；天然氣製氫在成本和碳排放強度方面相對比較平衡。工業副產氫的生產成本主要來自氫氣提純設備和輔助設施的建設和運行，成本與天然氣相當；由於氫屬於副產物，關於它的排放強度目前並沒有統一的核算標準，一種方法是將整個工藝的碳排放量按照所有產物的熱值進行分配，此方法統計出的製氫碳排放強度要顯著低於天然氣製氫。相比於以上方法，電解水製氫技術因電力來源不同，相應的製氫成本和碳排放強度存在明顯差異。利用商業電進行電解水製氫的成本最高，每生產 1kg 氫氣需要近 50 元（人民幣），是煤氣化製氫成本的 5 倍以上。此外，該方式因使用電網電力所造成的間接碳排放也是驚人的，其碳排放強度（取決於當地電網的碳排放因子❶）甚至高於煤氣化製氫技術。若在用電離峰期進行電解水製氫，雖然製氫成本能夠下降一半，但依舊導致較高強度的間接碳排放。相比之下，利用可再生能源進行電解水製氫的優勢比較明顯，既不產生二氧化碳排放，又存在較大的降低成本空間（可再生能源發電、電解槽設備等費用均有下降空間），其經濟性在未來有望達到化石能源製氫和工業副產氫的水準，而若進一步考慮碳排放的成本，可再生能源製氫路線的綜合優勢將進一步凸顯。在碳中和背景下，大力發展可再生能源製氫，增加綠氫的供應，並逐步實現對傳統灰氫的替代，已成為氫能行業發展的必然趨勢，因此，電解水製氫技術的發展至關重要。

接下來，我們將依次介紹化石能源及化工原料製氫、工業副產氫、電解水製氫以及其他製氫技術，並分析對比不同製氫技術的經濟性情況和發展趨勢。

---

❶ 碳排放因子又稱碳排放係數，用於衡量用戶購入電力所造成的二氧化碳排放。根據 IPCC，碳排放因子依據電網所在區域電力系統中所有發電廠的總淨發電量、燃料類型及燃料總消耗量進行加權平均計算得出，單位為 kgCO2/kWh。

表 5-1　中國不同製氫方式成本對比

| 製氫方式 | | 原料價格 | 製氫成本 / (元/kg) | 製氫碳排放強度 / (kgCO$_2$/kgH$_2$) |
|---|---|---|---|---|
| 化石能源製氫 | 煤氣化製氫 | 200~1000 元/t | 6.7~12.1 | >20 |
| | 天然氣製氫 | 1.0~2.2 元/Nm$^3$ | 7.5~17.5 | 9.3~12.6 |
| 工業副產氫 | | — | 10~20 | — |
| 電解水製氫 | 商業用電 | 0.3~0.8 元/kWh | 23~48 | 30~45[①] |
| | 可再生能源 | 0.2 元/kWh | ~20 | 0 |

資料來源：中國氫能聯盟[172,173]及市場調查研究
① 根據電網碳排放因子計算。

## 5.1.1　化石能源及化工原料製氫

利用化石能源或者化工原料製氫是當前最主要的氫氣生產方式，全球約八成的氫氣來源於該技術[174]，主要包括天然氣製氫、煤氣化製氫以及甲醇、氨等化工原料製氫技術[152]。

1. 天然氣製氫

天然氣製氫是指以天然氣為原料，採用熱化學方法生產氫氣的技術，包含水蒸氣甲烷重整（Steam Methane Reforming，SMR）、部分氧化（Partial Oxidation，POX）、自熱重整（Autothermal Reforming，ATR）以及甲烷催化裂解（Catalytic Decomposition of Methane，CDM）等（圖 5-2）。

● 水蒸氣甲烷重整

水蒸氣甲烷重整製氫技術以水蒸氣為氧化劑，在高溫（700~900℃）、高壓（1.5~3MPa）及催化劑（一般為鎳基金屬）的環境下，將天然氣轉化為氫氣和一氧化碳。在轉化反應開始之前，原料需要先進行預處理，主要是脫硫工序，以免影響催化劑的催化效率。重整環節的主要的反應機理如以下所示：

重整反應：

$$CH_4(g)+H_2O(g) \rightarrow CO(g)+3H_2(g)$$

$$CH_4(g)+2H_2O(g) \rightarrow CO_2(g)+4H_2(g)$$

水煤氣變換反應：

$$CO(g)+H_2O(g) \rightarrow CO_2(g)+H_2(g)$$

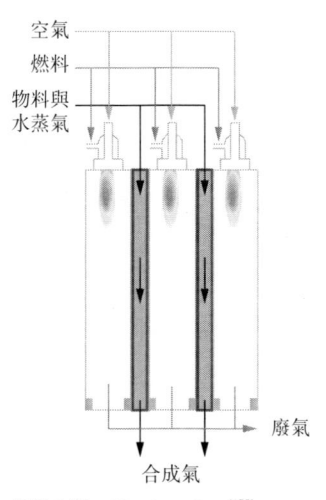

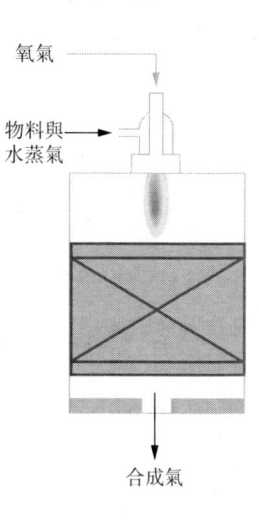

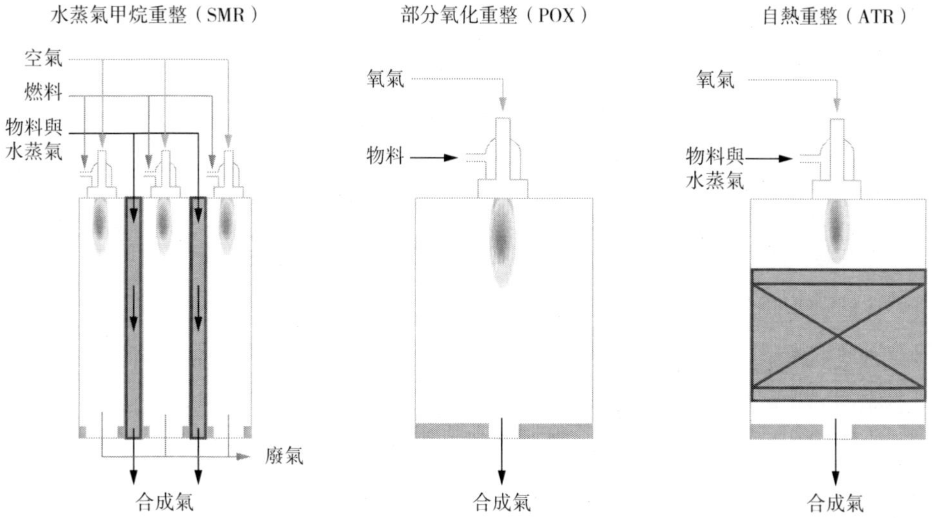

水蒸氣甲烷重整（SMR）　　部分氧化重整（POX）　　自熱重整（ATR）

資料來源：sbh4 Consulting[175]

圖 5-2　重整製氫技術

重整反應是一個吸熱的過程，反應的進行需要持續供熱，主要的產物以氫氣和一氧化碳為主，混合氣中還含有少量二氧化碳、水蒸氣以及殘餘碳氫化合物。隨後，一氧化碳氣體將與水蒸氣進行水煤氣變換反應，進一步生產氫氣，殘餘的一氧化碳和二氧化碳等氣體雜質將透過化學和物理方式進行處理，以提升氫氣純度。

● 部分氧化

部分氧化技術以氧氣作為氧化劑，最大的特點之一是不需要催化劑即可將天然氣分解為一氧化碳和氫氣，但對於溫度和壓強的要求比水蒸氣甲烷重整技術更高，溫度一般在 1250~1400℃，壓強在 4~8MPa，反應機理如下所示：

$$2CH_4(g)+O_2(g) \rightarrow 2CO(g)+4H_2(g)$$

該反應是一個放熱過程，一旦反應溫度達到最低要求時，部分氧化反應即可自發進行。通常，透過此方法產生的合成氣中的氫氣含量較低，體積濃度在 60% 左右[175]。合成氣隨後還將進行水煤氣變換反應等一系列提純工序，以提高氫氣產品純度。部分氧化方法的另一個特點是對生產原料的要求較低，可將重質碳氫化合物（如重油、煤炭）作為原料進行氫氣生產，適合小規模、低成本、生產純度要求較低的氫氣產品。

● 自熱重整

自熱重整技術兼具以上兩種製氫技術的特點，氧化劑既包含氧氣也包含水蒸氣，最大的特點在於能夠將部分氧化反應中放出的熱量重新利用，為水蒸氣甲烷重

整反應進行供熱，實現兩種反應之間的熱量平衡，不再需要依靠額外的裝置為反應供熱。該項技術依靠鎳、鉑等貴金屬作為催化劑，產生的合成氣中，氫氣濃度一般在 65% 左右，同樣需要進行後續的氫氣提純處理[175]，反應機理如下所示：

$$CH_4(g)+H_2O(g) \rightarrow CO(g)+3H_2(g)$$
$$2CH_4(g)+O_2(g) \rightarrow 2CO(g)+4H_2(g)$$

● 甲烷催化裂解

相比於重整反應，甲烷熱解製氫技術最大的優勢在於不會直接產生二氧化碳。該方法可以採用太陽能或者電加熱爐作為熱源，當甲烷氣體通入反應器後，在高溫和催化劑的作用下，將直接裂解為固態碳和氫氣，不會產生二氧化碳氣體。其中，在不同的催化劑和溫度環境下，固態碳可以是石墨，也可以成為奈米碳管等高附加值產物[176]。此種方式也被稱為「藍綠氫 (Turquoise H$_2$)」，反應機理如下所示：

$$CH_4(g) \rightarrow C(s)+2H_2(g)$$

2. 煤氣化製氫

煤氣化製氫技術指的是以煤為原料的氫氣生產技術，主要採用煤氣化工藝，可分為乾法和濕法兩種方式。下面以濕法為例，介紹煤氣化製氫的流程（見圖 5-3）。煤炭作為碳源首先經過碾磨，並與水混合後形成水煤漿，隨後送至煤氣化爐生成一氧化碳和氫氣的合成氣。合成氣經過除塵、除汞、脫硫等一系列淨化過程後，進入氣體分離裝置，將氫氣與一氧化碳進行分離。對於專門的製氫裝置而言，一氧化碳還將透過水煤氣變換反應，以進一步提升氫氣的產量。煤氣化過程主要包含以下反應：

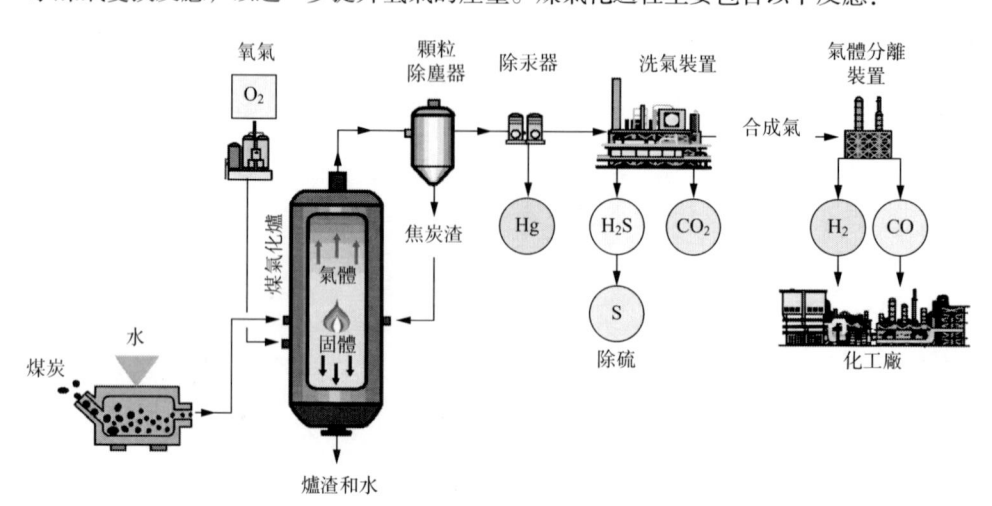

資料來源：University of Kentucky[177]

圖 5-3　煤氣化制氫流程示意圖

煤氣化反應：

$$C(s)+H_2O(g) \rightarrow CO(g)+H_2(g)$$
$$C(s)+2H_2O(g) \rightarrow CO_2(g) + 2H_2(g)$$
$$C(s)+O_2(g) \rightarrow CO_2(g)$$
$$C(s)+1/2O_2(g) \rightarrow CO(g)$$
$$C(s)+CO_2(g) \rightarrow 2CO(g)$$
$$CO(g)+H_2O(g) \rightarrow CO_2(g)+H_2(g)$$

3. 化工產品製氫

所謂化工產品製氫就是利用氨、甲醇等化工產品在高溫和催化劑的作用下分解為氫氣的技術。氨製氫技術是將氨分解為氫氣和氮氣的工藝，該反應一般要達到650℃以上才能發生（如採用鎳基催化劑）[178]，而一些含釕新型催化劑可以將氨分解的溫度降至325~525℃[179]。儘管有學術研究聲稱已研製出新型催化劑，可將氨的分解溫度降至100℃左右，但由於成本因素限制，此類方法離大規模工業化應用還存在較大距離。

甲醇製氫包括甲醇重整、甲醇部分氧化、甲醇裂解等方式，與天然氣製氫工藝的機理十分相近，其中甲醇重整製氫技術較為成熟，應用得最為廣泛。由於氨和甲醇屬於化工產品，需要透過消耗化石能源來獲取，二氧化碳排放強度高，相對於化石能源製氫並不具備經濟性和碳排放強度方面的優勢。然而，甲醇和氨易於儲存和運輸，適合在偏遠地區進行小規模氫氣生產，為不間斷電源或備用電源的燃料電池供應氫氣。

## 5.1.2 工業副產氫

工業副產氫的來源主要包括氯鹼化工、煉焦工藝、輕烴利用（丙烷脫氫、乙烷裂解）等行業[159]。由於副產氫氣的成分複雜，通常需要加裝氫氣提純裝置進行回收處理，其中氫氣提純方法包括膜分離、低溫分離、變壓吸附（Pressure Swing Absorption，PSA）、金屬氫化物法、催化脫氧法、分子篩等。在實際生產中，這些提純技術通常根據副產氫中的雜質含量、組分以及產品純度要求進行組合使用。中國作為化工大國，工業副產氫的潛在產能十分可觀，根據《中國氫能產業發展報告 2020》的統計，中國工業副產氫的供應潛力可達每年 4.5Mt[159]，約為中國現有氫氣產量的 13.6%。

## 1. 氯鹼化工

氯鹼化工的主要產品是氫氧化鈉（燒鹼），一般透過隔膜電解裝置對飽和氯化鈉溶液進行電解而獲取，具體的反應過程如圖 5-4 所示。氯化鈉溶液進入電解槽後，在通電狀況下，陽極發生氧化反應產生氯氣，陰極發生還原反應產生氫氣，水從陰極側進入形成氫氧化鈉溶液。

陽極反應：

$$2Cl^- \rightarrow Cl_2(g) + 2e^-$$

陰極反應：

$$2H_2O(l) + 2e^- \rightarrow H_2(g) + 2OH^-$$

總反應：

$$2Cl^- + 2H_2O(l) \rightarrow 2OH^- + H_2(g) + Cl_2(g)$$

相比於其他副產氫工藝，氯鹼化工的隔膜電解裝置生產出的氫氣純度高，可以達到 99.99% 及以上。由於氯鹼化工企業的產能比較分散，單套裝置的氫氣產量不高，因此絕大多數的副產氫被當作廢氣進行燃燒處置或直接排空，導致中國每年約有超過 300kt 的氯鹼工業副產氫未能得到有效利用[159]。

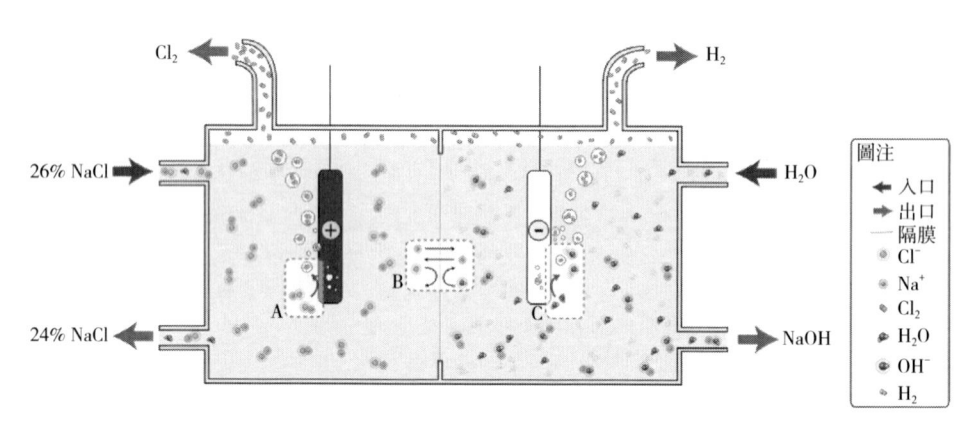

資料來源：Chemistry LibreTexts[180]

圖 5-4　傳統隔膜電解法製燒鹼

## 2. 煉焦工業

煉焦工業中的主要產品為焦炭，通常作為燃料和還原劑在煉鋼領域廣泛應用。焦炭的生產過程一般包含洗煤、配煤、煉焦和產品處理等工序。在煉焦環節，將煤炭裝入煉焦爐的碳化室，在隔絕空氣的情況下進行高溫乾餾使大部分轉化為焦炭。煤焦化的過程還將產生焦爐煤氣，其中包含氫氣、甲烷、一氧化碳、二氧化碳等氣體，有

55%~60% 為氫氣。約一半的焦爐煤氣會作為燃料為煉焦爐供熱，少部分用於合成氨和甲醇生產，而超過三分之一的焦爐煤氣會作為廢氣進行燃燒處置或無害化處理後排空。根據中國煉焦工業的產能測算，理論上全年煉焦工業副產氫的產量約在 2.7Mt[181]。

3. 輕烴利用

乙烷和丙烷透過在高溫裂解爐中發生脫氫反應可以生產乙烯和丙烯，並同時產生氫氣、甲烷等副產物。由於脫氫反應是大分子化合物裂解成為小分子的吸熱過程，需要外部提供熱源並保持環境溫度在 500~1100℃，其反應溫度取決於催化劑的使用[181]。從裂解爐產生的混合氣體將透過變壓吸附技術進行選擇性回收。

● 丙烷脫氫製丙烯

丙烷脫氫製丙烯裝置對於丙烷原料的純度要求很高，一般採用溼性油田伴生氣中高純度低硫丙烷作為原料。由於中國的丙烷一般為煉油副產品，雜質含量高、純度較低，難以滿足脫氫裝置的要求，因此通常需要進口中東地區高純度液化丙烷進行脫氫生產。丙烷脫氫後的粗氫純度可達 99.8%，經過變壓吸附提純後可達 99.999%，能夠滿足一般燃料電池的使用要求。中國丙烷脫氫製丙烯專案規模龐大，截至 2021 年底共投產 19 個專案，合計丙烯產能已突破 10Mt/a，相應副產氫產能潛力接近 500kt/a[159]。

丙烷脫氫製丙烯反應：

$$C_3H_8(g) \rightarrow C_3H_6(g)+H_2(g)$$

● 乙烷裂解製乙烯

乙烷裂解製乙烯裝置具有乙烯收率高、流程短、成本低、能源消耗低、汙染小等特點。由於中國乙烷長期面臨產能不足的問題，加上乙烷裂解製乙烯具有較高的技術門檻，導致中國乙烷裂解製乙烯專案數量比較少。相比於丙烷脫氫技術，乙烷裂解製乙烯技術的粗氫純度相對較低，一般在 95% 左右，但經過變壓吸附提純後可達到燃料電池的使用標準[159]。截至 2021 年底，中國共有 6 套乙烷裂解製乙烯（含混合烷烴裂解）裝置，乙烯產能達到 4.9Mt/a，相應副產氫產能潛力約為 350kt/a。

乙烷裂解製乙烯反應：

$$C_2H_6(g) \rightarrow C_2H_4(g)+H_2(g)$$

### 5.1.3 電解水製氫

電解水製氫技術從發明至今已有 200 多年的歷史。當電解槽通入直流電時，水

分子在電極上將發生電化學反應，分解成氫氣和氧氣，這種方式生產出的氣體純度較高，可直接用於燃料電池。根據電解質的不同，主要有鹼性電解（Alkaline Electrolysis Cell，ALKEC）、質子交換膜電解（Proton Exchange Membrane Electrolysis Cell，PEMEC）及固體氧化物電解（Solid Oxide Electrolysis Cell，SOEC）三種電解水製氫技術（見圖 5-5）[182]。電解水製氫的總反應式為：

$$2H_2O(l) \rightarrow 2H_2(g) + O_2(g)$$

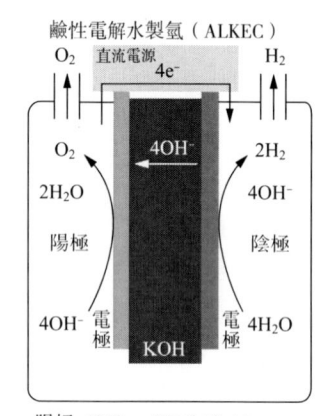

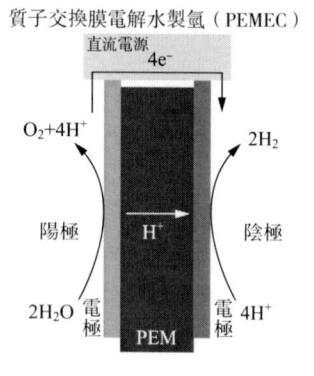

**鹼性電解水製氫（ALKEC）**
陽極 $4OH^- \rightarrow 2H_2O + O_2 + 4e^-$
陰極 $4H_2O + 4e^- \rightarrow 2H_2 + 4OH^-$

**質子交換膜電解水製氫（PEMEC）**
陽極 $2H_2O \rightarrow O_2 + 4H^+ + 4e^-$
陰極 $4H^+ + 4e^- \rightarrow 2H_2$

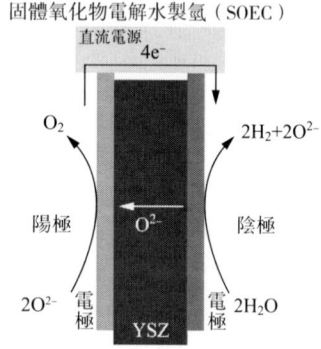

**固體氧化物電解水製氫（SOEC）**
陽極 $2O^{2-} \rightarrow O_2 + 4e^-$
陰極 $2H_2O + 4e^- \rightarrow 2H_2 + 2O^{2-}$

資料來源：IRENA [183]

圖 5-5　電解水製氫技術原理

### 1. 鹼性電解水製氫

ALKEC 製氫技術是目前應用最為廣泛、發展最為成熟的電解水製氫技術。電解槽中的電解質採用的是鹼性氫氧化鉀（KOH）溶液，承擔著帶電離子的傳導功能。在通電狀態下，鹼性電解槽中的陰極發生還原反應，產生氫氣和 $OH^-$ 離子；$OH^-$ 離子透過隔膜遷移至陽極產生水和氧氣。電解槽的隔膜產生分離氣體的作用，一般由石棉布製成，而電極主要由鎳基合金組成，如 Ni-Mo 合金等。鹼性電解槽的運行溫度通常在 70~80℃，工作電流密度較低，一般不超過 $0.4A/cm^2$，電解效率在 60%~75%，氫氣純度約為 99.9%，低於其他兩種技術，通常需要進行脫鹼霧處理。受隔膜的效能限制，鹼性電解槽的運行氣壓一般低於 3.0MPa，後續還需進行增壓以便於氫氣的儲存和運輸。

早在 20 世紀中期，ALKEC 製氫技術就實現了工業化應用，設備的運行壽命在 60000~90000h，可穩定運行 10 年以上，而最新技術據稱可將電解槽壽命提升至 30 年 [183]。然而，ALKEC 製氫技術也有其缺陷。首先是運維難度大，電解槽中的

鹼性溶液通常會與空氣中的二氧化碳發生反應，形成的碳酸鹽（如 $K_2CO_3$）對電解質的導電效能影響較大。並且鹼性液體對於設備的腐蝕程度較高，需要對電解槽及相關設備定期進行檢修維護，成本高昂。其次是電流密度低、單體產能有限。在陽極和陰極分別產生的氧氣和氫氣容易溶解在電解液中，這要求電解槽的電流密度和壓強必須保持在較低水準，以免兩種氣體透過隔膜混合後發生爆炸，從而限制了鹼性電解槽的產能提升空間。另外，鹼性電解槽的啟動準備時間長，負荷響應慢，需要穩定的電力供應才能保障設備穩定運行，導致 ALKEC 製氫技術難以與波動性較強的可再生能源進行有效耦合。

2. 質子交換膜電解水製氫

PEMEC 製氫設備主要由質子交換膜、陰陽極催化層、氣體擴散層、陰陽極端板等構成。其中擴散層、催化層與質子交換膜組成的膜電極是整個水電解槽物質傳輸以及電化學反應的主場所，直接影響電解槽的整體效能和壽命。與 ALKEC 製氫技術不同，在 PEMEC 製氫的過程中，水分子在陽極發生氧化反應，產生質子（$H^+$）、電子和氧氣，$H^+$ 透過質子交換膜遷移至陰極發生還原反應，生成氫氣。質子交換膜作為 PEMEC 製氫設備的核心部件，具有傳導質子（$H^+$）、阻隔氫氣和氧氣以及支援催化劑的作用。膜材料按照含氟量可分為全氟磺酸膜、部分氟化聚合物膜、新型非氟聚合物膜和複合膜等。目前，全氟磺酸膜（PFSA）的應用最為廣泛，這主要源於其優良的化學穩定性、熱穩定性和機械強度，一張 0.2mm 厚度的膜可以承受 7MPa 的工作氣壓[183]。由於質子交換膜極佳的材料效能，PEMEC 製氫技術的工作電流密度可以達到 $2A/cm^2$，比鹼性電解水製氫高出一個數量級，設備的製氫效率最高可達 90%，氫氣的純度也可達到 99.99% 以上。此外 PEMEC 製氫技術的動態響應速度更快，能適應可再生能源發電的波動性特點，被認為是極具發展前景的製氫技術。

儘管如此，PEMEC 製氫也並非沒有缺點，目前最主要的劣勢是製造成本高昂，這成為限制其商業化、規模化應用的主要因素。首先是質子交換膜的成本高昂，並且產能有限，全球超過 90% 的製膜原材料來源於美國杜邦、德國巴斯夫和日本旭化成等公司。中國東嶽氫能和江蘇科潤等企業雖已具備質子交換膜的生產能力，但是核心原材料全氟磺酸樹脂基本全部依賴進口。此外，陰極和陽極上用於析氫、析氧反應的催化劑絕大多數採用銥和鉑等貴金屬，進一步抬高了 PEMEC 製氫設備的製造成本。另外還有陽極擴散層採用的鈦纖維氈價格也十分昂貴，甚至高於鉑金屬催化劑的價格。除了製造成本居高不下之外，PEMEC 製氫的另外一個缺點是對水中的雜質極為敏感，鐵、銅、鉻、鈉等金屬元素均能對設備的效能產生顯著影響，

因此必須在對水進行較為嚴格的純化處理後才能進行氫氣生產。

### 3. 固體氧化物電解水製氫

SOEC 製氫技術屬於新型電解水製氫技術，利用氧化釔穩定氧化鋯陶瓷（YSZ）作為電解質，將電解槽的陰極與陽極隔開。水分子在陰極上發生還原反應產生氫氣和 $O^{2-}$；$O^{2-}$ 在外部電位梯度的作用下透過固體氧化物電解質遷移至陽極發生氧化反應，失去電子生成氧氣。SOEC 電解槽的陰極和陽極一般分別採用鎳/氧化鋯多孔金屬陶瓷和鈣鈦礦氧化物材料製成，不包含貴金屬元素，因此成本相對低廉[182]。

與其他兩種電解水製氫技術相比，SOEC 電解製氫的主要優勢在於電解效率高，能夠達到 85% 以上。此外，SOEC 設備在技術上可以實現電解水製氫和燃料電池兩種模式之間的切換[183]。然而，該技術的缺點也十分明顯，比如啟動時間長，一般需要 1h 以上的預熱過程。設備運行溫度也明顯高於其他技術，通常在 650℃ 以上，對設備所處環境的防火要求更高，一般僅適合在大規模固定式的場景中應用。另外，SOEC 電解槽的運行壽命較短，電極長時間暴露在高溫環境下，易導致催化反應的穩定性下降，加速製氫效率的衰減。總體上看，該技術還處於技術驗證和示範專案建設階段。

### 4. 電解水製氫技術對比

三種電解槽的效能對比如表 5-2 所示。ALKEC 製氫技術已經比較成熟，正在步入規模化發展階段。此外，ALKEC 製氫設備已完全實現國產化，單位成本在 2000 元/kW 左右，MW 級的商業製氫專案已比較普遍，100MW 級的製氫專案也已進入規劃建設階段。PEMEC 製氫技術受質子交換膜材料和貴金屬等因素限制，設備比較昂貴，一般在 5000~10000 元/kW 不等。相比於 ALKEC 電解槽，PEMEC 單槽製氫規模還比較小，一般在 MW 級規模，國外的商業化進展速度比較快，如歐盟 H2Future 氫能旗艦專案——林茨 6MW 電解製氫示範工程已於 2020 年底投入試營運，其他更大規模的專案處於規劃和建設階段。中國在 PEMEC 製氫技術方面正在加速追趕，大連化學物理研究所自主研發的 MW 級 PEMEC 製氫系統已於 2022 年交付國網安徽省電力公司投運，中國石化石油化工科學院合作開發的 MW 級 PEMEC 製氫系統於 2022 年 12 月在燕山石化投產。SOEC 製氫技術尚處於技術研發和小規模商業示範階段，國外一些公司已具備批量生產商業化設備的能力，如丹麥托普索公司（Topsoe）計劃批量生產高效率 SOEC 裝置，綜合效率高達 90% 以上。中國在 SOEC 領域尚處於技術研發階段，短期內還無法實現 SOEC 設備的完全國產化，相關專案的商業營運條件還不成熟。

表 5-2　鹼性、質子交換膜和固體氧化物電解槽效能對比

| 電解池類型 | 鹼性電解槽 | 質子交換膜電解槽 | 固體氧化物電解槽 |
| --- | --- | --- | --- |
| 電解質 | 氫氧化鉀溶液 | 全氟磺酸質子交換膜（如杜邦公司 Nafion 系列膜） | 氧化釔穩定氧化鋯陶瓷（YSZ） |
| 工作溫度 /°C | 60~80 | 50~80 | 650~1000 |
| 電解效率 /% | 60~75 | 70~90 | ≥ 85 |
| 氣體壓力 /MPa | <3.0 | <20 | <2.5 |
| 製氫能源消耗[①] / (kWh/Nm$^3$) | 4.5~5.5 | 4.0~5.5 | ≤ 3.5 |
| 電流密度 / (A/cm$^2$) | 0.2~0.4 | 0.6~2.0 | 0.3~2.0 |
| 電堆壽命 /h | 60000~90000 | 20000~60000 | ~10000 |
| 氫氣純度 /% | ~99.95 | ≥ 99.99 | ≥ 99.99 |
| 技術成熟度 | 商業化 | 國外已商業化，中國處於中間試驗階段 | 國外處於商業化初期，中國處於技術研發階段 |
| 電解槽成本 / (元 /kW) | 2000~3000（中國國產） | 5000~10000（進口） | >10000（進口） |
| 動態響應能力 | 秒級 | 毫秒級 | 秒級 |
| 冷啟動時間 /min | ~60 | <20 | ~60 |
| 電源質量要求 | 穩定電源 | 穩定或波動電源 | 穩定電源 |
| 特點 | 技術成熟，成本低，易於規模化應用，但設備占地面積大，耗電量高，需要穩定電源 | 占地面積小，間歇性電源適應性高，與可再生能源結合度高，但設備成本較高，依賴鉑系貴金屬作催化劑 | 高溫電解耗能低，不依賴貴金屬催化劑；可實現雙向操作，用作燃料電池。但電極材料穩定性較差，需要額外加熱 |

資料來源：[159,183-187]
①基於高位熱值計算（HHV）。

隨著綠氫需求的增加，可再生能源製氫成為重點發展方向，這要求電解水製氫技術能夠具有較強的實時響應效能，可與波動性較強的可再生能源進行高效耦合。根據表 5-2 的資訊可以看出，PEMEC 無論在動態響應速度還是在冷啟動時間上均明顯優於 ALKEC 和 SOEC 技術，因此十分適合與可再生能源進行耦合製氫。儘管如此，PEMEC 技術的高昂成本也使得人們需要在技術先進性和經濟性兩方面進行

權衡，這為 ALKEC 技術升級改進提供了一定的發展空間。根據 BENF 的預測（見圖 5-6），ALKEC 在未來 30 年裡將始終保持對 PEMEC 的成本優勢，預計在 2030 年最低降至 880 元/kW，2050 年降至 630 元/kW。而 PEMEC 只有在最樂觀的情景❶下，在 2050 年前後才能達到 ALKEC 的水準（約 700 元/kW）。這意味著，如果 ALKEC 能夠在動態響應速度、冷啟動時間、高電流密度以及加壓非石棉隔膜材料方面取得突破，其相對於 PEMEC 技術的市場競爭優勢將更加凸顯。

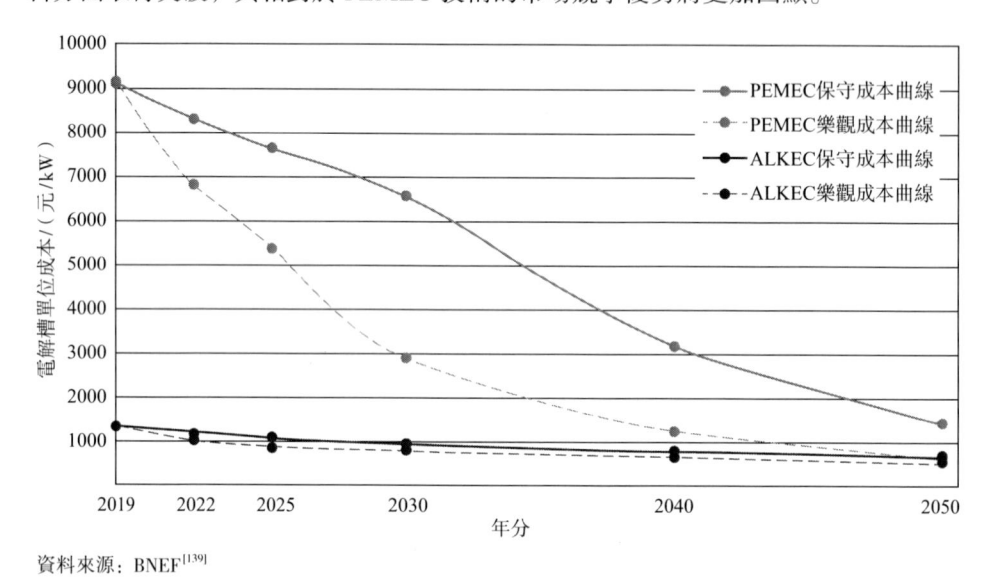

資料來源：BNEF[139]

圖 5-6　PEMEC 及 ALKEC 電解槽成本預測

## 5.1.4　其他製氫技術

除上述幾種較為成熟的製氫技術外，還有一些新興技術正在快速發展，例如太陽能製氫技術。太陽能製氫技術被認為是最環保、最有發展潛力的新型製氫技術之一，其技術路線包括光電催化製氫和粉末光催化製氫[188]。

光電催化製氫

光電催化製氫技術是利用光電效應產生電位差，並結合電解水製氫技術生產氫氣。圖 5-7 展示的是西班牙天然氣公司 Enagas 正在推動的光電催化製氫技術示

---

❶ BNEF 的預測按照保守和樂觀兩種情景進行預測，情景之間的區別在於電解槽的市場容量、技術學習率的差異。學習曲線展現的是產品製造成本與累計產量之間的變化關係。對於新技術而言，累計產量的變化所帶來的降低成本速率較快，因此學習率更高，而成熟產品的技術趨於穩定，因此學習率更低，產品製造成本隨產量成長的降幅更小。學習率指產品產量每增加一倍時成本下降的比例，如學習率為 20% 時，電解槽產量增加一倍，其成本會降低 20%。

意圖[189]。該技術將高效能交指式背接觸（Interdigitated Back Contact，IBC）太陽電池和ALKEC技術整合在一起，組成光電催化單元。當太陽光照射至裝置的陰極時，光子轉化為電子，使得水在陰極發生還原反應生成氫氣和$OH^-$離子；$OH^-$離子透過隔膜遷移至陽極發生氧化反應，生成氧氣和水。據稱該技術的製氫效率能夠達到約20%，可以連續運行3000h，每平方公尺組件的氫氣產能為$100Nm^3/h$，氫氣純度可以達到99.995%。

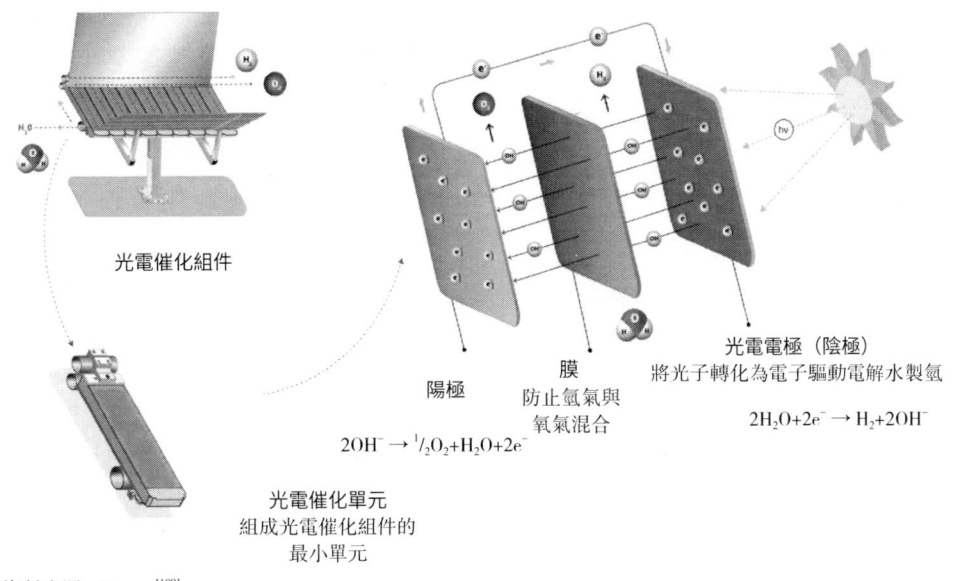

光電催化組件

陽極
$2OH^- \rightarrow 1/2 O_2 + H_2O + 2e^-$

膜
防止氫氣與氧氣混合

光電電極（陰極）
將光子轉化為電子驅動電解水製氫
$2H_2O + 2e^- \rightarrow H_2 + 2OH^-$

光電催化單元
組成光電催化組件的最小單元

資料來源：Enagas[189]

圖 5-7　光電催化製氫機理

### 粉末光催化製氫

粉末光催化製氫的流程一般是利用光熱器將水蒸發為氣態，隨後導入粉末光催化劑中在光照環境下發生催化反應，從而分解為氫氣。2021年11月，日本東京大學研究團隊透過《自然》雜誌刊載了粉末光催化製氫技術的最新進展，宣布成功利用摻鋁鈦酸鍶光催化劑在表面積為$100m^2$的實驗設備上生產出高純度氫氣，並穩定運行數月之久。儘管當前粉末光催化製氫的整體效率僅為1%左右，但該技術具有布局緊湊、設備簡單、成本低廉的特點，可透過研發高效率可見光響應光催化劑、改進光催化劑面板反應器設計等方式實現降低成本，具備大規模、低成本製氫的發展潛力[190]。

## 5.1.5 不同製氫技術的成本對比

從年產量來看，以天然氣為原料的水蒸氣甲烷重整製氫技術是目前全球最主要的製氫方式，其產能主要集中在美國和歐洲等地。該技術的製氫成本主要受天然氣價格波動影響，以天然氣價格（以下為人民幣）1~2.2 元 /Nm³ 計算，對應的製氫成本為 7.5~17.5 元 /kg，其中原料成本占比高達 70%~90%。中國基於「富煤」的資源稟賦，主要採用煤氣化製氫技術，產量比重超過 50%。煤氣化製氫具有明顯的成本優勢，當煤價為 200~1000 元 /t 時，對應的製氫成本為 6.7~12.1 元 /kg，單從成本上看屬於當前最經濟的製氫方式。但是，煤氣化製氫的最大問題是碳排放強度大，每生產 1kg 氫氣的二氧化碳排放量超過 20kg，位居化石能源製氫 $CO_2$ 排放強度之首。倘若將碳排放成本（如碳排放權交易價格或碳稅等費用）納入製氫成本考慮，煤氣化製氫技術的成本競爭力將被削減。工業副產氫的成本主要分為製氫和提純兩個部分，製氫綜合生產成本一般在 10~20 元 /kg，碳排放強度較化石能源製氫方式更低，兼具成本和碳排放強度優勢。

電解水製氫受電解槽成本和電力價格影響，目前經濟性不強，利用市電電解水製氫的成本大約在 50 元 /kg，且造成的間接碳排放量大，在經濟性和碳排放強度方面無法與傳統化石能源製氫和工業副產氫技術相比。而若採用可再生能源製氫，在度電價格達到 0.2 元 /kWh 及以下時，製氫成本可降至 20 元 /kg，初步具備一定的市場競爭條件。隨著全國碳排放權交易市場的逐步完善和可再生能源的規模化發展，可再生能源製氫的發展潛力被廣泛看好，根據中國氫能聯盟預測，中國電解水製氫產量比重在 2030 年或達到 20% 左右，綠氫產能達到 1Mt/a 規模以上[173]。

我們結合可再生能源均化度電成本發展趨勢和電解槽的成本預測走勢（見圖 5-6）對可再生能源製氫的未來成本進行了估算（見圖 5-8）。在現階段，煤氣化製氫技術和天然氣製氫技術在成本上占據絕對優勢，電解水製氫成本整體不具備競爭力。其中，陸上可再生能源專案結合 ALKEC 技術的製氫成本在當前約為 20 元 /kg，而海上風電製氫因平臺面積限制，更適合採用集成度更高的 PEMEC 技術，導致製氫成本高於其他可再生能源製氫專案。隨著可再生能源發電成本持續降低和電解槽的技術進步，預計到 2030 年前後，陸上風電製氫率先抵達煤氣化製氫的成本區間上緣（約 12 元 /kg）。

在可再生能源製氫技術中，太陽能製氫技術雖然在發電成本上具有明顯優勢，但全年可利用小時數不足 2000h，導致製氫設備利用率不足，因此短期內製氫成本

競爭力不如風電專案。而從長期看，太陽能發電成本的下降空間依然很大，從而可以彌補設備利用率不足的劣勢，促進製氫成本進一步下降。總體來看，可再生能源製氫成本競爭力將在 2030 年前後開始顯現，到 2050 年前後能夠實現平價供應。若在考慮碳排放成本的情況下，可再生能源製氫的成本競爭力將會提前展現，這取決於未來碳價和 CCUS 技術的成本走勢。

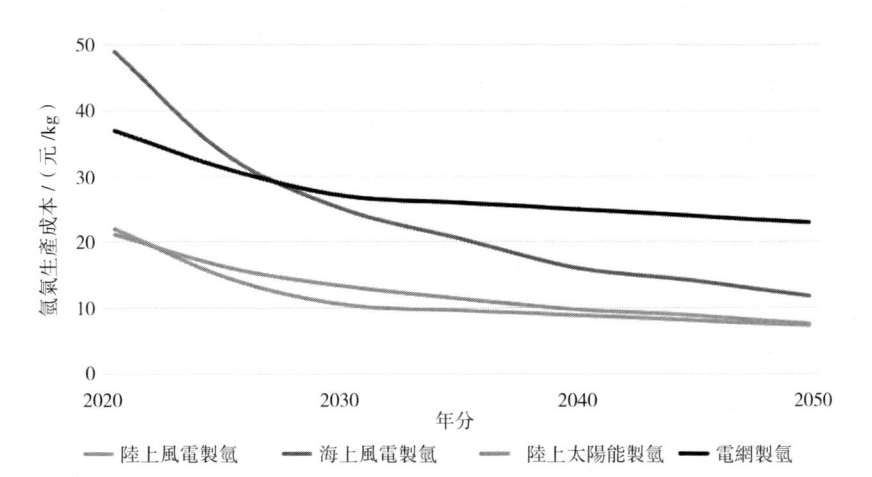

圖 5-8　2020—2050 年不同製氫技術的氫氣生產成本對比預測
註：假設陸上風電、陸上太陽能和電網製氫採用 ALKEC 技術，海上風電製氫採用 PEMEC 技術。

IRENA 根據全球自然能源資源分布情況，結合可再生能源發電及電解水製氫技術發展趨勢，預測了 2050 年全球各地綠氫生產成本低於 1.5 美元 /kg 的理論技術可開發量（見圖 5-9）。從圖中可以看出，撒哈拉以南的非洲地區和中東地區得益於豐富的太陽能和風能資源將有可能成為綠氫的主要生產地。相比之下，東南亞、東北亞和歐洲等地因可再生能源儲量和資源稟賦不足，或面臨綠

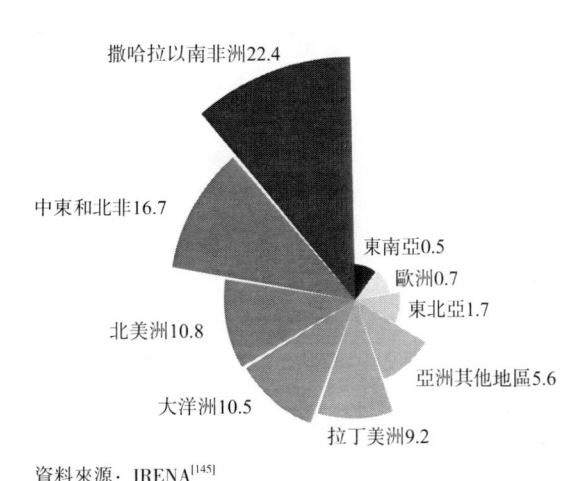

圖 5-9　2050 年綠氫生產成本低於 1.5 美元 /kg 的技術可開發量（Gt/a）的全球分布情況

氫產能有限或成本高昂的局面，因此將依靠綠氫進口以滿足當地的氫能消費需求。

## 5.2 氫的儲運

液態氫的沸點為 –252.9℃，接近絕對零度（–273.15℃），液化難度極大且過程能源消耗十分驚人。此外，氫氣分子極小，在加壓環境下容易發生逃逸，且易與空氣混合發生燃燒事故。這些原因使氫氣的儲存和運輸成為行業的難題，也阻礙了氫能在民用領域規模化應用的步伐。

### 5.2.1 儲氫技術

氫能儲存技術按照氫或氫載體的物理狀態可分為氣態儲氫、液態儲氫和固態儲氫三大類。其中，高壓氣態儲氫技術最為成熟，目前已廣泛應用在工業領域，但儲氫密度低（<5wt.%，即 1kg 儲氫材料中所儲存的氫氣質量不超過 0.05kg），僅適合小規模的氫氣儲存。液態儲氫技術又可進一步分為低溫液態儲氫和液態有機氫載體（Liquid Organic Hydrogen Carrier，LOHC）儲氫兩種。低溫液態儲氫技術主要應用在航太領域，由於液化和運輸過程中都伴隨氫的揮發損耗，能源消耗最大，成本高昂；LOHC 儲氫技術已處於商業化初期，國際上已有示範專案投運。固態儲氫尚處於技術驗證階段，在理論上具有儲氫密度高、壓力低、安全性好、釋氫純度高等特點，但普遍存在製造成本較高、工業放大困難等問題，不同儲氫技術對比如表 5-3 所示。

表 5-3　現有儲運技術對比

| 儲氫技術 | 高壓氣氫 | 管道儲/輸氫 | 低溫液氫 | 液態有機氫載體 | 固態儲氫 |
|---|---|---|---|---|---|
| 儲氫原理 | 物理/無相變 | 物理/無相變 | 物理/有相變 | 化學/有機物 | 化學/金屬氫化物；物理/MOFs |
| 儲氫壓力 /MPa | 20~70 | 1~4 | 0.1~0.6 | 常壓 | 0.1~4 |
| 儲氫溫度 /℃ | 常溫 | 常溫 | -253 | 常溫 | 常溫 |
| 體積儲氫密度 /(kg/m³) | 13.9~38.4 | 0.9~4.3 | 70.85 | 40~45 | 35~80 |

續表

| 儲氫技術 | 高壓氣氫 | 管道儲/輸氫 | 低溫液氫 | 液態有機氫載體 | 固態儲氫 |
|---|---|---|---|---|---|
| 質量儲氫密度/wt.% | 1.5~2.5（鋼瓶）11~16（複合材料） | ~2.5 | ~5.7 | ~6.0 | 2.0~18 |
| 儲氫能源消耗/(kWh/kg) | ~2.0 | < 1.0 | ~10 | 放熱 | 放熱 |
| 脫氫溫度/°C | — | — | — | 180~350 | 25~350 |
| 卸氫能源消耗/(kWh/kg) | <1.0 | <1.0 | <1.0 | ~10 | ~11 |

資料來源：[144,173,191-193]

1. 高壓氣態儲氫

高壓氣態儲氫技術難度低、投資成本低、充放氫氣速度快，在常溫下就可以進行儲氫操作，因此是現階段氫氣的主要儲存形式，技術的發展也相對比較成熟。目前，高壓儲氫瓶已從Ⅰ型發展到Ⅳ型，具體參數如表 5-4 所示。Ⅰ型瓶和Ⅱ型瓶的工作壓力相對較小，技術難度低，成本低廉，主要作為固定式儲氫裝置在工業領域廣泛應用。隨著燃料電池汽車的推廣，移動式高壓氣體儲氫技術得以發展，擁有更小體積、更大容量、質量更輕的Ⅲ型和Ⅳ型瓶相繼研發成功，並實現了商業化應用。這兩種高壓儲氫瓶均使用纖維纏繞技術，而前者採用金屬內膽，後者採用塑膠內膽，壓力技術等級均可達到 70MPa。相比之下，在相同儲氫容量和工作壓力下，Ⅳ型瓶的重量更小，重容比更低，因此質量儲氫密度更高。另外，採用Ⅳ型瓶的複合塑膠內膽（一般為高密度聚乙烯材料）具有抗氫脆效能強、循環次數高、材料延伸率高、

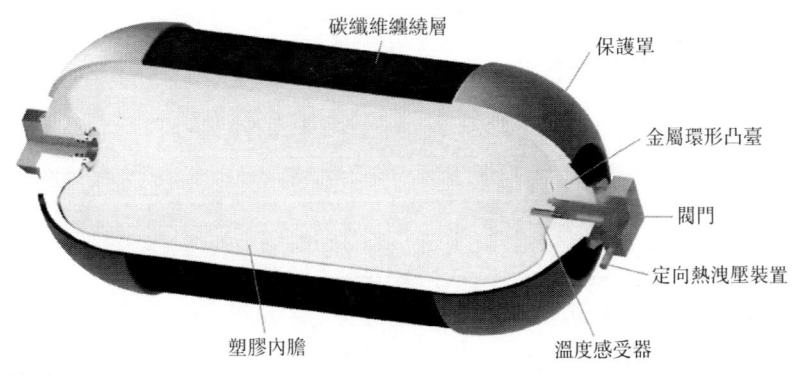

資料來源：ecs-composite

圖 5-10　車用塑膠內膽碳纖維全纏繞儲氫瓶（Ⅳ型瓶）

抗衝擊韌性和斷裂韌性強等優勢，是高端燃料電池汽車的首選（見圖 5-10）。不過，Ⅳ型瓶的價格十分高昂，5kg 儲氫容量的Ⅳ型瓶的售價一般在 3000 美元左右，高出同類Ⅲ型瓶 30%~50%。由於製造技術難度高、原材料產量少，Ⅳ型瓶的生產長期被挪威、日本和法國等國家壟斷。對比來看，中國的高端車載儲氫瓶技術相對落後，目前重點聚焦Ⅲ型瓶的國產化替代，主流產品的壓力等級為 35MPa，多數應用在城市公交和物流車輛等空間相對寬裕的車輛上，而 70MPa 高壓車載儲氫瓶尚未實現大規模量產[172,194]。

除了上述技術以外，高壓氣態儲氫技術還可以進一步應用到大規模儲氫領域，主要方式是利用地下鹽穴和枯竭油氣藏進行儲氫[193]。已開發國家利用以上方式已實現了對天然氣的大規模儲存，比如德國已有超過 170 個地下鹽穴用於儲存天然氣，而英國和美國也在擴大地下鹽穴的儲氣規模。一般來講，一個典型的地下鹽穴的儲氣量為 $70 \times 10^4 m^3$，可承受 20MPa 的儲氣壓力[195]，整體規模十分可觀。目前，歐洲國家已經開始地下儲氫示範專案建設，而中國也正在啟動地下儲氫的地質勘查和技術驗證。

全球範圍看，高壓氣態儲氫技術在工業領域已得到了廣泛應用，而車載高等級壓力儲氫技術也已進入商業化推廣階段，存在較大的降低成本空間和市場潛力。此類技術適合小規模的儲氫需求，同時也存在一些缺點。比如儲氫容器的強度和耐壓效能一般要求較高，耐壓容器在儲存氫氣時也容易發生氫脆腐蝕現象❶，存在洩漏和爆炸等風險。此外，氫氣需要經過壓縮才可儲存，這意味著儲氫過程將消耗能源，且能源消耗隨著壓力的增大而快速上升。

表 5-4　不同儲氫瓶比較

|  | Ⅰ型 | Ⅱ型 | Ⅲ型 | Ⅳ型 |
| --- | --- | --- | --- | --- |
| 工作壓力 /MPa | 17.5~20.0 | 26.3~30.0 | 30.0~70.0 | 30.0~70.0 |
| 體積儲氫密度 (kg/m³) | 13.9~15.7 | 20.0~22.2 | 22.2~38.4 | 22.2~38.4 |
| 使用壽命 /a | 15 | 15 | 15~20 | 15~20 |
| 材料 | 純鋼製金屬 | 鋼製內膽纖維纏繞 | 鋁內膽纖維纏繞 | 塑膠內膽纖維纏繞 |

---

❶ 氫脆腐蝕：鋼暴露在高壓氫氣環境中，氫原子在設備表面或滲入鋼內部與不穩定的碳化物發生反應生成甲烷，使鋼脫碳，機械強度受到永久性的破壞。在鋼內部生成的甲烷無法外溢而聚集在鋼內部形成巨大的局部壓力，從而發展為嚴重的鼓包開裂。

續表

|  | I型 | II型 | III型 | IV型 |
| --- | --- | --- | --- | --- |
| 介質相容性 | 有氫脆腐蝕 | 有氫脆腐蝕 | 有氫脆腐蝕 | 無氫脆腐蝕 |
| 重容比（kg/L） | 1.2~1.5 | 0.7~1.4 | 0.3~0.5 | 0.2~0.3 |
| 成本 | 低 | 中 | 高 | 高 |
| 技術進展 | 中國和國外技術成熟 | 中國和國外技術成熟 | 國外技術成熟；中國技術基本成熟，已實現國產化 | 國外技術成熟；中國初步具備量產水準，未完全實現國產化 |

資料來源：北京市氫燃料電池發動機工程技術研究中心及公開資訊整理

### 2. 液態儲氫

由於氫氣密度極小，在相同體積下，氫所攜帶的能量低於天然氣，且遠低於汽油、柴油等液態化石燃料。氫若要作為能源使用，則必須提升單位體積的能量密度以減小能源儲存的空間。如同液化天然氣，將氫氣轉為液態進行儲存是人們最容易想到的辦法。不過，液氫的沸點在 −252.9℃，接近絕對零度；相比之下，液化天然氣的沸點則要高得多，當天然氣被壓縮、冷卻至 −161.5℃時即可完成液化。沸點溫度越低意味著液化能源消耗越高、技術難度更大。從全球範圍看，氫氣液化技術僅掌握在少數幾個國家的手中，液化設備投資規模十分龐大，且液化過程中的能源消耗占被液化氫氣自身能量的 40% 左右，這意味著 1kg 氫氣如果用自身能量進行液化，則液化後的氫氣僅剩約 0.6kg。高耗能和高成本因素使得低溫液態儲氫技術的應用長期集中在資本密集型和技術密集型的航太領域，難以向民用領域推廣。不過，在氫能發展熱潮下，美國、日本、德國的部分加氫站已採用低溫液態儲氫技術，並拓展該技術在交通加注領域的應用。日本川崎重工已於 2021 年交付了全球首艘低溫液氫運輸船舶，計劃從澳洲進口液氫並運至日本，德國和荷蘭也正在加速液氫船舶的研製工作[196]。相比之下，中國在液氫生產和儲存方面發展速度較慢，在民用領域的應用案例較少。液氫長時間無損儲存需要解決正仲氫轉化和液氫儲罐絕熱保溫等難題，中國在此方面還面臨技術「卡脖子」的難題[197]。此外，民用推廣還需要使液氫的生產和儲運的成本達到市場可接受的水準，而現階段高昂的成本也是阻礙低溫液氫技術在中國推廣的主要因素之一。不過，像中國航天科技集團六院 101 所、中科富海、鴻達興業等企業正開展液態儲氫技術的研發投入及技術示範，已陸續規劃和新建了液氫生產與液氫加注站專案，推動中國低溫液氫產業實現商業化發展。

LOHC 技術是利用有機物（如環己烷、甲基環己烷等）與氫氣進行可逆的加氫和脫氫反應（屬於化學反應），從而實現在常溫、常壓下的氫氣儲存，且載體可以循環使用。LOHC 的單位體積儲氫密度約為高壓氣態儲氫技術的 2 倍以上，可達到低溫液態儲氫技術的 60% 左右（40~65kg/m$^3$）。這項技術最大的缺點在於脫氫操作較為煩瑣，通常需要鉑族金屬作為催化劑（包括銠、鈀和鉑），並同時提供高溫環境（180~350℃）。而儲氫環節雖然屬於放熱過程，但為了增加儲氫速率，在操作時也需要在一定壓強（1~5MPa）和溫度（130~200℃）下進行，這不僅抬高了儲氫成本，同時也加大了技術操作難度[193]。儘管如此，LOHC 相對於低溫液態儲氫而言技術難度更小、成本更低且商業化的潛力廣闊，因此是各國爭相推動的重點方向。日本千代田公司在 2022 年已率先完成了世界首個遠洋 LOHC 氫氣儲運示範。該專案以甲基環己烷作為儲氫載體，在汶萊完成儲氫並裝載至遠洋船舶上，隨後運抵日本並成功完成脫氫操作。中國在該技術的研發方面與國際先進水準差距不大，正在開展小規模示範專案建設營運。

3. 固態儲氫

固態儲氫技術根據儲氫載體的材料不同可以分為金屬氫化物、碳基儲氫、絡合物儲氫等，透過化學吸附或物理吸附的方式實現氫氣的儲存。當需要釋放氫氣時，可透過水解、加熱或催化等方式使固態儲氫材料釋放氫氣，具有儲氫密度高、壓力低、安全性好、釋氫純度高、運輸方便等優勢。

化學吸附主要是透過金屬氫化物儲氫技術實現。該技術利用金屬氫化物材料（如鹼金屬鋁氫化物包括 $LiAlH_4$、$NaAlH_4$ 等）與氫氣進行化學反應，從而生成較為穩定的化合物，其中 $LiAlH_4$ 在室溫下的理論質量儲氫密度可達 10.5wt.%，即 1kg 材料儲存氫氣量為 0.105kg，約為 LOHC 儲氫密度的 2 倍[198]。這類儲氫方式具有安全性高、汙染小、材料製備技術成熟等特點，相比於高壓氣態儲氫方式而言，避免了由於儲氫罐壓力過高所帶來的安全隱患，是相對安全的儲氫方式。但是該技術也存在缺點，比如需要在較高溫度和催化劑作用下進行操作、吸氫和釋氫速度慢、材料循環效能差等。

物理吸附大多依靠無機、有機或複合多孔材料實現氫氣儲存，如奈米碳材料和金屬有機框架（Metal-organic Frameworks，MOFs）等。這些材料具有孔隙率高、比表面積大、安全性好等特點，其中碳基多孔材料如石墨烯的理論質量儲氫密度最高可達 15wt.%，即 1kg 材料儲存氫氣量為 0.15kg[176]。但是，此類材料也面臨一些問題，比如材料製造成本高、技術難度大、儲氫時需要高壓和低溫環境、實際操作

難度較高等，僅適用於實驗室小批量製備，還不滿足工業化應用的要求[195]。

整體上看，固體儲氫材料的研究和發展為氫氣的儲運開拓了新的思路，但近年對固體儲氫材料的研究仍處於探索和實驗階段，固態儲氫材料的規模化生產以及循環利用面臨挑戰，科學上對不同材料的儲氫機理和最優儲氫條件研究不足。從應用層面看，該技術尚需解決吸放氫速率低、副反應難以控制、循環效能較差、價格高等問題，目前主要在軍事或特殊領域應用，如德國 HDW 公司開發的 TiFe 系固態儲氫系統已用於燃料電池 AIP 潛艇❶ 中。相比於其他儲氫技術而言，固態儲氫技術要想實現大規模商業化推廣，還有很長一段路要走。

### 5.2.2　運氫技術

和儲氫技術一樣，氫的運輸按照氫或氫載體的物理狀態可分為氣態、液態和固態三種方式。

1. 氣態運輸

● 高壓長管拖車

長管拖車目前是氫氣的主要運輸方式，技術最為成熟。中國的長管拖車的壓強標準為 20MPa，單車運氫量為 300kg；國際上則通常採用 45MPa 纖維全纏繞高壓氫瓶長管拖車，單車的運氣量可以提升至 700kg[173]。高壓長管拖車輸氫方式的充放氫速率快、能源消耗低、成本相對低廉，但單車的運氫量較小，營運的經濟性對運輸距離比較敏感，一般僅適合半徑小於 300km 的氫氣運輸。

● 高壓氣態輸氫管道

管道輸氫是遠距離、大規模氫氣輸運最為經濟和高效的方式。國外管道輸氫技術相對較為成熟，全球氫氣管道總里程約為 4600km，其中絕大部分集中在美國和歐洲兩地。相比之下，中國輸氫管道里程雖然較短，僅為 400km 左右，但高壓輸氫技術和管道營運經驗與已開發國家相差不大，典型管道專案包含濟源—洛陽（25km）和巴陵—長嶺（42km）兩條運行壓力為 4MPa 的純氫運輸管道。此外，中國正規劃建設河北定州—高碑店的氫氣運輸管線，工程全長 164.7km，管徑為 508mm，設計年最大輸氫量為 100kt，是中國首條達到燃料電池用氫等級的純氫運輸管線；同時，中國石化全長超 400km「西氫東送」輸氫管道示範工程，已被納

---

❶ AIP(Air Independent Propulsion) 潛艇，指的是不依賴空氣供能的潛艇。特點是潛伏時間更長，隱蔽性較普通常規潛艇更優秀。

入石油天然氣「全國一張網」建設實施方案，建成後將成為中國首條跨省區、大規模、長距離的純氫輸送管道。

由於管道輸氫成本受利用率的影響較大，單位運輸成本隨著利用率的升高而逐漸降低，當利用率提升到40%以上時，輸氫成本將得到明顯改善，所以管道輸運適合於下游用戶穩定、用量大且距離長的幹線運輸。表5-5對比了中國典型能源輸送通道的情況，相比於特高壓輸電線路和天然氣管線，中國專用輸氫管道的長度普遍較小，這反映出當前氫氣的消費具有明顯的區域化特徵。從單位工程造價上看，輸氫管線最低，約為$450 \times 10^4 \sim 650 \times 10^4$元/km。不過，管道輸氣的投資還取決於管徑大小、壓力等級、徵地費用及通貨膨脹等因素。隨著大管徑、長距離、高壓力的輸氫管道啟動建設，輸氫方式是否會繼續延續其經濟性優勢，還需要工程實踐來檢驗。

表5-5 中國輸電、輸氣及輸氫管道典型專案彙總

| 線路 | 參數 | 起點 | 終點 | 距離(km) | 輸送能力 | 總投資($10^8$元) | 單位投資($10^4$元/km) | 線損 |
|---|---|---|---|---|---|---|---|---|
| 酒泉湖南特高壓 | ±800kV 直流 | 酒泉 | 湖南 | 2383 | 40 TWh/a | 262.00 | 1099.50 | 6.5% |
| 寧東紹興特高壓 | ±800kV 直流 | 寧夏 | 紹興 | 1720 | 50 TWh/a | 237.00 | 1377.90 | 6.5% |
| 西氣東輸二線 | 天然氣管線 12MPa/直徑 1219mm | 霍爾果斯 | 廣州 | 4859 | $300 \times 10^8$ Nm$^3$/a | 1420.00 | 2922.40 | 0.2% |
| 濟源—洛陽輸氫管線 | 輸氫管線 4MPa/直徑 508mm | 濟源 | 洛陽 | 25 | 100.4 kt/a | 1.54 | 616.00 | — |
| 巴陵—長嶺輸氫管線 | 輸氫管線 4MPa/直徑 457mm | 巴陵 | 長嶺 | 42 | 44.2 kt/a | 1.96 | 466.67 | — |

資料來源：[199]及公開資料

管道輸氫方式也存在一些技術難題。正如高壓氣態儲氫裡所介紹的，金屬輸氫管道容易發生氫脆現象，對管道材料的延展性、斷裂韌性、裂紋擴展速度等機械效能產生明顯影響，特別是在高壓工作環境下，氫氣將使管道的疲勞裂紋加速擴展，

產生安全隱患[200,201]。因此，國際上的工程經驗提出了採用軟鋼管道輸送高壓氫氣、採用聚乙烯管道輸送低壓氫氣的思路，但總體上依然面臨一些新問題，未來新型管材的革新將是管道輸氫大規模應用的重要突破方向之一[202,203]。

除了建設專用輸氫管道以外，行業內正在嘗試在傳統天然氣管道中摻混一定比例的氫氣，使其與天然氣混合運輸。根據工程實踐的結果看，當天然氣混入氫氣的體積比重小於10%時，天然氣管道系統無須改造即可安全穩定運行。中國國家電投集團已於2021年在遼寧省朝陽市完成了民用天然氣管線的摻氫運輸實驗，將10%的氫氣混入天然氣管道進行運輸，並成功地在民用終端安全運行了1年。不過，中國在天然氣管道設計、建設與運行標準規範方面仍不健全，與已開發國家的標準還有較大差距，在現階段推廣天然氣管道摻氫技術還面臨諸多安全隱患。相比之下，已開發國家在摻氫管輸方面更加「激進」，英國、比利時、德國等國家均已啟動了天然氣摻氫規劃，其中英國已提出了「英國氫網路計劃（Britain's Hydrogen Network Plan）」，擬在2030年前將紐卡斯爾市附近的威爾明頓鎮建設成世界首個氫能小鎮，並改造當地天然氣管網，將摻氫比例提升至20%及以上。

2. 液態運輸

液態運氫最大的優勢在於單車的運輸量大，可達高壓氣態長管拖車運氫量的10倍以上，十分適合大批量、遠距離的運輸任務。液氫運輸根據氫的物理化學狀態可分為低溫液氫和LOHC運氫兩大類；根據運載工具的不同，可以分為槽罐卡車、槽罐貨運列車、專用駁船和液氫管道等。

無論採用哪種方式，液氫運氫中加氫和脫氫過程的技術難度大且能源消耗高，專用設備的固定投資高。低溫液氫運輸首先需要把氫氣液化至 $-253℃$，目前僅有法國液空、德國林德、美國普萊克斯等公司掌握商業化的先進氫氣液化技術，而中國僅有航天科技集團等少數企業掌握氫液化系統的設計和製造技術，但商業化進展不及歐美國家。LOHC運氫也面臨同樣的問題。儘管該項技術不需要將氫氣進行降溫液化，但需要依靠外部設備進行加氫和脫氫操作，反應條件要求較高，比如常用的甲基環己烷需要加熱至 $230\sim400℃$ 並在脫氫催化劑的作用下才能實現脫氫。鑑於此，液態運氫方式僅在長距離、大規模的運輸情況下才能體現經濟性優勢。

3. 固態運輸

理論上，氫以固態方式運輸可以實現更大的運量，是理想的運氫方式。一般而言，固態運氫車輛的單車載氫規模可達20t以上，是高壓氣體運氫車輛的數十倍。目前，固態運氫技術主要受固態儲氫技術成熟度的影響，還處於理論研究和技術驗

證階段。

### 4. 運氫技術對比

運氫的經濟性與能源消耗、運量和距離相關，主流運氫方式的成本與距離變化情況如圖 5-11 所示。長管拖車（高壓氣態運氫）是中國最普遍的運氫方式，技術上已十分成熟，在 300km 以內的短距離運輸方面具有成本競爭力。當超出 300km 後，長管拖車的成本將明顯上升。一方面是人員、油耗、車輛保養費、保險費等將隨著距離的擴大而增加，另一方面是長距離運氫需要多輛運氫車循環運行，以保障終端供氫的連續性，綜合起來將大幅抬升運氫成本。

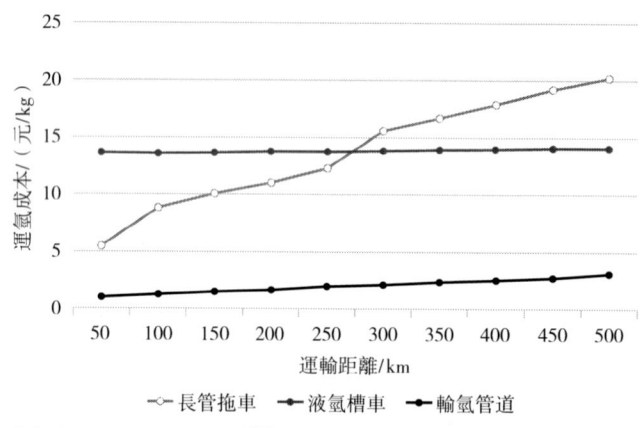

資料來源：李星國（2022）[191]

圖 5-11 中國氫氣長管拖車、高壓氣態輸氫管道及液氫槽車運氫成本與運輸距離的關係

管道輸氫則受下游終端需求的影響較大，只有當下游用戶的用氫規模大、用量穩定的時候且管道利用率高時，才會體現經濟性優勢。此外，輸氫管道的固定投資成本高，專案所需資金規模大，還涉及用地審批等一系列問題，需要政府統一規劃並提供相應配套政策支持，專案建設難度高、建設週期比較長。

低溫液氫槽罐車的運輸費用對距離的變化敏感性不如長管拖車，這主要是由於在液氫運輸成本結構中，液化設備的固定投資成本和能源消耗成本所占比重高，而這部分僅與載氫量有關，與運輸距離無關。相比之下，受距離影響較大的人員、油耗、保險費等在運氫成本結構的占比小，因此低溫液態槽罐車的運輸成本對於距離變化敏感性低，當運輸距離超過 300km 時，比長管拖車更具成本優勢。LOHC 運氫方式大致與低溫液氫運輸類似，對運輸距離敏感度低，適合長距離的運輸需求。

## 5.3　氫的加注

加注環節是氫作為能源使用的重要端口，對於氫能在交通領域的推廣至關重要。根據全球加氫站數據網站 H2stations 發布的統計資料顯示，2021 年，全球總共新建投運 142 座加氫站。其中，亞洲持續領跑加氫站建設，新增數量達到 89 座，占全球新增總數的 63%。在累計保有量方面，截至 2021 年年底，全球共有 685 座加氫站投入營運，分布在 33 個國家，其中亞洲保有量最高，達到 363 座，日本、中國和韓國分別建有 159 座、105 座❶和 95 座專用加氫站（見圖 5-12）[204]。

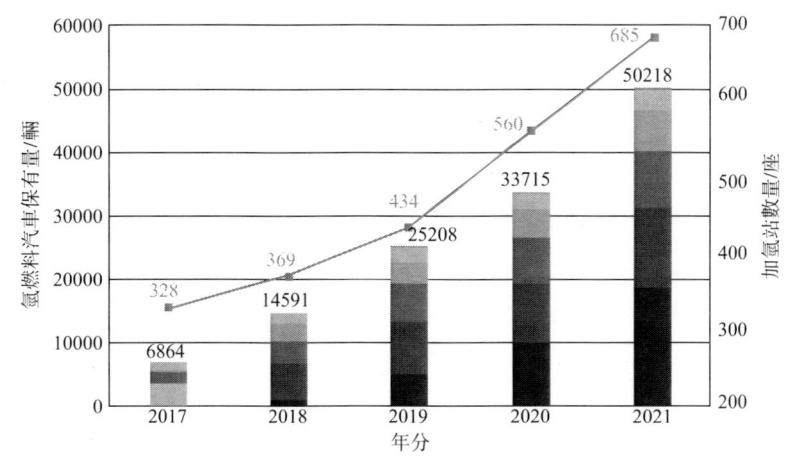

圖 5-12　全球主要國家氫燃料電池汽車和加氫站保有量

資料來源：H2Stations、IEA、香橙會研究院 [204,205]

當前，全球加氫站的數量增速不及預期，一方面是由於氫燃料電池汽車銷量成長緩慢，另一方面是由於加氫站的建設成本高昂、售氫價格昂貴。以中國的一座 35MPa、日加注能力 1000kg 的加氫站為例，其固定投資成本為 1200 萬~2000 萬元（不含土地成本），主要包含設備採購和建設費用。與加油站相比，加氫站的投資成本較高，主要是因為氫氣壓縮機、加氫槍、高壓儲氫罐等主要設備國產化率較低、價格高昂。圖 5-13 顯示的是當前中國加氫站和終端售氫成本的構成。可以看出，國產化率較低的氫氣壓縮機、加氫機和儲氫罐分別占加氫站固定投資成本的 32%、14% 和 11%，合計占比超過 50%。加氫站的終端售氫價格一般在 50~70 元 /kg（不

---

❶ 根據中國國家能源局的統計資料顯示，截至 2022 年 4 月，中國加氫站（包含具有加氫功能的混合站）已累計建成超過 250 座，占全球加氫站總量的比重接近 40%。

含補貼），價格十分昂貴。從終端售氫的成本來看，其主要包括購氫費用、設備折舊、設備運行及人工成本等。其中，氫氣採購成本所占比重最高，達到50%。其次是氫氣運輸成本（包含可變成本和固定成本），占比達20%。

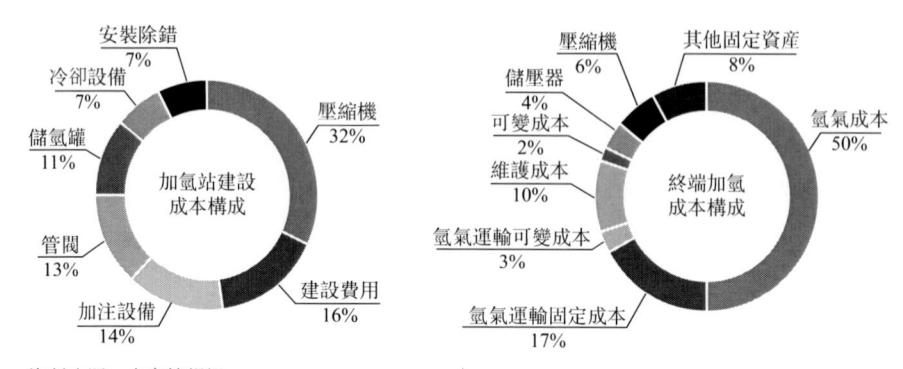

加氫站建設成本構成：
- 壓縮機 32%
- 建設費用 16%
- 加注設備 14%
- 管閥 13%
- 儲氫罐 11%
- 冷卻設備 7%
- 安裝除錯 7%

終端加氫成本構成：
- 氫氣成本 50%
- 氫氣運輸固定成本 17%
- 維護成本 10%
- 其他固定資產 8%
- 壓縮機 6%
- 儲壓器 4%
- 氫氣運輸可變成本 3%
- 可變成本 2%

資料來源：中商情報網

圖 5-13　加氫站建設成本（不含土地費用）及終端加氫成本構成

由此可以看出，氫能在目前還屬於能源「奢侈品」，價格昂貴且基礎設施發展不完善，亟需政府的政策和財政支持，以及行業的技術創新和產業協同。近年來，中國加氫站建設進程正在加快，頒布的《氫能產業發展中長期規劃（2021—2035年）》已明確提出，統籌布局建設加氫站，有序推進加氫網路體系建設，支持依法依規利用現有加油加氣站的場地設施改擴建加氫站，探索站內製氫、儲氫和加氫一體化的加氫站等新模式。除了宏觀規劃以外，各地政府也正在積極制定相關落實舉措，優化審批流程，針對加氫站頒布專門的財政補貼和稅收優惠政策，推動加氫網路加快成型。

第六章 海洋氫能

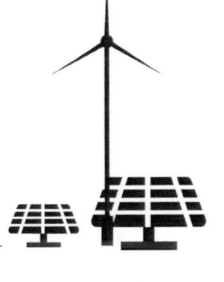

在碳中和時代背景下，綠色低碳成為氫能發展關鍵詞。各國一方面推動 CCUS 技術在傳統化石能源製氫領域的應用，穩步發展藍氫❶產業，另一方面大力推動可再生能源電力與電解水製氫技術的耦合開發，積極培育綠氫產業，為清潔氫的大規模生產和供應提供全方位的支持。從未來趨勢看，擺脫對化石能源的依賴、大力發展可再生能源製氫是實現碳中和願景的關鍵路徑，這一點已在各國的氫能發展策略中展現得淋漓盡致。

然而，電解水製氫技術依然面臨成本居高不下的現實難題。目前，全球電解水製氫專案的裝機量不足 1GW，年產氫量僅為 500kt 左右，占全球氫氣生產總量的比重幾乎可以忽略不計[174]。就已投產的電解水製氫專案來看，多數專案選址在水力發電設施周邊，利用價格相對低廉的水電進行電解水製氫[145]。在水利設施附近的土地一般比較肥沃，農業比較發達，化肥需求量旺盛。化肥的生產離不開高純度氫氣作為生產原料，這帶動了周圍製氫產業的發展。即使電解水製氫的成本較高，但就近生產、就地吸收和利用的模式大幅減少了儲運成本，降低了氫的終端售價，給予了電解水製氫產業一定的發展空間。不過，這種區域性供需匹配的場景受地域因素限制較大，很難大規模推廣，導致電解水製氫產業一直維持在較小的規模。

隨著風電、太陽能等非水可再生能源發電技術加速降低成本，其度電成本已經接近甚至低於傳統的水力發電技術，這為電解水製氫行業帶來了新的發展方向。根據 BNEF 的統計資料，截至 2021 年一季度，全球在建及已規劃的公開電解水製氫專案已累計達到 32GW。其中，海上風電製氫的規模比重達到了 53%，而陸上太陽能和陸上風電製氫的規模比重合計僅占 17%[206]。這意味著，可再生能源製氫產業正在「向海而生」，海洋氫能的概念正在世界範圍興起。

## 6.1 海洋氫能發展現狀

可能會有人產生這樣的疑問，陸上風電和陸上太陽能的發電成本已大幅低於海

---

❶ 藍氫一般是指在天然氣製氫工藝中加裝二氧化碳捕捉設施，從而減少天然氣製氫的二氧化碳排放量，可使天然氣製氫的碳排放強度降低 80% 以上。

上風電專案，但為什麼海上風電製氫專案的規劃容量卻遙遙領先呢？雖然陸上可再生能源的發電成本低，但專案大多選址在偏遠地帶，比如中國的「三北」地區❶。這些地方可再生能源資源稟賦好、地廣人稀，適合建設 GW 級以上的大規模可再生能源基地。但由於當地經濟水準相對落後，工業門類不如沿海地區齊全，氫的需求量較低，面臨區域性的供需錯配問題。因此，偏遠區域生產出的氫還需要經過輸氫管道或者陸路運輸方式送至氫需求量大且經濟較為發達的地方，使得氫的終端售價大幅增加，嚴重削弱了陸上可再生能源製氫的低成本優勢。

相比而言，海上風電製氫與水力發電製氫在產業發展模式上有著相同的特點，均是基於氫的區域性消費特徵以實現氫的供需匹配。首先，海上風電專案規模大，海上風力發電機組單機容量已經攀升至 10MW 以上，GW 級規模的大型海上風電專案的數量正在快速成長；此外，海上風力資源豐富而且相對穩定，使得海上風電專案的年可利用小時數明顯高於陸上專案，一方面為電解水製氫提供了充足的電力，另一方面也攤薄了氫的生產成本，縮小了與陸上專案的製氫成本差距。其次，電解水製氫需要消耗水資源，而海上風電專案所在區域的海水資源豐富，可利用成熟的海水淡化技術為製氫提供源源不斷的淡水原料。更重要的是，海上風電專案毗鄰沿海區域，靠近氫能的主要消費市場，這既降低了氫的儲運成本，又保障了氫的吸收和利用，增強了專案的開發經濟性[105,206]。

英國作為全球海上風電發展領軍者之一，已經開始入局海洋氫能領域。目前，英國的海上風電裝機容量僅次於中國，擁有全球單體規模最大的海上風電專案集群，其中已建成投產的霍恩西（Hornsea）一期和二期工程均超過了 GW 級別，分別達到了 1.2GW 和 1.4GW。充裕的海洋可再生能源資源儲量和海上風電生產能力使英國政府加速培育海洋氫能產業。2020 年，英國蘇格蘭地區發布了全球首份海上風電製氫報告——《蘇格蘭海上風電制綠氫的機會評估》(Scottish Offshore Wind to Green Hydrogen Opportunity Assessment)。該報告認為，海上風電的售電模式已經獲得市場的廣泛認可，而在未來的 30 年裡預計將有 240GW 的海上風電專案在英國部署，單純的售電模式已無法吸收和利用未來巨大的可再生能源產量，海上風電制綠氫將成為新的發展方向，綠氫有望成為新的能源大宗商品[207]。不僅是在英國，其他歐洲國家也開始規劃建設綠氫生產專案和氫能貿易港。其中，德國最為積極，已公開的海上風電製氫專案的規劃規模已達到 10GW，位列全球首位，荷蘭和

---

❶「三北」地區指的是中國的東北、華北北部和西北地區，包括吉林、遼寧、內蒙古、甘肅、青海和寧夏等省市或自治區。

丹麥緊隨其後，發展速度均已超過英國。

## 6.2 海上風電製氫方案

海上風電製氫是一個比較廣義的概念，一般指利用海上風場的電力為電解槽供電以生產氫氣的技術。這項技術既可以在海上直接電解製氫，也可以將電力輸送至岸上再進行氫氣生產，一般按照電解槽所處的地理位置可以劃分為岸上製氫和海上製氫兩種模式（見圖 6-1）。岸上製氫模式從技術上看比較容易實現，僅需透過海底電纜將電力引至岸上電解槽，並利用城市工業用水進行電解水製氫。比如擬在丹麥哥本哈根投運的 H2RES 海上風電製氫示範專案就是採用的這種模式。

海上製氫模式則面臨較多技術難題。首先最需要解決的問題就是如何將氫運上岸。現有的工程設計方案一般採用專用輸氫船舶或海底管道輸氫方式。其次，海上製氫模式還需要考慮電解槽及相關配套設備的安置問題。從目前公開的方案上看，

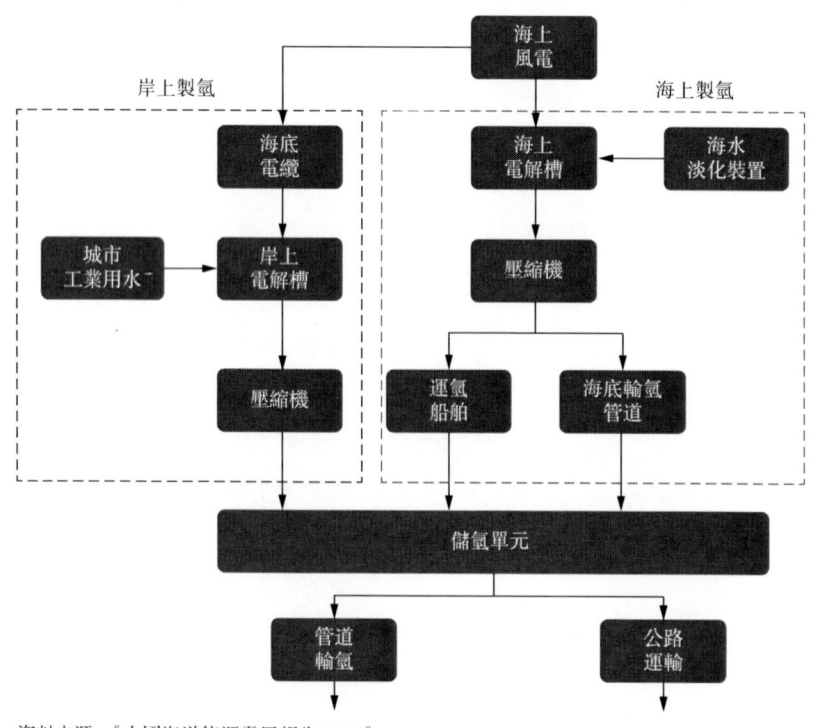

資料來源：《中國海洋能源發展報告 2021》

圖 6-1　海上風電製氫模式示意圖

一般選擇在海上風電場附近建設一處類似於海上升壓站的海上製氫站，將電解槽、壓縮機、海水淡化設備以及小型儲氫設施等集中安放於此。從電解水製氫技術路線的選擇看，歐美國家幾乎全部採用價格較為昂貴的質子交換膜電解槽，其優勢在於設備緊湊、與可再生能源適配性強且運維難度較低。相比之下，中國擬建設的海上風電製氫專案則傾向於選擇造價便宜、技術成熟、國產化率高的鹼性電解槽，儘管該技術存在一些缺點，比如設備占地面積大、運維難度高、啟停速度慢、與可再生能源適配程度差等。另外，海上製氫還需要額外安裝海水淡化裝置，一般採用工業上比較成熟的反滲透膜海水淡化設備。為了簡化製氫流程，也出現了海水無淡化原位直接電解製氫技術。該技術省去了海水淡化過程，可就地直接利用海水進行電解製氫，但也面臨一些工程難題需要解決，比如抗腐蝕電極製造、催化劑失效、析氯副反應、鈣鎂沉澱、連續長時間生產等。

有關海上風電製氫專案的具體設計方案也正在加速湧現，總體上可以分為四種類型（見圖6-2）[206]：

（1）海底電纜輸電至岸上製氫。該方案屬於典型的岸上製氫模式，目前在實際工程上比較容易實現。該模式主要用於解決海上風電的吸收和利用問題，在用電離峰期時可切換至製氫模式，以此提升海上風電專案的吸收和利用利用水準。

（2）儲氫配燃料電池尖峰負載。該方案配置電解水製氫、儲氫及燃料電池集成系統。這種設計主要有兩方面特點：一是可以解決電力吸收和利用問題。在電力上網受限（「棄風」）情況下，利用電解槽進行電解水製氫並進行儲存，在用電高峰期時，又利用燃料電池將氫轉化為電能出售給電網，從而最大限度地保障電能的利用率。二是可以改善電力輸出的波動性問題。風電和太陽能發電普遍具有明顯的間歇性和波動性特徵，電能輸出的品質遠不如傳統發電技術，屬於電網「不友好」型電源。為了改善電力輸出的穩定性，該種方式可利用燃料電池系統，將用電離峰期生產的氫現場轉化為電，優化調節海上風電的電力輸出特性，改善電能品質。

（3）海上製氫管輸上岸。此方案屬於典型的海上製氫模式，透過集電線路將各颱風機產生的電能匯集至海上製氫站並進行電解水製氫，再透過專用海底輸氫管道或者天然氣管道摻氫方式將氫輸送至陸地。此種方案替代了成本高昂的海底電纜，根據測算，當專案離岸距離較遠且規模較大時，採用此種方案可能比岸上製氫模式更具經濟性[208]。

（4）集成式風力發電機組。該方案是將電解槽內置於海上風力發電機組機艙，使得單颱風力發電機既可以正常發電也具備現場電解水製氫的功能。德國西門子歌

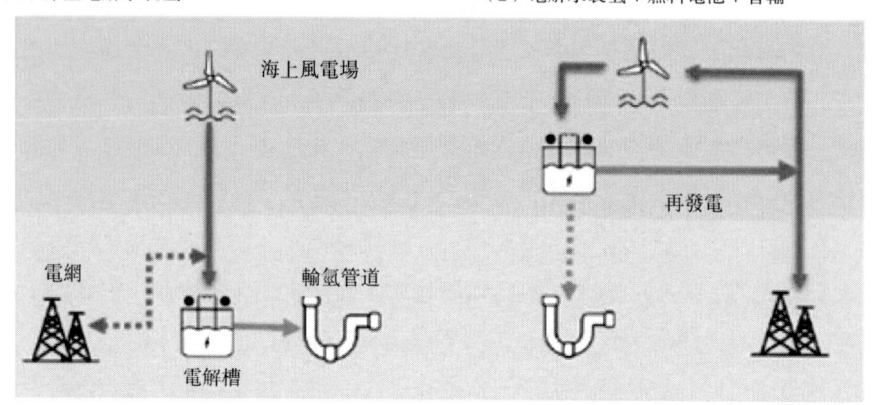

（1）岸上電解水製氫　　　　　　　（2）電解水製氫+燃料電池+管輸

（3）海上製氫站+管輸　　　　　　（4）風機集成製氫裝置+管輸

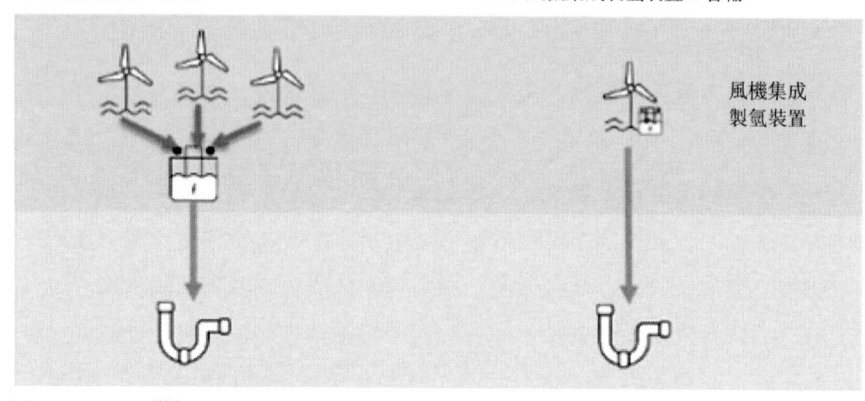

資料來源：BNEF [206]

圖 6-2　典型海上風電製氫模式

美颯計劃在其 14MW 大型風機 SG14-222 DD 上集成一套電解槽設備，並開展全尺寸樣機試驗。

## 6.3　海上風電製氫經濟性

鑑於當前海上風電製氫專案絕大部分處於概念設計和示範專案的建設階段，專案實際運行情況和經濟參數十分缺乏，有關數據主要依賴模型的推演計算。《蘇格蘭海上風電製綠氫的機會評估》報告對英國北海海域海上風電製氫三種不同場景進行了成本估算 [207]（見圖 6-3）。場景一採用了一臺 14MW 集成式海上風電機組配合船舶運氫，該模式屬於海上製氫模式，其對應的均化製氫成本（LCOH）為 6.2

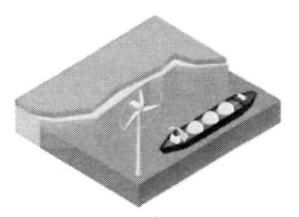

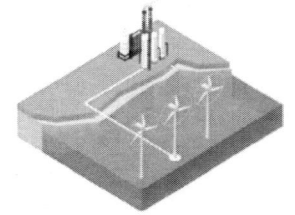

場景一：單颱風機製氫示　　場景二：商業規模海上風電　　場景三：商業規模海上風電
範專案（海上製氫模式）　　製氫專案（岸上製氫模式）　　製氫專案（海上製氫模式）

| 結果 | 單位 | 場景一 | 場景二 | 場景三 |
|---|---|---|---|---|
| 投產時間 |  | 2025 | 2028 | 2032 |
| 風場規模 | MW | 14 | 500 | 1000 |
| 氫產能 | t/d | 3 | 119 | 276 |
| LCOH | 英鎊/kg | 6.24 | 2.91 | 2.26 |

資料來源：Scottish Government[207]

圖 6-3　蘇格蘭海上風電製氫模型計算結果

英鎊/kg。場景二則是 500MW 的商業化製氫專案，採用岸上製氫模式，投產時的 LCOH 約為 2.9 英鎊/kg。場景三是 1000MW 的大型製氫專案，採用海上製氫配合專用輸氫管道的方案，投產時的 LCOH 約為 2.3 英鎊/kg。從以上的結果可以看出，若要提升海上風電製氫專案的經濟性，首先是要擴大專案規模，充分利用規模化效應的優勢。其次是延遲投產時間，等待海上風電和電解槽等設備的投資成本進一步降低。另外，該報告還指出，對於大規模、離岸距離遠的海上風電專案，更建議採用海上製氫配合專用輸氫管道的方案，其經濟性比岸上製氫更具優勢。

我們在上一章曾討論過不同製氫技術的成本現狀及未來趨勢（見圖 5-8）。其中，結合中國海上風電技術水準和沿海的風能資源稟賦（主要是可利用小時數），對中國海上風電製氫的成本趨勢進行過分析，得出了與英國情況比較相似的結論。隨著海上風電度電成本的大幅下降，預計到 2030 年前後，中國海上風電製氫的 LCOH 或達到人民幣 23 元/kg 左右，到 2040 年降至約 15 元/kg，到 2050 年達到當前煤氣化製氫的成本水準，即 10~12 元/kg，從而完全具備市場競爭力。總的來說，2030 年前後將是海上風電製氫產業高速發展的重要節點，海上風電製氫有望逐步成為綠氫的重要供給來源。

第六章　海洋氫能

## 6.4 全球海上風電製氫專案

海上風電製氫在現階段主要以理論研究和技術驗證為主，商業化的大型製氫專案尚未建成，絕大部分還處於規劃階段，並且計劃建成年分基本在 2025 年以後。歐洲在海上風電規劃規模、海上風電製氫技術研究方面領先全球，正在積極推動示範專案投產運行。

### 6.4.1 西方海上風電製氫專案

1. 荷蘭 NortH$_2$ 專案

NortH$_2$ 專案由荷蘭 Gasunie 集團、格羅寧根海港和殼牌公司聯合開發，是已公開的全球最大的海上風電製氫專案之一，預計 2030 年製氫規模將達到 4GW，到 2040 年成長至 10GW，屆時，綠氫產能有望達到 1Mt/a。圖 6-4 展示了 NortH$_2$ 的專案規劃圖，短期將採用岸上製氫模式，透過海底電纜輸電至埃姆斯哈文（Eemshaven）港口後進行氫氣生產。同時，該專案計劃升級現有天然氣管道，透過摻氫方式將氫氣輸送至終端用戶。專案還計劃在靠近荷蘭與德國邊境的地方建設一個以天然鹽穴為基礎的大型地下氫氣儲氣庫，加強氫氣的儲存和調配能力。

2. 丹麥 H2RES 專案

H2RES 由丹麥沃旭能源（Ørsted）投資建設。該專案利用哥本哈根 Avedøre Holme 港口的兩臺 3.6MW 的海上風機為港口 2MW 電解槽供應電力，進行岸上製氫。專案預計在 2023 年底投產，預計產能最高可達 1000kg/d。沃旭能源作為全球最大的海上風電開發商，已將發展海上風電製氫作為公司的策略之一，計劃以 H2RES 專案為基礎累積工程經驗，逐步擴大海上風電製氫的產業規模。

3. 英國 Dolphyn 專案

Dolphyn 專案由英國 ERM 公司帶頭設計，擬採用 10MW 漂浮式風機生產綠氫。專案的最大特點是採用漂浮式基礎平臺和高度集成的設計理念，透過將風力發電機組、電解槽、儲氫設施、海水淡化裝置、太陽能板等集成在漂浮式平臺上，最大化節約工程製造及安裝施工費用，從而降低製氫成本（見圖 6-5）。根據計劃，該專案預計在 2030 年前實現 100～300MW 的裝機規模，在 2030 年後逐漸實現 1GW 以上的裝機目標。

資料來源：NortH₂ 官網

圖 6-4　NortH₂ 海上風電製氫專案規劃圖

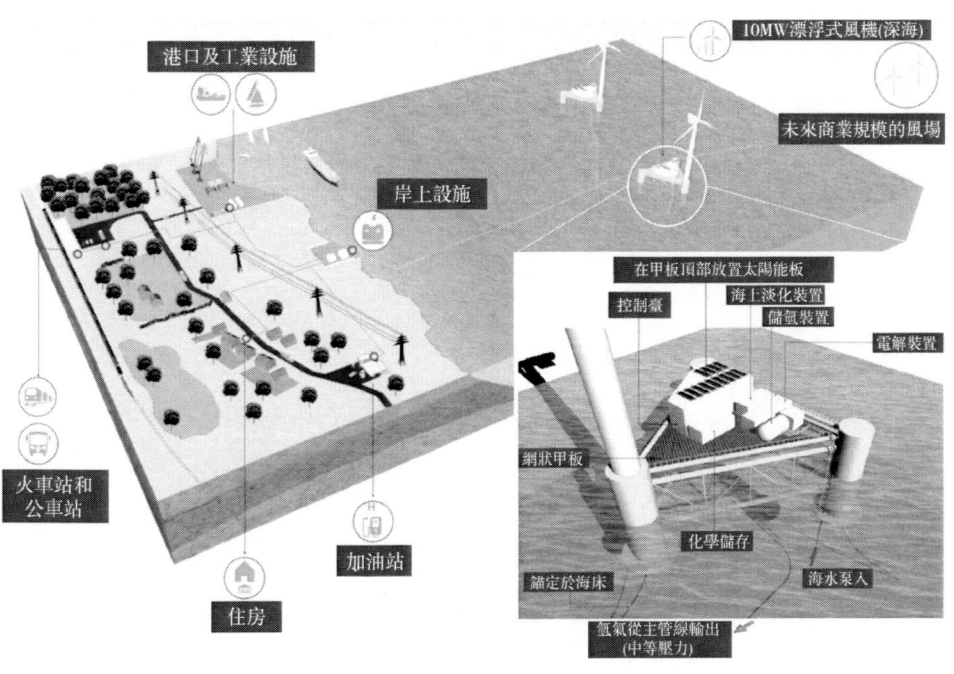

資料來源：ERM 公司官網

圖 6-5　Dolphyn 設計概念圖

第六章　海洋氫能　　163

### 6.4.2 中國海上風電製氫專案

由於中國海上風電產業相對於歐洲國家起步較晚，儘管規模已位居全球首位，但產業發展階段依然滯後。當前，中國的海上風電製氫還處在發展初期，以概念設計、技術驗證和前期研究為主，上海、廣東等地已從規劃層面開始布局海上風電製氫產業，提出開展深遠海風電製氫相關技術研究，打造深遠海風電製氫示範基地等目標。隨著中國「雙碳」目標的深入推進和氫能產業規劃的落地實施，中國海上風電製氫產業發展進程或將提速。

## 6.5 海上能源島

海上能源島的概念起源於歐洲，是海洋可再生能源特別是海上風電規模化發展過程中自然誕生的新概念。近些年，海上風電裝機規模高速成長，正從近海朝著深遠海方向發展。然而，隨著離岸距離的增加，海上風電專案的電力送出成本呈指數級上升，並且還面臨電力無法被全額吸收和利用的風險，多重因素導致深遠海專案開發難度大，在一定程度上限制了海洋可再生能源的進一步發展。為了解決以上問題，海上能源島模式應運而生。海上能源島其實就是能源中繼站，人們在自然島嶼或者人工島嶼上集中興建大型升壓站、變電站、儲能裝置、製氫設備以及Power-to-X設施等，並以此為中心集中連片規模化開發周邊的海洋可再生能源，從而減少基礎設施的重複建設，全面提升海洋可再生能源開發的經濟性[209]。圖6-6顯示的是能源島概念圖，這座島嶼集太陽能、光熱、風能、波浪能、溫差能等多種可再生能源於一體，同時設有電解水製氫、海水淡化等裝置，並建有現代化的港口，可實現對海上可再生能源和淡水的集中外輸。

丹麥作為世界上首個開發海上風電的國家，也正在引領海上能源島的建設。該國在2020年對外宣布，將利用北海和波羅的海的巨大風力資源，建設波恩霍姆島和「風島」兩個能源島（見圖6-7）[210]。波恩霍姆島位於波羅的海西南部，是一處有常住居民的自然島嶼，一期工程將在周邊建設2GW容量的海上風電專案。「風島」則是一處擬建的人工島嶼，位於北海海域，距離丹麥西部海岸約80km。該島將作為附近大型海上風電專案的能源樞紐，集中建設能源送出設施，圍繞島嶼附近的海上風電可開發潛力高達10GW。兩座島嶼預計在2030年前後完工，還將配備

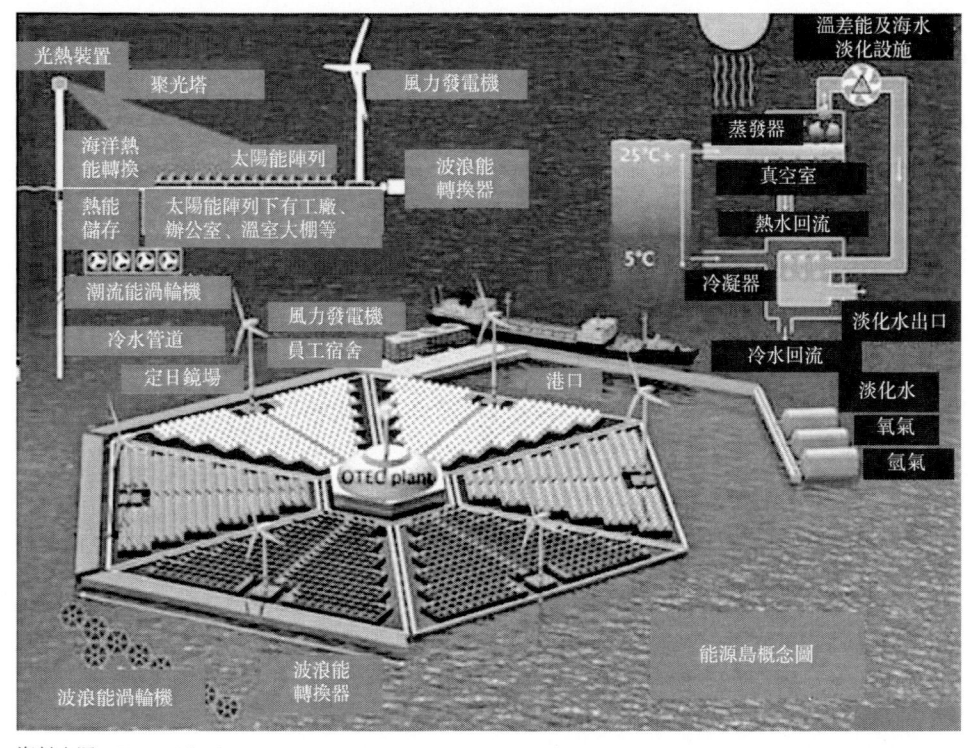

資料來源：Energy Island

圖 6-6 能源島概念圖

波恩霍姆島（Bornholm）位於波羅的海西南部，面積為 588km², 人口約為 4 萬。該島成為能源島後，海上風電裝機規模將提高至 2GW。

Vindφ（風島）人工島位於北海，距離丹麥日德蘭半島海岸約 80km，「風島」設計裝機容量為 3GW，可擴展至 10GW 規模。

資料來源：Danish Energy Agency

圖 6-7 丹麥能源島計劃

電解水製氫設備或 Power-to-X 生產設施，用於生產綠氫、綠氨或其他綠色燃料，為航運、航空、工業等行業提供綠色能源產品。

## 6.6　氫能貿易

海洋氫能生態的形成將極大地促進全球氫能貿易的發展，推動氫能成為繼 LNG 之後另一種重要的全球能源大宗商品。根據 IRENA 的報告，預計到 2050 年，全球有超過 30% 的氫需要透過跨境貿易實現[145]。截至目前，已有 30 多個國家和地區計劃開展跨境氫能貿易。其中，日本已在海外設立氫能生產基地，並建造了低溫液氫運輸船和液態有機氫載體運輸船；德國已與挪威、非洲、澳洲等簽訂氫能貿易協議。

### 6.6.1　氫能貿易市場

氫能貿易的發展離不開貿易體系的支援。在全球範圍內，氫的定價和交易體系尚未成型，但部分經濟體和國際機構已開展了一些前期工作。2020 年 10 月，荷蘭政府宣布開展氫能交易所（HyXchange）建設，啟動原產地保證制度和氫價格指數（Hydrix）體系設計，並已在荷蘭國內開展試點。同時，歐洲能源交易所（European Energy Exchange）也於同年 11 月，成立首個氫能工作組，討論氫能市場透明度、氫能指數和基準等議題，並啟動營運了首個歐盟範圍內的氫原產地保證書市場，擬增強氫產品的透明度和可追溯性。

中國也正在加速打造氫能貿易中心。近年來，上海市加速推動打造氫能貿易平臺。2022 年 8 月，上海市印發《關於支持中國（上海）自由貿易試驗區臨港新片區氫能產業高質量發展的若干政策》，提出支持中國氫能龍頭企業、碳交易專業平臺機構等在臨港新片區聯合設立統一、高效的氫能貿易平臺，並逐步探索建設全國性氫交易所。同年 9 月，上海環境能源交易所正式發布中國氫價指數體系首批「長三角氫價格指數」，旨在反映長三角氫價格及清潔氫價格的總體水準和變動趨勢。

### 6.6.2 中國氫能貿易展望

中國是氫生產和利用大國，培育氫能貿易能夠進一步促進中國氫能生態的成型。當前，中國氫貿易還主要依靠氫儲運商的銜接，價格以詢價方式產生。而在未來，集中氫貿易將有助於實現氫的商品交付與價格發現功能，充分、合理地反映氫的價值。同時，氫現貨衍生出的期貨、期權等金融衍生品，還能夠幫助生產商和用戶進行有效的風險管控。此外，構建氫能貿易和定價體系，將有利於提高中國在全球清潔低碳能源體系中的競爭力。

在海洋氫能生態的帶動下，未來中國氫能的跨區域和跨境貿易將加速發展，從而促進氫能在不同地域間的供需平衡，有利於全球氫能生態圈的形成。長期來看，隨著中國可再生能源規模的不斷擴大和氫能儲運技術的不斷發展，中國的氫能貿易量將不斷成長，逐漸具備成為氫能進出口大國的基礎。

## 6.7 小結

在本章中，我們介紹了海洋氫能正在全球興起的原因，這與氫能區域性供需匹配的產業特徵密不可分。由於清潔氫特別是可再生能源製氫的成本過於高昂，因此在落實氫能消費市場的前提下，應盡可能降低運輸距離、減少儲運成本，這就要求氫能產業發展必須首先貼近市場才能具備一定的經濟效益和規模化發展的基礎。由此可以分析出，沿海地區憑藉較高的經濟水準、齊全的工業門類、發達的交通網路和嚴格的環保政策，將高機率成為引領氫能發展的核心區域。於是，發展海洋氫能正在成為各國培育氫能產業的重要方向。

我們或許可以從英國 H21 Leeds City Gate 氫能規劃看出海洋氫能的發展思路（見圖 6-8）。該專案擬將現有天然氣管網改造升級為 100% 氫氣管網，旨在「氫化」利茲市。在短期內，氫的供應將主要依靠成本較低的天然氣製氫 +CCS 的藍氫生產模式，並以北海的海上天然氣作為製氫原料。在未來，氫的供應將逐漸過渡至海上風電製氫，實現綠氫的替代。為了保障氫能的穩定供應，該專案還規劃了幾處大型地下鹽穴用於氫的大規模儲存。氫能基礎設施的完善將拉動區域內的氫能消費，促進氫能應用場景的拓寬，逐步推動海洋氫能生態圈的形成。在海洋氫能經濟的帶動下，氫能生態圈的範圍將逐漸向內陸城市擴展，進而促進整個氫能社會的成

型，這將是我們下一章重點講述的內容。

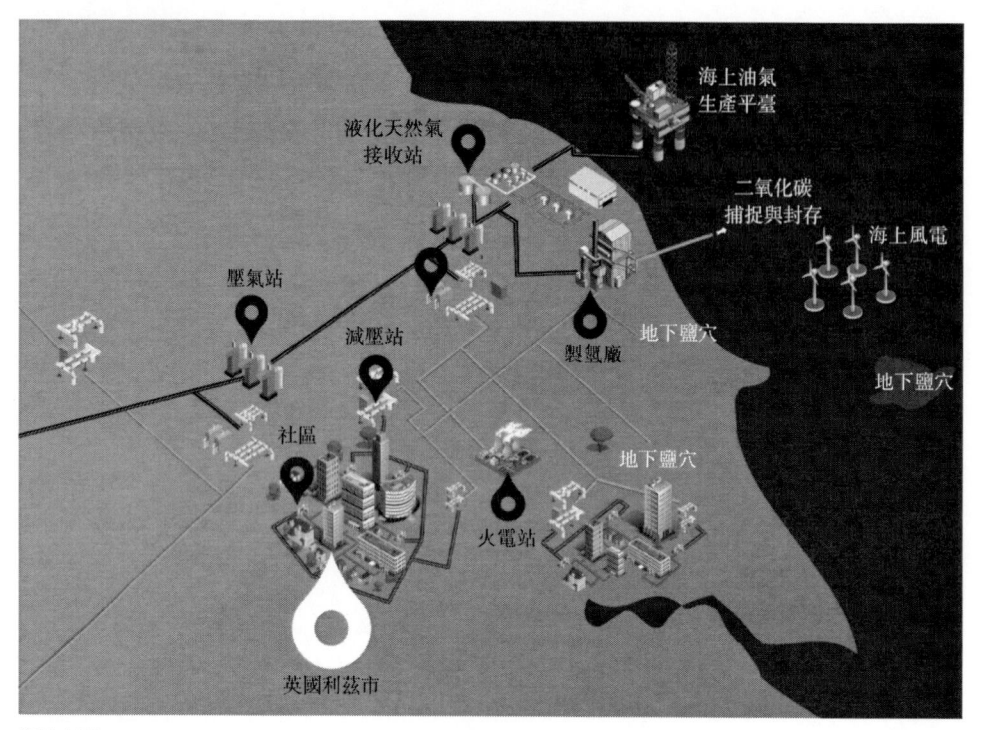

資料來源：Northern Gas Networks

圖 6-8　英國 H21 Leeds City Gate 氫能專案

# 第七章 氫能社會

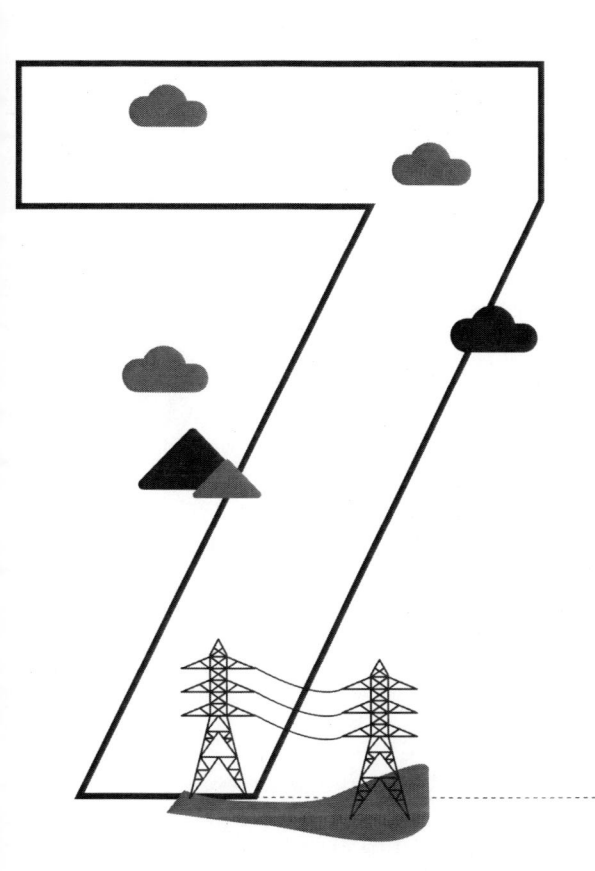

縱觀整個能源發展史，從木柴到煤炭，從石油到天然氣，再到可再生能源和氫能，主要能源的含碳量持續下降，含氫量隨之上升，這種此消彼長的趨勢讓我們愈加清晰地看到了未來能源的模樣，一艘被稱為「氫能」的帆船已經悄然在海平面上露出了它的桅杆尖頭。

## 7.1 全球氫能發展情況

### 7.1.1 主要國家氫能策略與政策

在碳中和願景下，發達經濟體行動迅速，根據自身資源稟賦、氣候目標和科技水準，制定了國家或區域層面的氫能策略，並繪製了邁向氫能社會的路線圖。

1. 歐洲：氫能策略明確，配套政策完善

歐洲國家在應對氣候變化、實現碳中和方面一直走在世界前列，關於氫能的發展思路十分值得其他地區借鑑。從歐盟氫能政策發展歷程可以看出，該地區氫能產業的興起主要靠氣候政策牽引，頂層設計清晰，配套政策完善（見圖 7-1）。從 2009 年歐盟頒布首版《可再生能源指令》（Renewable Energy Directive）開始，氫能被正式納入歐洲的能源體系，氫的清潔屬性以及應對氣候變化的重要作用被官方認可。隨後，氫能經歷了一段「沉靜期」，在 2020 年前後迎來了新一輪發展窗口期。《歐洲綠色協議》（European Green Deal）這項重磅政策的頒布，為歐盟應對氣候變化、積極推動能源轉型提供了頂層設計方案，而《歐洲氣候法》（European Climate Law）的頒布實施，給歐盟國家到 2050 年實現碳中和設立了剛性約束指標，也提供了法律保障。在宏觀政策和法律的雙重保障下，歐盟氫能發展的確定性進一步增強。

在此背景下，歐盟委員會發布了《氣候中性的歐洲氫能策略》（A Hydrogen Strategy for a Climate-neutral Europe）[211]，比較清晰地繪製了氫能發展路線圖。這份文件從開頭就提出了歐盟發展氫能的首要原則——培育可再生能源製氫，從源頭上實現氫能的綠色屬性。為此，歐盟將分三個階段構建氫能生態。第一階段，即 2020—2024 年，核心目標是提高綠氫產能，安裝至少 6GW 的電解槽用於可再生能源製氫，產能目標達到 1Mt/a。同時，在儲運、加注和應用領域推廣氫能，引導社會資本進入

氫能領域。第二階段，即 2025—2030 年，首要目標依然是提升綠氫產能，電解槽累計裝機規模達到 40GW，產能達到 10Mt/a，推動氫能成為歐盟綜合能源系統的重要組成部分。在此階段，氫的整體成本將大幅降低，推動氫在煉鋼、卡車、鐵路和海運等領域實現廣泛應用。由於經濟性和效率的整體提升，氫的儲能角色將日益凸顯，反向助推可再生能源的深度發展。第三階段，即 2030—2050 年，主要任務已從提升綠氫產能轉至培育完整的氫能生態系統，確保氫能在難以脫碳的領域得到充分利用。值得注意的是，在此階段，氫能與碳循環經濟形成了有效結合，二氧化碳和清潔氫透過 Power-to-X 技術實現有效融合，液態輕烴燃料、甲醇等產品得以透過此路徑大規模生產，氫能社會生態得以最終構建。

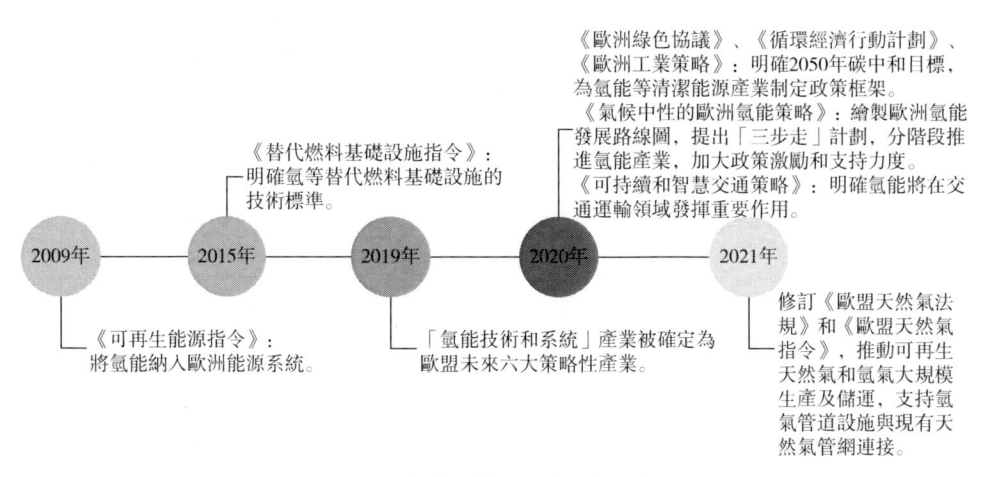

圖 7-1　歐洲氫能策略及政策發展路程

在歐盟國家中，德國的氫能產業發展可謂「一騎絕塵」。與歐盟其他成員國相比，德國的化石能源對外依存度較高，「富煤缺油少氣」基本可以概括其能源資源稟賦特徵。在應對氣候變化和保障國家能源安全的雙重目標驅動下，德國在推動能源轉型方面的意願要比其他歐洲國家更為強烈。2020 年，德國政府發布了《國家氫能策略》（National Hydrogen Strategy）[212]，提出 2020—2023 年將由能源與氣候基金為綠氫研究提供 3.1 億歐元資助，並將氫能產業的投資力度提升至 90 億歐元以上。從產業布局來看，德國依託其強大的汽車工業，首先在交通領域發力，重點投資燃料電池汽車技術。該國在 2007 年啟動「氫能與燃料電池科技創新計劃」，10 年內累計投入了約 5 億歐元科學研究經費，並要求參與計劃的企業按照 1∶1 比例配套研發資金，用於支持氫能與燃料電池技術創新。為了完善氫能產業鏈建設，德國政府帶頭成立了「國家氫與燃料電池組織」，主導技術創新計劃專案達上百

第七章　氫能社會

個，涵蓋燃料電池開發、加氫站建設、氫能運輸、氫能固定式電站等幾乎所有與氫能相關的領域。在 2021 年，德國政府進一步加大氫能產業扶持力度，為 62 個氫能專案提供了總計 80 億歐元的扶持資金，其中包括 1700km 氫氣管道建設和 2GW 以上可再生能源電解水製氫專案等，計劃帶動 330 億歐元的投資。

作為曾經的歐盟成員國，英國也在大力培育氫能產業。2021 年，英國政府正式發布了《英國氫能策略》（UK Hydrogen Strategy）[213]，提出了氫經濟路線圖，對氫的「製儲運加用」進行了較為詳細的規劃，針對未來 30 年分 4 個階段設置關鍵節點和指標。與歐盟不同的是，英國選擇了綠氫和藍氫並行的發展策略，尤其強調了 CCUS 的脫碳作用。在現階段可再生能源製氫經濟性不佳的情況下，英國選擇優先發展天然氣製氫 +CCUS 的藍氫產業，並制定行業標準和商業模式，提出「氫網路計劃（Britain's Hydrogen Network Plan）」，預計完成 20% 摻氫天然氣網路改造，小範圍試點天然氣摻氫社區的建設運行。中遠期發力綠氫生產，依託海上風電產業基礎，大力提升海上風電製氫產能，2025 年和 2030 年分別完成 1GW 和 5GW 的可再生能源製氫裝機目標。另外，這份策略在基礎設施建設、監管政策框架、貿易規則、資金扶持、研發與創新等方面均提出了量化指標，在供應鏈、產業鏈、價值鏈和生態鏈構建方面也做出了較為詳盡的設計，為構建氫能社會明確了發展路徑。

2. 美國：核心技術引領，政策反覆多變

美國是最早提出發展氫經濟的國家。早在 1970 年代，通用汽車技術中心就提出了「氫經濟」概念。在學術界的推動下，美國帶頭組建了國際氫能學會（International Association for Hydrogen Energy，IAHE），加強氫能技術的研發力度，以「自下而上」的方式推動氫能發展。由於社會層面和政府部門對氫能的關注度不夠，美國的氫能產業未能興起。直到 2001 年，小布希政府加大對氫能的支持力度，對氫能的製備、儲運、應用等環節的技術現狀和未來發展趨勢進行了詳細論證，開始「自上而下」繪製產業發展路線圖，掀起了氫能產業的發展熱潮。從扶持方向看，美國首先強調的是掌握核心技術，啟動了「氫燃料計劃」，針對氫能技術研究、示範專案建設等提供總計約 12 億美元的資金支持。其次是發揮市場作用，由政策部門帶頭組建氫能產業聯盟，透過「自由合作汽車研究計劃」等專案鼓勵汽車行業加大對燃料電池汽車技術的研發和投資力度。此外，美國政府也積極倡導國際合作，透過與日本、德國等國家和地區合作，推出「氫經濟國際夥伴計劃」，為氫能發展奠定國際合作基礎[214]（見圖 7-2）。

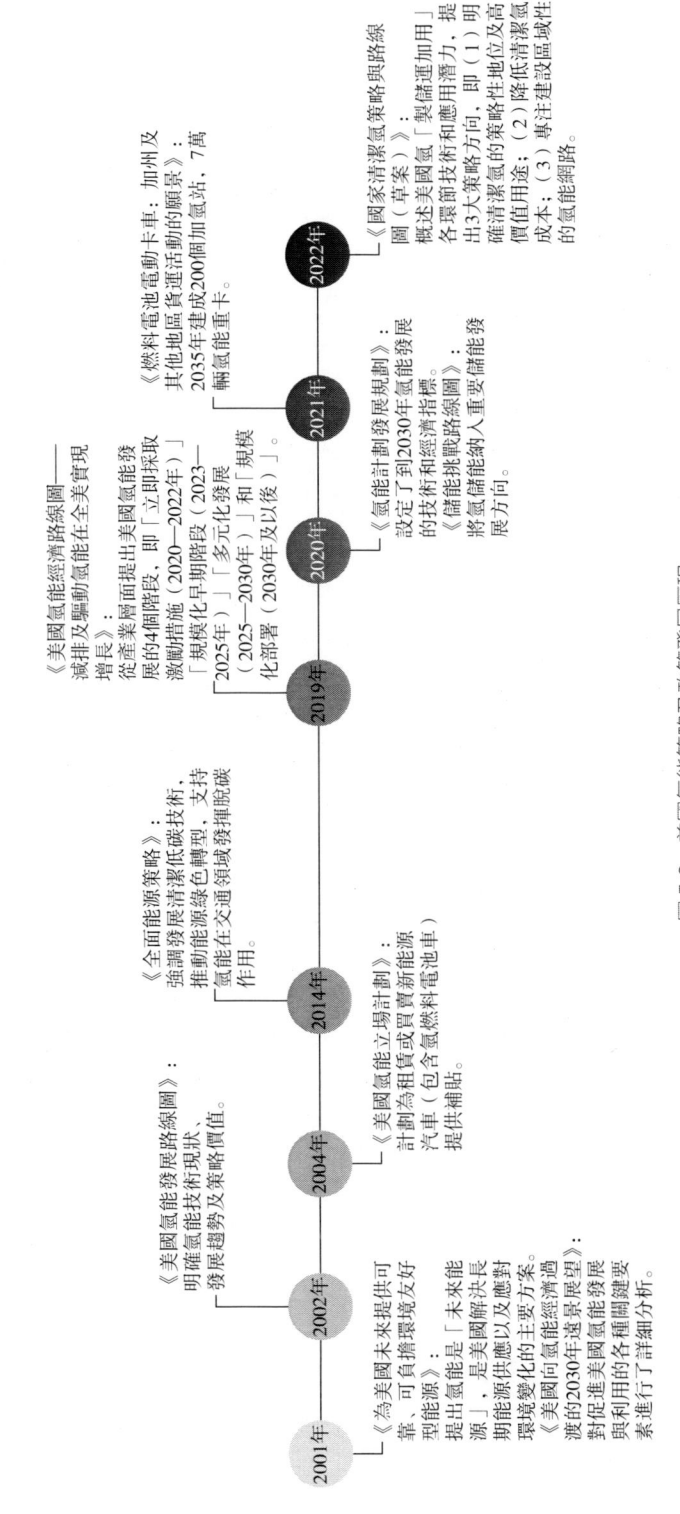

## 圖 7-2 美國氫能策略及政策發展歷程

**2001年**
《為美國未來提供可靠、可負擔環境友好型能源》：提出氫能是「未來能源」，是美國解決長期能源供應以及應對環境變化的主要方案。
《美國向氫能經濟過渡的2030年遠景展望》：對促進美國氫能發展與利用用的各種關鍵要素進行了詳細分析。

**2002年**
《美國氫能發展路線圖》：明確氫能技術現狀、發展趨勢及策略價值。

**2004年**
《美國氫能立場計劃》：計劃為租賃或購買新能源汽車（包含氫燃料電池車）提供補貼。

**2014年**
《全面能源策略》：強調發展清潔綠色低碳技術，推動能源綠色轉型，支持氫能在交通領域發揮脫碳作用。

**2019年**
《美國氫能經濟路線圖——減排及驅動氫能在全美實現增長》：從產業層面提出美國氫能發展的4個階段，即「立即採取激勵措施（2020—2022年）」「規模化早期階段（2023—2025年）」「多元化發展（2025—2030年）」和「規模化部署（2030年及以後）」。

**2020年**
《氫能計劃發展規劃》：設定了到2030年氫能發展的技術和經濟指標。
《儲能挑戰戰略路線圖》：將氫儲能納入重要儲能發展方向。

**2021年**
《燃料電池電動卡車：加州及其他地區貨運活動的願景》：2035年建成200個加氫站、7萬輛氫能重卡。

**2022年**
《國家清潔氫策略與路線圖（草案）》：概述美國氫「製儲運用」各環節技術和應用潛力，提出3大策略方向，即（1）明確清潔氫的策略性地位及作價值用途；（2）降低清潔氫成本；（3）專注建設區域性的氫能網路。

然而，美國的氫能發展之路並不順暢，這主要源於聯邦政府頻繁更替，主政一方對於新能源的立場迥異，從而使得能源政策很難保持長期延續。小布希政府在2004—2008年對氫能產業保持了較高的投資強度，一度達到每年2億美元以上。2008年金融危機之後，歐巴馬政府堅持縮減預算，將氫能的研發投資縮減至原來的一半左右。川普政府上臺後，由於其立場更傾向於石油和天然氣等傳統能源，聯邦政府大幅削減了對氫能的支持力度。2021年，拜登政府宣布重新加入《巴黎協定》，並簽署了《兩黨基礎設施建設法案》（Bipartisan Infrastructure Law），這其中包括為氫能提供95億美元的資金支持，美國氫能產業由此進入了新發展階段。2022年，美國能源部對外發布《國家清潔氫策略與路線圖（草案）》（Draft DOE National Clean Hydrogen Strategy and Roadmap）[215]，對美國氫能產業現狀、潛力和未來方向進行了詳細描述，同時為氫能發展設立了關鍵目標，明確了3大重點任務：（1）瞄準策略性、高價值氫能應用場景，特別是深度「難以脫碳」的領域，例如工業部門、重型運輸和長時儲能；（2）降低清潔氫全產業鏈成本，利用「氫能突破計劃（Hydrogen Shot）」在10年內將清潔氫生產成本降至1美元/kg；（3）聚焦區域氫能網路建設，透過建設氫能產業集群，實現大規模清潔氫生產和就近吸收和利用。在清潔氫（包括綠氫、藍氫及其他結合脫碳技術生產的氫）供應能力方面，美國能源部提出了到2030年、2040年和2050年分別實現10Mt/a、20Mt/a和50Mt/a的產能目標。透過這份文件可以看出，氫能在美國能源系統中的定位十分明確，主要作為深度脫碳工具在「難以減排」的區域發揮減碳作用，而並未像歐洲國家那樣作為能源體系的重要組成部分來發展。

儘管美國氫能產業的發展速度和規模不如歐洲，但美國依靠其強大的科技研發實力和產業育成環境也培育了一些世界級的氫能企業，包括布魯姆能源（Bloom Energy）、普拉格動力（Plug Power）、杜邦（DuPont）等燃料電池關鍵零部件和系統設備製造企業，以及以空氣產品公司（Air Products）為代表的氫儲運、加注設備供應商。成熟的商業環境和開放的創新氛圍使得美國在氫能核心技術研發和應用方面長期處於全球領先地位。

3. 日本：產業布局全面，發展目標清晰

日本是典型的資源短缺型國家，長期以來，高度依賴化石能源進口，能源安全一直是掣肘該國發展的重要問題。為了改善自身的能源結構，降低能源對外依存度，發展氫能被日本列為國策，並率先在全球範圍內提出建設「氫能社會」目標，旨在使氫能在國民經濟和社會發展中得以廣泛普及。

早在第一次石油危機爆發當年，日本便成立「氫能源協會」，依託大學和研究機構推動氫能技術研發。隨後的 30 年中，日本政府大力扶持燃料電池技術研發專案，透過日本新能源產業技術綜合開發機構（The New Energy and Industrial Technology Development Organization，NEDO）設立「氫能源系統技術研究開發」綜合專案，用於支持氫氣製備、儲存、運輸、應用等全鏈條產業培育。2013 年，在《日本再興策略》的推動下，家用燃料電池系統和燃料電池汽車開始面向普通家庭推廣。隨著氫能相關技術的突破，日本在《能源基本計劃》中正式提出了建設「氫能社會」的目標願景，明確將氫能列入重點發展方向。隨後，日本加速氫能產業發展，相繼公布了《氫能與燃料電池策略路線圖》、《氫能源基本策略》等文件，確立了頂層設計由產業經濟省統籌，燃料電池技術研發和氫能基礎研究由環境省與國土交通省支持的跨部門協同機制。同時，日本政府為建設氫能社會還設立了發展目標。比如在交通領域提出，燃料電池車輛和加氫站在 2025 年分別達到 20 萬輛和 320 座；到 2030 年，分別達到 80 萬輛和 900 座。此外，還針對氫能的「製儲運加用」等關鍵環節設置定量指標，比如藍氫生產成本到 2030 年降至 30 日元 / Nm$^3$，電解水製氫設備成本降至 5 萬日元 / kW 等。為實現以上目標，日本政府計劃將氫能產業的財政支持力度提升至每年 770 億日元（見圖 7-3）。

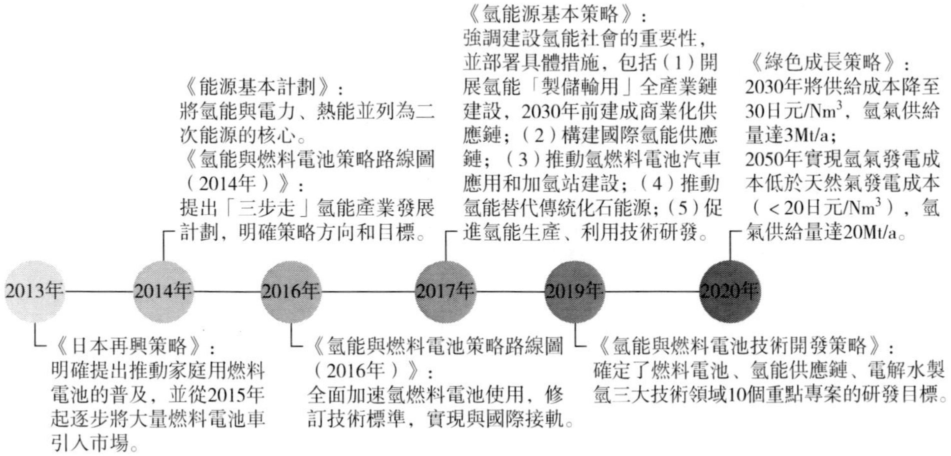

《能源基本計劃》：
將氫能與電力、熱能並列為二次能源的核心。

《氫能與燃料電池策略路線圖（2014 年）》：
提出「三步走」氫能產業發展計劃，明確策略方向和目標。

《氫能源基本策略》：
強調建設氫能社會的重要性，並部署具體措施，包括（1）開展氫能「製儲運輸用」全產業鏈建設，2030 年前建成商業化供應鏈；（2）構建國際氫能供應鏈；（3）推動氫燃料電池汽車應用和加氫站建設；（4）推動氫能替代傳統化石能源；（5）促進氫能生產、利用技術研發。

《綠色成長策略》：
2030 年將供給成本降至 30 日元/Nm$^3$，氫氣供給量達 3Mt/a；2050 年實現氫氣發電成本低於天然氣發電成本（＜20 日元/Nm$^3$），氫氣供給量達 20Mt/a。

2013 年 —— 2014 年 —— 2016 年 —— 2017 年 —— 2019 年 —— 2020 年

《日本再興策略》：
明確提出推動家庭用燃料電池的普及，並從 2015 起逐步將大量燃料電車引入市場。

《氫能與燃料電池策略路線圖（2016 年）》：
全面加速氫燃料電池使用，修訂技術標準，實現與國際接軌。

《氫能與燃料電池技術開發策略》：
確定了燃料電池、氫能供應鏈、電解水製氫三大技術領域 10 個重點專案的研發目標。

圖 7-3　日本氫能策略與政策發展歷程

　　目前，日本已基本完成了氫能全產業鏈布局，在燃料電池和其他氫能技術領域的專利數量領跑全球。由於資源稟賦的限制，日本的氫能還無法實現自主生產，依然和化石能源一樣，高度依託海外進口，但多元化的能源結構也提升了日本的能源

「安全感」。自 2020 年以來，日本已啟動澳洲—日本液氫船舶運輸和汶萊—日本液態有機氫載體船舶運輸兩個示範專案，計劃開闢海外氫能進口航線。透過此類示範專案的建設，日本在氫長距離、大規模儲運方面累積了實際運行經驗，為後續全球化氫能貿易奠定了產業基礎。同時，日本加氫站的建設也在有條不紊地推動，截至 2021 年底，日本在營加氫站數量已接近 160 座，其建設速度在亞洲範圍處於領先地位。日本在氫能交通領域也體現了其雄厚的技術實力，豐田第二代 MIRAI 氫能轎車，能實現 3min 加氫和 800km 的長續航能力。最值得一提的當屬日本家用燃料電池系統的普及。在政府引導下，日本松下、東芝、東京燃氣等公司成功研發並推廣了 Ene-Farm 分布式熱電聯供系統。截至 2021 年年中，Ene-Farm 專案總共在日本全境推廣超過 40 萬套家用熱電聯供燃料電池設備，並將持續擴大推廣規模，到 2030 年實現累計推廣超過 500 萬套設備的目標。這項計劃為推動氫能成為日本的支柱型能源提供了「群眾基礎」。整體上看，日本政府對於氫能社會的構建做到了「事無巨細」，在頂層設計、法規制定、政策配套、產業支持、技術研發等方面都繪製了較為詳盡的發展路線圖，為其他國家建設氫能社會提供了重要參考。

4. 韓國：氫能交通引領，產業重心明確

韓國和日本類似，受資源貧乏的限制，能源對外依存度超過 90%，可再生能源在能源結構上的占比僅為 5% 左右。為了調整能源結構，降低能源對外依存度，早在 2005 年，韓國政府就宣布了《氫能和新可再生能源經濟的總體規劃》，推動氫經濟的形成。此後，韓國相繼頒布了《可再生能源配額標準方案》、《新能源汽車規劃》等文件，重點扶持氫燃料電池汽車產業，並規劃加氫站等基礎設施的建設。2019 年初，韓國政府對外發布《氫經濟發展路線圖》，成為繼日本之後全球第二個正式提出建設氫能社會的國家。根據該路線圖的設計：2018—2022 年為氫能立法、技術研發和基礎設施投資的準備期；2022—2030 年為氫能推廣發展期；2030—2040 年為氫能社會建設期；到 2040 年，韓國氫燃料汽車的累計產量計劃增至 620 萬輛，加氫站增至 1200 座，氫能自主生產比重達到 50%。從政府發布的氫能發展思路看，韓國將氫能作為推動經濟發展模式變革的重要工具，一是藉助氫能推動經濟運行方式向綠色低碳方向發展；二是提升氫能在能源結構中的比重，降低能源對外依存度，以能源自主可控推動經濟自主性的提升（見圖 7-4）。

為推動氫能發展，韓國政府的核心目標是刺激氫能需求，透過打造全球最大的氫燃料電池汽車市場，帶動氫經濟的形成。在國家激勵政策和補貼的推動下，韓國 2021 年的燃料電池汽車全年銷量就達到了 8500 輛，占全球總銷量的比重為 52%。

時間軸（2005年 – 2021年）：

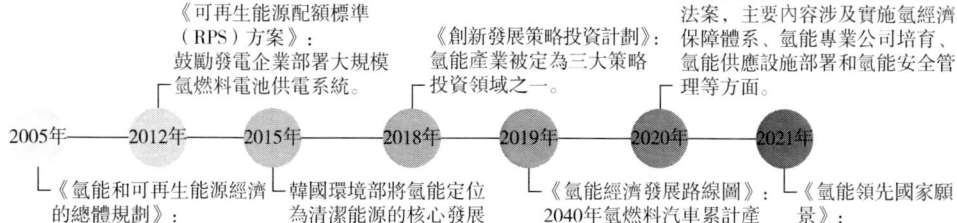

- **2005年**：《氫能和可再生能源經濟的總體規劃》：到2020年生產200萬輛燃料電池汽車。
- **2012年**：《可再生能源配額標準（RPS）方案》：鼓勵發電企業部署大規模氫燃料電池供電系統。
- **2015年**：韓國環境部將氫能定位為清潔能源的核心發展方向之一。
- **2018年**：《創新發展策略投資計劃》：氫能產業被定為三大策略投資領域之一。
- **2019年**：
- **2020年**：《氫能經濟發展路線圖》：2040年氫燃料汽車累計產量增至620萬輛，加氫站增至1200座。
- **2021年**：《促進氫經濟和氫安全管理法》：全球首部關於氫經濟和氫安全的法案，主要內容涉及實施氫經濟保障體系、氫能專業公司培育、氫能供應設施部署和氫能安全管理等方面。
- 《氫能領先國家願景》：可再生能源製氫的年產量在2030年和2050年分別達到1Mt和5Mt，並將氫氣自給率提升至50%；計劃擴充加氫站等基礎設施規模，並發展30家跨國氫能企業，創造5萬個工作職位。

圖 7-4　韓國氫能策略與政策發展歷程

這使得韓國的燃料電池汽車保有量達到了 1.95 萬輛，占全球燃料電池保有量的 39%，一舉成為全球最大的氫燃料汽車市場。在基礎設施建設方面，截至 2021 年底，韓國加氫站數量已升至約 170 座（含規劃、在建和投運），並計劃將現有 2000 餘座液化石油氣加氣站改造成為油氣氫綜合加注站，目標是在 2040 年達到 1200 座，覆蓋 620 萬輛燃料電池汽車。另外，在政府帶頭下，韓國已經組建了氫能產業聯盟，包含 SK 集團、浦項鋼鐵和現代汽車等各行業大廠，加速氫能商業化進程，透過培育市場帶動氫經濟發展，從而實現氫能社會的建設目標。

## 7.1.2　全球氫能產業發展情況

目前，全球已有超過 30 個國家頒布了國家層面的氫能策略，針對氫能產業鏈各環節頒布了明確的補貼政策。從產業層面看，截至 2021 年年底，IRENA 數據庫中的全球清潔氫專案總數已經累計超過 500 項[145]。其中，有 42% 的專案集中在傳統的工業領域，如合成氨、化工、甲醇等，主要用於傳統行業的減碳脫碳。其次是氫能交通，包括氫燃料電池重卡、船舶甚至小型飛機等。值得關注的是綠氫生產專案情況，GW 級別電解水製氫專案已達 43 個，這表明各國對於綠氫產業的信心正在成長。此外，包括氫能基礎設施建設和跨領域的脫碳合作也正在穩步推進（見圖 7-5）。

第七章　氫能社會　　177

大規模工業使用
221

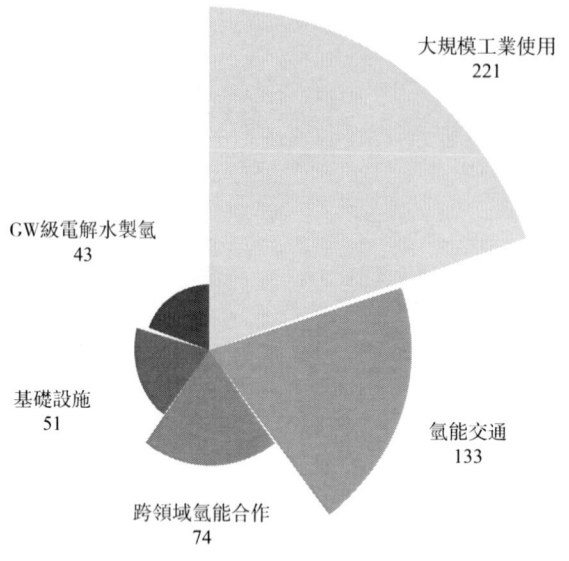

GW級電解水製氫
43

基礎設施
51

跨領域氫能合作
74

氫能交通
133

資料來源：IRENA[145]

圖 7-5　截至 2021 年底全球清潔氫能已建、在建和規劃專案情況

儘管全球氫能產業已經蓄勢待發，但當前產業也面臨諸多方面的挑戰。一是供應端嚴重依賴化石能源。根據 IEA 的統計，當前全球氫氣產量約為 100Mt/a，其中電解水製氫產量占比不足 1%，化石能源製氫和工業副產氫為主要產氫方式。二是基礎設施建設力度不足。全球約 85% 的氫氣採取的是就地吸收和利用模式，氫貿易市場規模小，基礎設施建設不足，全球專用輸氫管道總里程約為 4600km，加氫站數量累計不足 700 座。三是終端需求尚未有效帶動。交通領域作為拉動氫能需求的「火車頭」，發展不及預期，2021 年全球氫燃料電池汽車銷量僅約為 1.6 萬輛，而同期的純電動汽車銷量則高達 480 萬輛。此外，氫能在冶金、發電、建築等領域的需求因價格高企和技術問題也暫未實現突破。四是產業發展高度依賴政策牽引。隨著世界各國發布碳中和目標，發展氫能產業已成為大國應對氣候變化的重要施力方向。在需求未能帶動、基礎設施缺乏、經濟性不佳的產業現狀下，政府對碳排放的監管力度和氫能補貼政策的連續性將決定產業的發展節奏。

從發展勢頭上看，國際社會依然普遍看好氫能產業的前景。首先是碳中和願景為氫能產業提供持續政策支持的確定性高。當前，全球主要國家已將應對氣候變化列為長期要務，並深刻認識到氫能在交通、工業等難減排領域的深度脫碳作用。全球已發布的國家氫能策略均提出，將大幅提升可再生能源製氫的產量比重，加快氫能基礎設施建設和核心技術研發應用。其次是以沿海區域為主的氫能區域化生態圈

正在逐步形成。沿海地區經濟發展水準普遍較高，環保政策嚴格，工業規模大，因此氫能消費潛力巨大。此外，沿海地區較為成熟的能源貿易基礎設施和海洋能源資源將進一步提升當地氫能供應水準，加速氫能生態圈的形成。最後是重點行業對綠色能源的需求日趨旺盛。交通電氣化發展的趨勢已不可逆轉，氫燃料電池汽車實現對柴油商用車輛的替代將是大勢所趨，而遠洋航運和軌道運輸等領域也將是氫能發力的重要方向。氫冶金技術被認為是鋼鐵行業實現碳中和目標最有效、最實際的手段之一，也將大幅拉動氫能需求成長。

### 7.1.3　國外氫能社會建設經驗與啟示

歐盟脫碳決心大，具有根深蒂固的環保意識，將氫能作為可持續發展的重要一環，透過立法和頒布扶持政策等措施牽引氫能產業有序發展，並依托歐盟框架計劃推動氫能技術革新，多維度、立體式培育氫能全產業鏈。美國藉助強大的技術研發實力和完善的商業孵化環境，採用技術和商業「雙輪驅動」的方式推動氫能產業發展，其中，掌握核心技術是該國氫能產業發展的先決條件。日本基於能源安全因素，將「氫能社會」作為國家實施，相關扶持政策導向也十分明確，以促進氫能全產業鏈協同發展作為目標，在頂層設計、政策法規配套、基礎設施建設和核心技術布局等方面最為完善。韓國與日本類似，同樣基於能源安全角度發展氫能，也提出了建設「氫能社會」的總體目標，依託汽車工業基礎，重點培育氫燃料電池汽車產業，透過頒布補貼政策、組成行業聯盟等方式，加速氫能市場化進程，逐步形成氫經濟。

總結來看，氫能產業的發展還主要集中在已開發國家，這源於氫能在現階段屬於能源「奢侈品」，產業各環節的成本較高，技術發展尚不成熟。不過，已開發國家發展氫能的動機也各有側重，但基本歸納為三點：一是實現碳中和目標，推動各行業深度脫碳；二是保障國家能源安全，尋求能源多元化供給；三是支援可再生能源發展，保障綠色能源的大規模儲存。可以看出，世界各國的氫能策略均是基於氫能的綠色低碳本質，這也是氫能再次獲得世界關注的主要原因。為此，各國正在大力發展可再生能源製氫產業，力爭將綠氫成本降至與灰氫同等水準，一方面實現對存量灰氫的替代，另一方面拓展氫在其他領域的應用。

刺激氫能需求是現階段培育氫能的重要任務，各國均優先推動氫能在交通領域的應用，並積極發掘發電、儲能和工業等領域的用氫潛力。其中，掌握燃料電池生產應用技術是實現氫能產業可持續發展的關鍵一環。隨著能源技術的疊代更新，氫

能的應用場景也會更加豐富，從而進一步推動氫能產業的發展壯大。從各國氫能的發展節奏來看，可以大致分為三個階段：第一階段是到 2030 年，全球氫能產業處於引導培育期，這一階段的主要目標是氫能核心技術研發和示範專案建設。第二階段是 2030—2040 年，氫能產業將處於高速成長期，此時可再生能源製氫成本將大幅下降，氫能技術在第一階段已經取得大量經驗，正在加速向各行業滲透，氫能產業鏈加快完善，商業化水準大幅提升。第三階段是 2040—2050 年，氫能產業體系發展成熟，產業鏈供應鏈完善，氫能技術高度發達並已廣泛應用在重點行業，氫能已經成為能源體系中的重要組成部分[216]。

## 7.2 中國氫能發展情況

### 7.2.1 中國氫能策略與政策

早在「十五」期間（2001—2005 年），中國就確立了「三縱三橫」的研發布局，即以混合動力汽車、純電動汽車、氫燃料電池汽車為「三縱」，以電池、電機、電控為「三橫」的研發布局，從國家層面將氫能汽車發展納入宏觀規劃。隨後，中國頒布的氫能相關政策與規劃主要聚焦汽車產業，重點聚焦燃料電池基礎材料和過程機理研究、燃料電池電堆系統集成和效能優化、車載儲氫系統和加注技術發展等方向，同時也開始關注燃料電池分布式發電和供熱技術，逐步探索氫能在其他領域的應用。然而，國家層面一直未明確氫的能源屬性，氫能在較長一段時間處於學術研究和技術探索階段，產業發展遲緩，社會和市場的關注度一直不高。

隨著《巴黎協定》的簽署，中國接連制定了一系列節能減排、環境治理相關政策措施，氫能開始進入高層視野。2016 年，中國國家發展和改革委員會、國家能源局頒布《能源技術革命創新行動計劃（2016—2030 年）》，將氫能與燃料電池技術創新列為 15 項能源技術創新重點任務之一，主要突破方向包括研究可再生能源及先進核能的製氫技術，實現大規模、低成本氫氣的「製儲輸用」一體化，研究燃料電池分布式發電技術等。直到 2019 年，氫能被首次寫入《政府工作報告》，提出要推動加氫設施建設，這象徵著氫能產業已獲得國家層面的認可。2020 年，中國國家能源局發布《中華人民共和國能源法（徵求意見稿）》，擬從法律層面將氫能納入能源範疇管理，為氫摘掉「危化品」的帽子提供法律支援。緊接著在 2021 年發布的《中華

人民共和國國民經濟和社會發展第十四個五年規劃和2035年遠景目標綱要》和碳達峰碳中和「1+N」政策體系中，氫能被列為未來產業進行重點規劃，相關文件還提出要統籌推進氫能「製儲輸用」全鏈條發展。

2022年3月，中國首個氫能產業規劃——《氫能產業發展中長期規劃（2021—2035年）》正式頒布，填補了中國對於氫能產業發展在頂層設計方面的空白。這份規劃明確了氫能的三大策略定位：未來國家能源體系的重要組成部分、用能終端實現綠色低碳轉型的重要載體、策略性新興產業和未來產業重點發展方向。同時，氫能規劃還設立了階段性的氫能產業發展目標：到2025年，基本掌握核心技術和製造工藝，燃料電池車輛保有量約5萬輛，部署建設一批加氫站，可再生能源製氫量達到100~200kt/a，實現二氧化碳減排1~2Mt/a；到2030年，形成較為完備的氫能產業技術創新體系、清潔能源製氫及供應體系，有力支援碳達峰目標實現；到2035年，形成氫能多元應用生態，可再生能源製氫在終端能源消費中的比例明顯提升（見圖7-6）。

透過梳理宏觀層面政策法規的脈絡可以發現，中國已正式明確了氫的能源屬

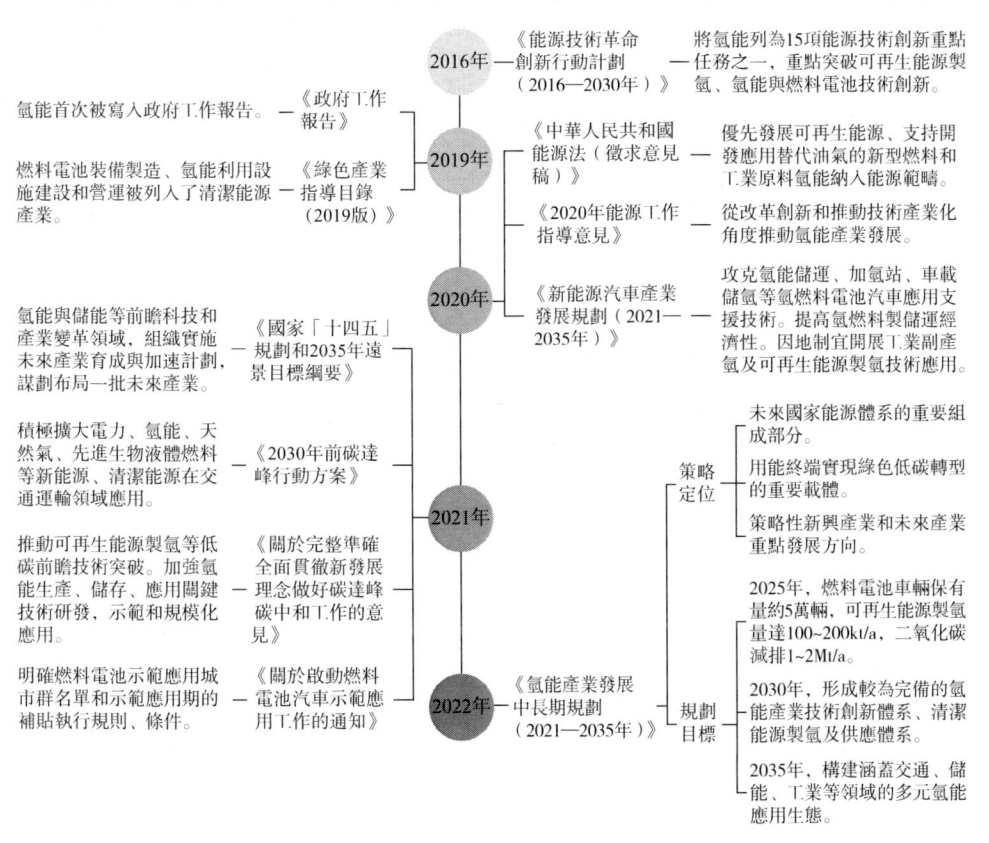

圖7-6 中國氫能策略與政策發展歷程

性。這意味著，中國氫能產業發展將從燃料電池領域拓展至「製儲輸用」全產業鏈，逐步培育氫能生態。

### 7.2.2 地方政策與規劃

在首份中國氫能產業規劃頒布之前，中國一些地區早已開始先行先試，重點發展燃料電池汽車領域，同時根據自身產業結構，培育具有地方特色的氫能產業。2021年，廣東、上海和京津冀入圍了中國首批燃料電池汽車示範城市群，區域性的氫能產業生態正在三地加速構建[214]。

1. 廣東城市群

廣東省是中國氫能產業的先行省，在已有珠三角汽車製造業產業集群的基礎上，選擇佛山市帶頭廣東燃料電池汽車示範城市群的建設。從全國範圍看，佛山市是率先在氫能領域「吃螃蟹」的城市，相關規劃和配套扶持政策的頒布均領先於其他地區。佛山市在2018年就頒布了中國首個針對加氫站建設營運和氫燃料電池汽車營運的地方財政補貼辦法，對加氫站建設和終端售氫分別提供最高人民幣800萬元/站和20元/kg的高額補貼，顯著提升了當地發展氫能的積極性。隨著佛山市氫能產業集群效應和生態圈建設效果的逐步顯現，包括廣州、雲浮、東莞、茂名等周邊城市也相繼制定了氫能產業發展規劃，廣東省氫能產業發展從此進入快車道。2022年，《廣東省加快建設燃料電池汽車示範城市群行動計劃（2022—2025年）》提出，到2025年要實現推廣1萬輛以上燃料電池汽車目標，年供氫能力超過100kt，建成加氫站超200座，車用氫氣終端售價降到30元/kg以下。目前，廣東省圍繞廣州、深圳、佛山建成了燃料電池技術研發生產集群，圍繞東莞、中山、雲浮形成了關鍵材料、技術及裝備研發製造基地，並圈定東莞、珠海、陽江作為氫源供應基地，逐步構建氫能全產業鏈和應用生態。

2. 上海城市群

2019年，長三角區域合作辦公室和中國汽車工程學會聯合發布了《長三角氫走廊建設發展規劃》，提出以長三角城市群城際間帶狀及網狀加氫基礎設施建設為重點，將上海市打造成為「氫走廊」的核心支點，並串聯蘇州、南通、如皋等其他氫能先行市。此份規劃還提出，將大力推進燃料電池汽車的應用發展，進一步提升氫能關鍵技術水準，拓寬燃料電池汽車營運範圍，形成具有影響力的氫能產業集群，輻射帶動山東半島、京津冀、珠三角都市圈。

2022年，《上海市氫能產業發展中長期規劃（2022—2035年）》正式印發，進一步凸顯了氫的能源屬性。除了強調掌握燃料電池全產業鏈關鍵核心技術、提出燃料電池汽車保有量和加氫站建設目標之外，還重點針對氫能供需兩側，明確了具體發展方向。在供氫「綠色化」方面，提出了提高工業副產氫利用效率和推進深遠海風電製氫、生物質製氫等任務。在構建多元應用格局方面，重點任務包括加快氫能在重型車輛、船舶、航空領域的示範應用；開展氫儲能、氫能熱電聯供等試點應用，推動新型氨氫轉換、固態儲氫、新型催化劑等方面的研究；推動工業領域的替代應用，開展氫冶金技術研發應用和石化化工綠氫替代等。此外，規劃還提出了如「零碳氫能示範社區」、「橫沙零碳氫能生態島」等特色發展模式，為長三角氫經濟帶的形成制定了兼具前瞻性和實踐性的產業發展路徑。

3. 京津冀城市群

京津冀地區氫能產業發展相對於廣東、上海城市群略有滯後，但得益於北京冬奧會的成功舉辦，氫能的熱度正在該地區持續升高。自2021年以來，京津冀地區加快氫能產業的頂層設計，北京市、天津市和河北省政府相繼發布了氫能產業發展行動方案或「十四五」專案規劃。儘管起步晚，但京津冀在氫能生態構建上具有明顯的後發優勢。首先是氫氣資源豐富。綠氫方面，張家口、承德以及太行山脈沿線地區的可再生能源資源豐富，僅張家口地區在「十四五」期間的可再生能源製氫潛力就達到了220kt/a（按20%電力儲能尖峰負載製氫計算）；工業副產氫方面，僅河北一省的工業副產氫資源開發潛力就達到了約1Mt/a，而北京燕山石化高純度副產氫的供應能力在冬奧會中也得到了驗證。其次是氫能應用範圍和吸收和利用能力突出。除了推廣氫燃料電池汽車以外，京津冀地區的工業產業體系完備，鋼鐵、合成氨、甲醇等行業對低碳氫的需求潛力大，其中河鋼集團已啟動了全球首套焦爐煤氣零重整直接還原氫冶金示範工程的建設。根據《北京市氫能產業發展實施方案（2021—2025年）》的規劃，到2025年前，京津冀區域將實現燃料電池汽車累計推廣量突破1萬輛，規劃建設「氫進萬家」智慧能源示範社區和綠氨、液氫、固態儲供氫等應用示範專案，累計實現氫能產業鏈產業規模1000億元以上。京津冀地區依託北京的區位優勢，氫能產業發展的後勁十足。

## 7.2.3 中國氫能產業發展情況

中國的氫氣產能目前約為40Mt/a，產量在33Mt/a左右，占全球氫氣產量比重

的三分之一以上，是世界第一大的產氫國家。從製氫結構看，中國氫氣主要以煤、天然氣等化石能源製氫為主，產量比重約為 80%，氯鹼、焦爐煤氣、丙烷脫氫等工業副產氫占比約為 18%，電解水製氫的產量比重不足 1%。在儲運方面，中國現階段主要以高壓氣態長管拖車運輸為主，技術及裝備製造較為成熟；液態儲運和固態儲運均處於技術驗證和示範階段；管道運輸仍為缺點弱項，氫氣專用管道里程約為 400km，在營的管道僅有 100km 左右，與歐美國家存在數量級的差距。在加注方面，中國已建成各類加氫站 200 餘座，以 35MPa 氣態加氫站為主，70MPa 高壓氣態加氫站數量少，日加注能力在 1000kg 以內，液氫加氫站、製氫加氫一體站建設和營運經驗缺乏，加氫機、壓縮機、高壓儲氫罐等核心設備依賴進口，導致建設投資成本居高不下。在應用方面，現階段氫氣主要作為工業原料在合成氨、甲醇和石化化工領域使用，用氫量比重超 90%，能源領域的氫氣需求尚未得到有效帶動。儘管中國燃料電池汽車銷量保持穩定成長，截至 2021 年已累計銷售約 9000 輛，但整體低於韓國、美國的發展速度。對比已開發國家，中國氫能產業尚處於發展初期，氫能全產業鏈規模以上工業企業❶數量僅為 300 餘家（截至 2022 年初），集中分布在廣東、上海和京津冀三大區域。

從發展趨勢看，受「雙碳」目標驅動，中國風電、太陽能等新能源裝機量將大幅增加，度電成本將持續下降，為大規模發展可再生能源製氫奠定產業基礎。在氫能需求方面，受各行業深度脫碳需求推動，綠氫有望實現對存量灰氫的替代，而隨著 Power-to-X、氫冶金、大功率燃氫燃氣輪機發電等技術的突破，氫能用量或將逐步提升。結合中國氫能聯盟和 IEA 的預測數據，到 2030 年，中國氫氣需求量或將達到 40Mt/a，可再生能源製氫量超過 1Mt/a，加氫站數量超過 1000 座，燃料電池汽車累計保有量將達到百萬輛規模。屆時，氫能在中國能源終端消費結構的比重將達到 5% 左右（包括燃料氫和原料氫）。

## 7.3　中國建設氫能社會面臨的挑戰

由於中國所處的社會發展階段與已開發國家不同，在經濟發達程度、法律法規建設、基礎設施普及、文化教育水準和科技創新能力等方面還存在差距，這意味著

---

❶ 中國規模以上工業企業是指年主營業務收入在 2000 萬元以上的工業企業。

中國構建氫能社會將遇到許多挑戰。

### 7.3.1 頂層設計和配套措施有待完善

2022年，中國正式發布了《氫能產業發展中長期規劃（2021—2035年）》，明確了氫能是中國未來能源體系重要組成部分的策略定位，並從國家層面對氫能產業發展分階段進行了設計和規劃。然而，相比於已開發國家頒布的氫能策略文件，中國的氫能頂層設計的「顆粒度」稍顯不足，尚未制定實操性強、任務詳盡、指標清晰的氫能發展路線圖，在法律框架、扶持政策、市場機制、技術標準、區域規劃等方面還需做進一步謀劃。

從全國範圍看，中國氫能相關的政策措施還主要集中在交通領域，如燃料電池汽車銷售以及加氫站的建設等。關於氫能產業鏈的其他環節的扶持力度依然不足，相應的補貼政策亟需頒布，包括可再生能源發電製氫支持性電價政策、綠氫市場化交易機制、氫儲能的價格機制、氫冶金和燃料電池分布式專案補貼補償機制等。在氫能產業鏈不完善、經濟性不強的現實情況下，政府的牽引作用十分重要，完善的頂層設計和配套政策措施將為氫能產業發展注入「強心劑」，更好地引導社會資本和創新資源進入氫能領域。

### 7.3.2 安全規範和行業標準發展滯後

儘管氫能熱潮已經來臨，各級政府及社會大眾對氫的認知依舊存在較大分歧。氫的能源屬性雖獲國家認可，但各地依然以危化品類別對其進行管理，導致氫在「製儲運輸用」各環節面臨嚴格監管，在一定程度上限制了氫能在民用領域的發展。以工業副產氫的發展為例。焦化、氯鹼等工廠在建設之初因副產氫純度低、技改成本高等因素，一般選擇將副產氫稀釋後排空或燃燒處置，並未給氫氣提純裝置和儲氫設施預留場地。而隨著氫能的興起，這些具備副產氫生產能力的工廠卻因廠址面積有限以及安全風險評估無法滿足危化品生產規範，導致氫氣產能無法有效釋放。中國加氫站建設也面臨發展困境。雖然中國已頒布加氫站技術規範，且各地也制定了加氫站/油氣電氫合建站的建設標準，但在加氫站的實際建設過程中，依然存在安全評價、環境評價、風險評價及消防審核等規範標準不統一或者缺失的情況。此外，有關合建站規模和標準、站內設施的安全間距、與站外建築的間距等還缺乏科學的研究論證，這使得

一些先行先試的加氫站大多選址在城市郊區的偏遠地帶，難以實現盈利。這種標準規範不完善甚至缺失的情況還出現在天然氣管道摻氫、純氫管道、高壓儲氫容器設計和建造等領域。因此，中國政府部門和行業協會需要加快制定符合中國國情的氫能安全管理辦法和技術標準，在保障用氫安全的前提下，引導氫能產業健康有序發展。

### 7.3.3 關鍵技術和核心設備研發不足

氫能屬於新興產業，產業鏈尚不完善，科技創新活力強勁，是典型的知識密集型、技術密集型和人才密集型行業。雖然中國氫能產業已形成了一定的規模，但企業在技術研發投入、專利布局方面與已開發國家還存在較大差距，真正掌握行業領先的關鍵技術和裝備生產能力的企業數量較少。透過全球氫能技術專利的分布，我們可以一窺各國在氫能技術方面的競爭態勢。根據 IRENA 統計[145]，2010—2020 年，氫能技術最活躍的板塊集中在燃料電池領域，專利數量占比高達 41%；製氫和儲氫板塊的技術創新也十分活躍，專利量比重分別達到 36% 和 21%；輸氫技術的專利比重相對較小，這主要源於氫能終端需求尚未出現明顯成長，傳統輸氫技術即可滿足消費需求。分區域看，日本和歐洲呈現「雙足鼎立」的競爭態勢，專利數量遙遙領先其他地區，研發領域覆蓋氫能「製儲輸用」全產業鏈。美國和韓國在氫能技術創新上各有側重，前者注重輸氫技術，而後者則聚焦燃料電池領域。對比來看，中國的氫能技術專利雖已覆蓋了「製儲輸用」各環節，但從專利數量來看，明顯落後於以上國家，氫能核心技術的競爭能力比較薄弱（見圖 7-7）。

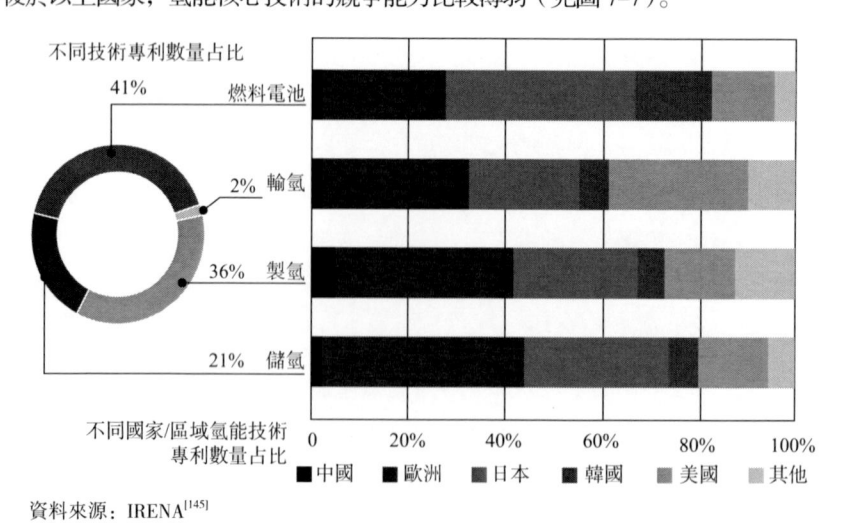

資料來源：IRENA[145]

圖 7-7　2010—2020 年全球氫能相關技術專利分布情況

具體來看，中國氫能行業國產化設備的各項效能指標與國際先進水準還存在明顯差距。以燃料電池為例，在電堆壽命方面，中國燃料電池壽命一般在 3000h 左右，而豐田 Mirai、現代 Nexo 等日韓量產車的燃料電池電堆壽命普遍已經達到 5000h 以上，運行里程接近 $16 \times 10^4$km。在功率密度方面，日韓企業商用燃料電池電堆的體積功率密度均已達到 3.0kW/L 以上，而中國的同類商業化量產電堆剛達到 2.0kW/L 水準。造成核心裝備效能差距的原因一方面是設計理念和基礎研究的落後，另一方面是關鍵零部件和材料受制於人。就電堆核心部件膜電極來說，質子交換膜、碳紙、鉑催化劑等核心材料基本都被日本、美國和加拿大等國的公司壟斷。在儲氫方面，用於製造車載 70MPa 儲氫瓶（IV 型）的碳纖維材料，其生產製造技術和原材料供應還主要依賴日本東麗、韓國曉星等企業，中國碳纖維在生產能力、產品穩定性和纏繞工藝性等方面尚未取得實質性突破。另外還有質子交換膜電解槽、加氫機、氫氣壓縮機等關鍵設備均還未完全實現國產化替代。

### 7.3.4　清潔氫的生產及供應成本高昂

中國氫氣產能位居全球首位，氫氣產量比重超過全球的三分之一。然而，中國的氫氣生產方式碳排放強度高，約 60% 的氫氣來自煤氣化製氫技術，剩餘部分為工業副產氫和天然氣製氫，而電解水製氫尚未形成產業規模[172]。未來，氫能社會的建設將主要依靠綠氫和藍氫產業支援，這意味著中國傳統製氫結構需要進行大規模調整，灰氫產能將逐步淘汰，取而代之的將是清潔製氫技術。由於中國的天然氣資源相對貧乏，煤製氫結合 CCUS 的生產成本高昂且降幅空間有限，可再生能源製氫將成為中國製氫的主力。我們在第五章中對可再生能源製氫技術的生產成本進行了評估，短期內，電解水製氫技術尚無法與煤氣化製氫（6.7~12.1 元 /kg）和天然氣製氫（7.5~17.5 元 /kg）進行市場化競爭。

除了生產成本不具優勢之外，可再生能源製氫的區位優勢也不明顯。目前，中國絕大多數可再生能源專案地處偏遠地區，如甘肅、寧夏、青海等地，而氫氣消費中心又大多瀕臨沿海，這使得綠氫產業存在區域性供需矛盾，儘管海上風電製氫技術可以在一定程度上緩解以上問題，但依舊存在成本高昂的現實困境，削減了綠氫的市場競爭力。因此，中央和地方層面還需透過財政補貼和稅收優惠政策，支持可再生能源製氫相關技術創新以及大規模氫氣儲運技術的突破，探索建立綠氫交易市場和清潔氫認證標準，將清潔氫的「綠色溢價」與碳市場價格聯動，逐步提高清潔氫的市場接受度。

## 7.3.5 有關氫能的利用效率尚存爭議

氫作為二次能源需要透過化石能源和可再生能源電力進行轉化，能源效率不佳一直是氫能廣受爭議的主因之一。結合當前技術情況看，氫在製取和使用方面的確存在綜合效率偏低的問題，這一點可以透過對比氫燃料電池汽車和純電動汽車的綜合使用能源效率❶來說明。現階段的電解水製氫和燃料電池的效率一般在 60% 左右，假設輸氫環節有 5% 的損耗，1 度（kWh）電在經歷 1 次「電—氫—電」的過程中，僅剩約 0.3 度電可用於汽車電機的運轉，這意味著有 2/3 的氫能在「製儲輸用」環節被損耗了。同時，我們可將其與純電動汽車進行對比。假設輸配電線路的損耗同樣為 5%，鋰離子電池完成 1 次充電 / 放電循環的能量效率為 90%，透過簡單計算可以發現，1 度電經過輸配並充至純電動汽車後，能有 0.86 度電可為汽車電機供能，其綜合使用能源效率高達 86%！可見，採用「電—氫—電」技術路徑的氫燃料電池汽車無論是在當下還是在可預見的未來，其綜合使用能源效率都難以與純電動汽車匹敵。同樣，在儲能領域，氫儲能技術若採用「電—氫—電」的路徑，其往返效率❷也不如電化學儲能（>85%）和抽水蓄能技術（~75%），甚至低於壓縮空氣儲能（50%~65%）。不過，電解水製氫和燃料電池技術的理論效率上限高，最高可達 80%。在技術不斷進步的前提下，「電—氫—電」的儲能往返效率可升至 50% 以上，但依然難以超越電化學儲能和抽水蓄能技術。

但必須指出的是，效率雖然是衡量能源優劣的一項重要指標，但也非唯一標準。比如，我們日常乘坐的汽油車，其引擎的熱效率一般在 25%~35%，天然氣發電廠中燃氣輪機的單機發電效率（簡單循環模式）也大致在同一水準，即使綜合使用能源效率不高，但這並不妨礙石油和天然氣在生產生活中的應用。來源廣泛、簡單易用、場景多元也是體現能源競爭能力的重要標準。氫能亦如此。它除了可以向電力轉化以外，還可作為燃料和原料被直接使用，兼具物質屬性和能量屬性，這些獨有特點將使氫能成為碳中和願景下非常有競爭力的能源品種。

---

❶ 此處不考慮汽車的機械傳動、摩擦等其他損耗。

❷ 往返效率（round trip efficiency）是衡量儲能系統能量轉換效率的指標，表示為完成 1 次完整充放電過程中，儲能系統放電能量與充電能量之比。

## 7.4 總結與展望

在全球邁向碳中和的時代背景下，氫能作為碳中和技術版圖中不可或缺的一項，其重要角色已獲得了國際社會的廣泛認可。一股氫能發展的熱潮正在全球興起，構建氫能社會的呼聲日益高漲。這項工程對於人類實現碳中和的意義十分重大，其作用可以總結為：「增綠」、「脫碳」和「循環」。

「增綠」體現的是氫的能量載體作用。2021年，可再生能源發電量占全球發電總量的比重已經接近30%，其中風電、太陽能已成為全球電力裝機量和發電量成長的絕對主力[79]。然而，風電、太陽能與生俱來的季節性、間歇性和波動性特徵，已在一定程度上成為掣肘其深度開發的「絆腳石」。儘管抽水蓄能、電化學儲能等儲能技術可以在一定程度上彌補這些「天生缺陷」，但尚無法滿足可再生能源長時間、跨區域、大規模的儲能需求，而氫能恰好可以承擔此項任務。除了在電力系統體現儲能作用以外，氫能還可以拓寬可再生能源的用能形式，使其既能以電力形式被廣泛利用，也可以轉化為氫燃料在非電利用場景下使用。另外，氫還可以拓展可再生能源的外輸途徑，為其規模化外輸提供新選擇。由於可再生能源資源豐富的地區大多位於偏遠的山區、戈壁、荒漠等地帶，對外供能基本只能依靠高壓輸電線路。而氫能技術則可以讓可再生能源擺脫電力基礎設施的束縛，透過轉為氫能形式，利用管道、公路、水路等多種途徑實現對外輸送，使深度開發可再生能源資源成為可能。

「脫碳」體現的是氫的深度減碳作用。長期以來，氫氣主要依靠化石能源製氫獲取，碳排放強度極高，難以真正發揮脫碳功效。隨著綠氫和藍氫產業的逐步成熟，氫能綠色低碳的本質特徵得以還原，也使其摘掉了高碳排的「帽子」，得以「輕裝上陣」。在擺脫「碳包袱」的束縛後，氫能的深度脫碳作用將逐步體現。首先是對傳統氫產業的脫碳，綠氫、藍氫等清潔氫將逐步替代灰氫，使得氫的生產結構從高碳向低碳、零碳進行轉變。其次是對化石能源的替代，氫能技術進步將推動氫能在煉鋼、交通、建築、發電等領域的應用，特別是在難以實現電氣化的場景中對化石能源進行替代。隨著氫能在能源消費結構中的滲透率不斷提升，能源消費結構中的含碳量將進一步降低，深度脫碳的功能得以顯現。

「循環」體現的是氫的物質樞紐作用。氫作為宇宙中含量最豐富的元素，主要以化合物的形式廣泛存在於水、動植物有機體和化石燃料中，我們日常使用的化工產品如橡膠、化纖、塑膠等也都包含大量的氫元素。氫在合成氨、甲醇和煉油領域已充分體現了其作為工業原料的價值。在碳中和願景下，它在碳循環中的樞紐作用

也正在凸顯。正如第四章所述，Power-to-X 技術可將可再生能源發電、電解水製氫、CCUS、綠色化工技術進行有機結合，為生產現代化工產品提供綠色循環的發展路徑。這項技術首先是實現了氫的綠色供應，利用可再生能源製氫技術替代了傳統灰氫生產工藝。其次是實現碳的捕捉回收，透過碳捕捉技術或直接空氣捕捉技術，將工業領域或空氣中的二氧化碳氣體進行移除並集中回收。最後是實現碳的循環利用，將氫與二氧化碳作為原料，依託薩巴捷反應、逆水煤氣變換反應等一系列化工技術，生產甲烷、甲醇、液態烴類燃料、碳基新材料等高附加值化工產品，從而實現對二氧化碳的循環利用。這項工程的意義非同小可，這相當於給自然界的碳循環裝上了一個「控制閥」，人類透過技術手段將實現夢寐以求的「人工光合作用」，從而降低對生物光合作用的依賴。

必須強調的是，構建氫能社會的最終目的並不是讓氫能徹底取代其他能源，形成「一氫獨大」的能源結構。相反，實施這項工程是為了發揮氫的能源樞紐作用，使電能、熱能和燃料等異質能源之間實現互聯互通，構建起氫能、可再生能源、化石能源等多種能源互補共濟的新型能源體系。我們可以從圖 7-8 中一窺未來氫能社會的框架體系。在未來的氫能社會中，電力在終端能源消費中的占比將超過 50%，可再生能源成為電力系統的主體。在此基礎上，相當一部分的可再生能源將透過電解水製氫技術轉化為綠氫，這將是氫的主要來源。此時，氫能作為可再生能源的重要延伸，將以物質燃料的形式被輸送到各行各業，促進全社會實現碳中和的願景目標。

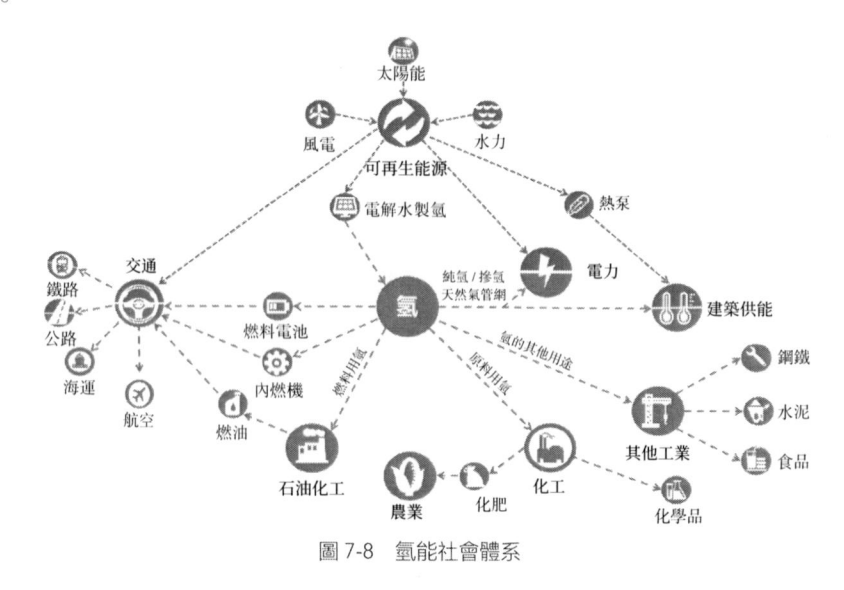

圖 7-8　氫能社會體系

我們不妨展望一下中國氫能的發展圖景。在構建氫能社會的過程中，沿海發達地區將率先成為氫能產業的聚集地，氫能城市群將逐步形成。這些地區的氫能供應將主要來自周邊陸上可再生能源和海洋可再生能源製氫（海上風電、海洋能等）、天然氣+CCS製氫以及國際國內氫貿易。一些具有條件的區域，將會建設大規模鹽穴儲氫或者儲氫罐設施，並搭配專用輸氫管線或升級現有天然氣管網以實現大規模輸氫。海洋氫能生態圈的形成還將進一步促進周邊可再生能源、天然氣和CCUS等綠色低碳產業的深度開發，促進區域循環經濟的發展。結合中國的國情，氫能產業將率先向創新活力強勁、工業基礎雄厚、市場要素齊全、經濟水準較高的區域聚攏，產業集群效應將越發明顯。這意味著，中國將以廣東、上海和京津冀三個燃料電池汽車示範應用城市群為基礎，形成「三足鼎立」的氫能發展格局，並逐步向內陸輻射。透過國家層面推動「海氫陸送」和「西氫東送」工程的實施，中國氫能基礎設施將逐步完善，氫源和市場區域錯配的矛盾將得以解決，各地將透過氫能走完碳中和的「最後一公里」，氫能社會構想將從理想最終變為現實。

　　在本書的最後，我們必須承認，氫能和其他能源一樣，它本身也存在缺點和不足，此書也毫不避諱地指出了它的侷限性。我們相信，未來一定還會湧現出更多具有創新性和革命性的理論和技術，它們將與氫能一道幫助人類早日實現碳中和的美好願景。

# 參考文獻

[1] British Geological Survey. The greenhouse effect[EB/OL]. [2021-12-03]. https://www.bgs.ac.uk/discovering-geology/climate-change/how-does-the-greenhouse-effect-work/.

[2] United States Environmental Protection Agency. Basic ozone layer science[EB/OL]. (2021-10-07)[2021-12-10]. https://www.epa.gov/ozone-layer-protection/basic-ozone-layer-science.

[3] Intergovernmental Panel on Climate Change. Climate change 2021: the physical science basis. Contribution of working group I to the sixth assessment report of the intergovernmental panel on climate change [R]. Cambridge and New York: IPCC, 2021.

[4] Intergovernmental Panel on Climate Change. Climate change 2007: synthesis report. Contribution of working groups I, II and III to the fourth assessment report of the intergovernmental panel on climate change [R]. Geneva: IPCC, 2007.

[5] CRIPPA M, GUIZZARDI D, SOLAZZO E, et al. GHG emissions of all world countries - 2021 Report [R]. Luxembourg: Publications Office of the European Union, 2021.

[6] 中電聯統計與資料中心. 2020-2021 年度全國電力供需形勢分析預測報告 [EB/OL]. (2021-02-06)[2022-3-9]. https://cec.org.cn/detail/index.html?3-293398.

[7] Climatic Research Unit (University of East Anglia), Met Office. Temperature [EB/OL]. [2021-12-13]. https://crudata.uea.ac.uk/cru/data/temperature/.

[8] 中國氣象局氣候變化中心. 中國氣候變化藍皮書 (2021)[M]. 北京: 科學出版社, 2021.

[9] NASA. Global climate: change vital signs of the planet 2021[EB/OL]. [2021-12-17]. https://climate.nasa.gov/.

[10] ROBINE J, CHEUNG S L K, ROY S L, et al. Death toll exceeded 70,000 in Europe during the summer of 2003[J]. Competes Rendus Biologies, 2008, 331:171–178.

[11] CIAIS P, REICHSTEIN M, VIOVY N, et al. Europe-wide reduction in primary productivity caused by the heat and drought in 2003[J]. Nature, 2005, 437:529–533.

[12] WANG J, YAN Z. Rapid rises in the magnitude and risk of extreme regional heat wave events in China[J]. Weather and Climate Extremes, 2021, 34:100379.

[13] DYRRDAL A V, OLSSON J, MÉDUS E, et al. Observed changes in heavy daily precipitation over the Nordic-Baltic region[J]. Journal of Hydrology-Regional Studies, 2021, 38:100965.

[14] ZEDER J, FISCHER E M. Observed extreme precipitation trends and scaling in Central Europe[J]. Weather and Climate Extremes, 2020, 29:100266.

[15] 聯合國. 聯合國氣候變化綱要公約[EB/OL]. [2021-12-23]. https://unfccc.int/sites/default/files/convchin.pdf.

[16] UNFCCC. What is the Kyoto Protocol?[EB/OL]. [2021-12-23]. https://unfccc.int/kyoto_protocol.

[17] UNFCCC. Kyoto Protocol - Targets for the first commitment period[EB/OL]. [2021-12-23]. https://unfccc.int/process-and-meetings/the-kyoto-protocol/what-is-the-kyoto-protocol/kyoto-protocol-targets-for-the-first-commitment-period.

[18] UNFCCC. Paris Agreement[EB/OL]. [2021-12-01]. https://unfccc.int/sites/default/files/english_paris_agreement.pdf.

[19] OECD. Climate finance provided and mobilised by developed countries: Aggregate trends updated with 2019 data, climate finance and the USD 100 billion goal [R]. Paris: OECD Publishing, 2021.

[20] European Commission. 2050 long-term strategy[EB/OL]. [2022-01-17]. https://ec.europa.eu/clima/eu-action/climate-strategies-targets/2050-long-term-strategy_en.

[21] 仲平.《巴黎協定》後美國應對氣候變化的總體部署及中美氣候合作展望 [J]. 全球科技經濟瞭望, 2016, 8: 61–66.

[22] 仲平, 李昕. 美國應對氣候變化的科技政策、計劃與投入 [J]. 全球科技經濟瞭望, 2016, 4: 42–50.

[23] 陳喆. 日本制定四大策略計劃應對氣候變化 [J]. 全球科技經濟瞭望, 2016, 5: 11–17.

[24] 中華人民共和國國務院新聞辦公室. 中國應對氣候變化的政策與行動 [EB/OL]. (2021-10-27)[2022-01-18]. http://www.gov.cn/xinwen/2021/10/27/content_5646697.htm.

[25] SU Y, DAI H, KUANG L, et al. Contemplation on China's energy-development strategies and initiatives in the context of its carbon neutrality goal[J]. Engineering 2021,7(12):1684–1687.

[26] 中國工程院.《我國碳達峰碳中和策略及路徑》報告發布 [EB/OL]. (2022–04–01)[2022-07-01]. http://iigf.cufe.edu.cn/info/1019/5033.htm.

[27] 波士頓顧問公司. 中國氣候路徑報告 [EB/OL]. [2022–07–01]. https://web-assets.bcg.com/89/47/6543977846e090f161c79d6b2f32/bcg-climate-plan-for-china.pdf.

[28] International Energy Agency. An energy sector roadmap to carbon neutrality in China [R]. Paris: IEA, 2022.

[29] International Energy Agency. Net Zero by 2050 - A Roadmap for the Global Energy Sector[R]. Paris: IEA, 2021.

[30] British Petroleum. Energy Outlook 2022 edition[R]. London: BP, 2022.

[31] 任世華, 謝亞辰, 焦小淼, 謝和平. 煤炭開發過程碳排放特徵及碳中和發展的技術途徑 [J]. 工程科學與技術, 2022, 54(1): 60–68.

[32] 張岑, 李偉. 歐美甲烷減排策略與油氣行業減排行動分析 [J]. 國際石油經濟, 2021, 29[12]: 16–23.

[33] 李政, 孫鑠, 董文娟等. 能源行業甲烷排放科學測量與減排技術 [EB/OL]. (2020–10–05)[2022–07–28]. http://iccsd.tsinghua.edu.cn/news/news-295.html.

[34] 仲冰, 張博, 唐旭等. 碳中和目標下我國天然氣行業甲烷排放控制及相關科學問題 [J]. 中國礦業, 2021, 30(4): 1–9.

[35] 蔡博峰, 李琦, 林千果, 馬勁風等. 中國二氧化碳捕集、利用與封存 (CCUS) 報告 (2019)[R]. 生態環境部環境規劃院氣候變化與環境政策研究中心, 2020.

[36] 徐海豐. "淨零"排放目標下國外煉油和化工公司低碳發展策略分析 [J]. 國際石油經濟, 2021, 29（12）: 61–68.

[37] International Renewable Energy Agency. Renewable power generation costs in 2020[R]. Abu Dhabi: IRENA, 2020.

[38] IRENA. Renewable energy technologies[EB/OL]. [2022-04-27]. https://www.irena.org/Statistics/View-Data-by-Topic/Capacity-and-Generation/Technologies.

[39] World Energy Council. World energy trilemma index[EB/OL]. [2022-04-26]. https://www.worldenergy.org/transition-toolkit/world-energy-trilemma-index.

[40] International Energy Agency. World final consumption (2020) [EB/OL]. [2022-04-28]. https://www.iea.org/sankey/#?c=World&s=Final%20consumption.

[41] International Energy Agency. Cement[R]. Paris: IEA, 2021.

[42] 華強森，許浩，汪小帆等. "中國加速邁向碳中和"水泥篇：水泥行業碳減排路徑 [EB/OL]. [2022–04–29]. https://www.mckinsey.com.cn/%E4%B8%AD%E5%9B%BD%E5%8A%A0%E9%80%9F%E8%BF%88%E5%90%91%E7%A2%B3%E4%B8%AD%E5%92%8C%E6%B0%B4%E6%B3%A5%E7%AF%87%EF%BC%9A%E6%B0%B4%E6%B3%A5%E8%A1%8C%E4%B8%9A%E7%A2%B3%E5%87%8F%E6%8E%92/.

[43] 安永碳中和課題組. 一本書讀懂碳中和 [M]. 北京：機械工業出版社，2021.

[44] 中國石化石油化工科學研究院，德勤. 邁向2060碳中和：石化行業低碳發展白皮書 [R]. 德勤中國，2022.

[45] IEA. Tracking transport 2021[EB/OL]. [2022-04-30]. https://www.iea.org/reports/tracking-transport-2021.

[46] 博鰲亞洲論壇. 可持續發展的亞洲與世界2022年度報告：綠色轉型亞洲在行動 [M]. 北京：對外經濟貿易大學出版社，2022.

[47] Lloyd's Register, University Marine Advisory Services. Zero-emission vessels : transition pathways[R]. London: LR, 2019.

[48] International Energy Agency. Aviation[R]. Paris: IEA, 2021.

[49] International Energy Agency. Digitalization & energy[R]. Paris: IEA, 2017.

[50] JONES N. The information factories[J]. Nature, 2018, 561:163–166.

[51] Apple. Environmental progress report 2020[R]. California: Apple. 2021.

[52] Microsoft. Made to measure: Sustainability commitment progress

and updates 2021[EB/OL]. [2021-12-31]. https://blogs.microsoft.com/blog/2021/07/14/made-to-measure-sustainability-commitment-progress-and-updates/.

[53] 路孚特. 2021年碳市場回顧(中文版)[R]. 路孚特, 2022.

[54] International Renewable Energy Agency. World energy transitions outlook: 1.5℃ Pathway[R]. Abu Dhabi: IRENA, 2021.

[55] International Energy Agency. Energy efficiency 2021[R]. Paris: IEA, 2021.

[56] IEA. Total energy supply per unit of GDP for selected countries and regions, 2000-2020[EB/OL]. (2022-10-26)[2022-11-02]. https://www.iea.org/data-and-statistics/charts/total-energy-supply-per-unit-of-gdp-for-selected-countries-and-regions-2000-2020.

[57] VIGNA M D, STAVRINOU Z, JI C, et al. Carbonomics-China Net Zero: The clean tech revolution[R]. Goldman Sachs, 2021.

[58] International Energy Agency. Iron and steel technology roadmap: towards more sustainable steelmaking[R]. Paris: IEA, 2020.

[59] International Energy Agency. Chemicals[R]. Paris: IEA, 2021.

[60] International Council on Clean Transportation. Lightweighting technology developments[J]. ICCT Technical Brief, 2017, 6:1-8.

[61] YANG Z. Fuel-efficiency technology trend assessment for LDVs in China: Advanced engine technology[J]. ICCT Working Paper, 2018, 6:1-8.

[62] Thyssenkrupp Materials (UK). The Density of Aluminium and its Alloys[EB/OL]. [2022-05-05]. https://www.thyssenkrupp-materials.co.uk/density-of-aluminium.html.

[63] TISZA M, LUKÁCS Z. High strength aluminum alloys in car manufacturing[C]//IOP Conference Series: Materials Science and Engineering. IOP Publishing, 2018(418): 012033.

[64] WANG H, LUTSEY N. Long-term potential for increased shipping efficiency through the adoption of industry-leading practices[R]. ICCT, 2013.

[65] International Renewable Energy Agency. A pathway to decarbonise the shipping sector by 2050[R]. Abu Dhabi: IRENA, 2021.

[66] KHARINA A. Maximizing aircraft fuel efficiency: Designing from scratch[EB/

OL]. (2017-06-14)[2022-05-05]. https://theicct.org/maximizing-aircraft-fuel-efficiency-designing-from-scratch/.

[67] 倪龍，趙恆誼，董世豪等. 中國節能協會熱泵專業委員會. 熱泵助力碳中和白皮書(2021)[R]. 中國節能協會熱泵專業委員會, 2021.

[68] SORENSEN A C, CLAUD E, SORESSI M. Neandertal fire-making technology inferred from microwear analysis[J]. Scientific Reports, 2018, 8: 10065.

[69] MUNOZ-HERNANDEZ G A, MANSOOR S P, JONES D I. Modelling and controlling hydropower plants[M]. London: Springer, 2013.

[70] International Hydropower Association. A brief history of hydropower[EB/OL]. [2022-01-06]. https://www.hydropower.org/iha/discover-history-of-hydropower.

[71] International Hydropower Association. 2021 Hydropower status report: Sector trends and insights[R]. London: IHA, 2021.

[72] 易穎琦，陸敬嚴. 中國古代立軸式大風車的考證復原[J]. 農業考古, 1992, 3: 157–162.

[73] U. S. Energy Information Administration. History of wind power[EB/OL]. (2022-03-30)[2022-07-21]. https://www.eia.gov/energyexplained/wind/history-of-wind-power.php.

[74] WikiMili. History of wind power[EB/OL]. [2022-01-10]. https://wikimili.com/en/History_of_wind_power.

[75] MORTENSEN H B. The valuation history of Danish wind power: the ongoing struggle of a challenger technology to prove its worth to society[D]. Aalborg: Aalborg University, 2018.

[76] International Renewable Energy Agency. Renewable capacity statistics 2019[R]. Abu Dhabi: IRENA, 2019.

[77] IRENA. Trends in renewable energy: statistics time series[EB/OL]. (2022-07-20)[2022-08-11]. https://www.irena.org/Statistics/View-Data-by-Topic/Capacity-and-Generation/Statistics-Time-Series.

[78] IEA. Data & statistics: wind electricity generation[EB/OL]. [2022-01-11]. https://www.iea.org/data-and-statistics/data-browser/?country=WORLD&fuel=Renewables and waste&indicator=WindGen.

[79] International Energy Agency. Global energy review 2021[R]. Paris: IEA, 2021.

[80] BALDOCCHI D. Solar radiation, part 1, principles 2014[EB/OL]. (2014-09-12)[2022-05-23]. https://nature.berkeley.edu/biometlab/espm129/notes/Lecture_5_Solar_Radiation_Part_1_Principles_Notes_2014 .pdf.

[81] SolarEnergy. Solar energy - Ancient history of solar[EB/OL]. [2022-01-11]. http://solarenergy.org.uk/ancient-history-of-solar.

[82] RAGHEB M. Solar thermal power and energy storage historical perspective[EB/OL].(2014-10-09) [2022-08-01]. https://www.solarthermalworld.org/sites/default/files/story/2015-04-18/solar_thermal_power_and_energy_storage_historical_perspective.pdf.

[83] Bloomberg New Energy Finance. Solar thermal market outlook 2019[R]. BNEF, 2019.

[84] Physics Today. Edmond becquerel[EB/OL]. (2016-03-24)[2022-09-21]. https://physicstoday.scitation.org/do/10.1063/PT.5.031182/full/.

[85] FRAAS L M. Chapter 1: History of solar cell development[M]// FRAAS L M. low-cost solar electric power. Switzerland: Springer International Publishing, 2014.

[86] Einstein A. Über einen die Erzeugung und Verwandlung des Lichtes betreffenden heuristischen Gesichtspunkt[J]. Annalen der Physik. 1905, 322(6):132–148.

[87] ZHANG T, YANG H. Chapter 7 - High efficiency plants and building integrated renewable energy systems[M]//Asdrubali F, Desideri U. Handbook of energy efficiency in buildings: A life cycle approach. Academic Press, 2019.

[88] NASA. Vanguard Satellite, 1958[EB/OL]. (2015-03-18)[2022-01-23]. https://www.nasa.gov/content/vanguard-satellite-1958/.

[89] NASA Technical Reports Server. Advanced photovoltaic power systems using tandem GaAs/GaSb concentrator modules[EB/OL]. (2013-09-06)[2022-01-23]. https://ntrs.nasa.gov/citations/19930018773.

[90] Nokia Bell Labs. Telstar, is it a plane, a bird, a satellite or a soccer ball?[EB/OL]. (2018-07-13)[2022-03-10]. https://www.bell-labs.com/institute/blog/

telstar-it-plane-bird-satellite-or-soccer-ball/.

[91] KREWITT W, NITSCH J. The German renewable energy sources act- an investment into the future pays off already today[J]. Renewable Energy, 2003, 28(4): 533–542.

[92] IRENA. Solar energy[EB/OL]. [2022-01-26]. https://irena.org/solar.

[93] 中國國家能源局. 國新辦舉行中國可再生能源發展有關情況發布會 [EB/OL]. (2021-03-30)[2022-01-26]. http://www.nea.gov.cn/2021/03/30/c_139846095.htm.

[94] IRENA. Solar costs[EB/OL]. [2022-01-26]. https://irena.org/Statistics/View-Data-by-Topic/Costs/Solar-Costs.

[95] PV Magazine. Saudi Arabia's second PV tender draws world record low bid of $0.0104/kWh[EB/OL]. (2021-04-08)[2022-01-26]. https://www.pv-magazine.com/2021/04/08/saudi-arabias-second-pv-tender-draws-world-record-low-bid-of-0104-kwh/.

[96] 馬隆龍，唐志華，汪叢偉，等. 生物質能研究現狀及未來發展策略 [J]. 可再生能源規模利用，2019，34(4)：434–442.

[97] GOWLETT J A J. The discovery of fire by humans: a long and convoluted process[J]. Philosophical Transactions of the Royal Society B: Biological Sciences, 2016, 371: 20150164.

[98] 西藏在線. "久瓦" 西藏的牛糞歷史 – 高原民俗 [EB/OL]. [2022-02-10]. http://tibetol.cn/html/2016/gyms_0202/23109.html.

[99] International Renewable Energy Agency. Recycle: bioenergy[R]. Abu Dhabi: IRENA, 2020.

[100] International Energy Agency. World energy outlook 2021[R]. Paris: IEA, 2021.

[101] International Renewable Energy Agency. Innovation outlook: Ocean energy technologies[R]. Abu Dhabi: IRENA, 2020.

[102] International Renewable Energy Agency. Offshore Renewables: An action agenda for deployment[R]. Abu Dhabi: IRENA, 2021.

[103] DE LALEU V. La Rance tidal power plant: 40-years operation feedback – lessons learnt[EB/OL]. (2009-10-14)[2022-04-27]. https://tethys.pnnl.gov/sites/default/files/publications/La_Rance_Tidal_Power_Plant_40_year_

operation_feedback.pdf.

[104] Tethys. Tidal[EB/OL]. [2022-01-27]. https://tethys.pnnl.gov/technology/tidal.

[105] 王震，鮑春莉. 中國海洋能源發展報告 2021[M]. 北京：石油工業出版社，2021.

[106] SIMEC Atlantis Energy. MeyGen - Tidal Projects[EB/OL]. (2022-10-01)[2023-01-27]. https://saerenewables.com/tidal-stream/meygen/.

[107] VERA D, BACCIOLI A, JURADO F, et al. Modeling and optimization of an ocean thermal energy conversion system for remote islands electrification[J]. Renewable Energy, 2020, 162:1399–1414.

[108] 虞源，吳青芸，陳忠仁. 壓力延遲滲透膜技術 [J]. 化學進展，2015，27(12): 1822–1832.

[109] International Renewable Energy Agency. Fostering a blue economy, offshore renewable energy[R]. Abu Dhabi: IRENA, 2020.

[110] Bloomberg New Energy Finance. New energy outlook 2020[R]. BNEF, 2020.

[111] WISER R, RAND J, SEEL J, et al. Expert elicitation survey predicts 37% to 49% declines in wind energy costs by 2050[J]. Nature Energy, 2021, 6(5):555–565.

[112] British Petroleum. bp Statistical Review of World Energy 2021 | 70th edition[R]. London: bp 2021.

[113] US Energy Information Administration. Oil and petroleum products explained - Use of oil[EB/OL]. (2022-07-01)[2022-09-20]. https://www.eia.gov/energyexplained/oil-and-petroleum-products/use-of-oil.php.

[114] INGRAM A. Thomas Edison's 1912 electric car gets a chance to shine[EB/OL]. (2010-09-27)[2022-05-09]. https://www.greencarreports.com/news/1049744_thomas-edisons-1912-electric-car-gets-a-chance-to-shine.

[115] US Department of Energy. The history of the electric car 2014[EB/OL]. (2014-09-15)[2022-02-11]. https://www.energy.gov/articles/history-electric-car.

[116] BNEF. Battery pack prices fall to an average of $132/kWh, but rising commodity prices start to bite 2021[EB/OL]. (2021-11-30)[2022-05-10].

https://about.bnef.com/blog/battery-pack-prices-fall-to-an-average-of-132-kwh-but-rising-commodity-prices-start-to-bite/.

[117] CleanTechnica. Bloomberg NEF: lithium-ion battery cell densities have almost tripled since 2010[EB/OL]. (2022-02-19)[2022-05-10]. https://cleantechnica.com/2020/02/19/bloombergnef-lithium-ion-battery-cell-densities-have-almost-tripled-since-2010/.

[118] National Renewable Energy Laboratory. Transportation basics[EB/OL]. [2022-05]. https://www.nrel.gov/research/transportation.html.

[119] IEA. Electric car sales share in the Net Zero Scenario, 2000-2030[EB/OL]. [2022-05-11]. https://www.iea.org/reports/electric-vehicles.

[120] IEA. Global EV data explorer 2021[EB/OL]. (2022-05-23)[2022-6-11] https://www.iea.org/articles/global-ev-data-explorer.

[121] 中國能源研究會儲能專委會，中關村儲能產業技術聯盟. 2022 儲能產業研究白皮書 ( 摘要版 )[R]. 北京: CNESA, 2022.

[122] International Energy Agency. Energy technology perspectives 2020：Special report on carbon capture utilisation and storage[R]. Pairs: IEA, 2020.

[123] 趙志強，張賀，焦暢，等. 全球 CCUS 技術和應用現狀分析 [J]. 現代化工，2021，41(4)：5–10.

[124] 張杰，郭偉，張博，等. 空氣中直接捕集 $CO_2$ 技術研究進展 [J]. 潔淨煤技術，2021，27(2)：57–68.

[125] 劉飛，關鍵，祁志福，等. 燃煤電廠碳捕集、利用與封存技術路線選擇 [J]. 華中科技大學學報 ( 自然科學版 )，2022, 50(7)：1–13.

[126] Global CCS Institute. Global Status of CCS 2020[R]. Melbourne: Global CCS Institute 2020.

[127] Wood Mackenzie. Majors' CCUS benchmarking: can carbon capture help big oil reach its net zero targets? [R]. Wood Mackenzie, 2021.

[128] Equinor. Northern lights project concept report(RE-PM673-00001)[R]. 2019. https://norlights.com/wp-content/uploads/2021/03/Northern-Lights-Project-Concept-report.pdf.

[129] 蔡博峰，李琦，張賢，等. 中國二氧化碳捕集利用與封存 (CCUS) 年度報告

(2021)——中國 CCUS 路徑研究 [R]. 生態環境部環境規劃院，中國科學院武漢岩土力學研究所，中國 21 世紀議程管理中心，2021.

[130] International Energy Agency. Direct air capture: a key technology for net zero[R]. Paris: IEA, 2022.

[131] KEITH D W, HOLMES G, ANGELO D S. A process for capturing $CO_2$ from the atmosphere[J]. Joule, 2018, 2(8):1573–1594.

[132] NASA. Ask an astrophysicist[EB/OL]. [2021-11-30]. https://imagine.gsfc.nasa.gov/ask_astro/stars.html#961112a.

[133] OLAH G A, GOEPPERT A, PRAKASH G K S. Beyond oil and gas: the methanol economy[M]. Second updated and enlarged edition. Weinheim: WILEY-VCH Verlag GmbH & Co. KGaA, 2009.

[134] SMOLINKA T, BERGMANN H, GARCHE J, et al. Chapter 4 - The history of water electrolysis from its beginnings to the present[M]// Smolinka T, Garche J. Electrochemical power sources: fundamentals, systems, and applications: hydrogen production by water electrolysis. London: Academic Press, 2022.

[135] SØRENSEN B, SPAZZAFUMO G. Hydrogen and fuel cells: emerging technologies and applications[M]. Third Edition. London: Academic Press, 2018.

[136] APPLEBY A J. From Sir William grove to today: fuel cells and the future[J]. Journal of Power Sources, 1990, 29:3–11.

[137] Big Chemical Encyclopedia. Mittasch, methanol[EB/OL]. [2022-10-05]. https://chempedia.info/info/mittasch_methanol/.

[138] LARRAZ R. A Brief History of Oil Refining Rafael[J]. Substantia, 2021, 5(2):129–152.

[139] BHAVNAGRI K, HENBEST S, IZADI-NAJAFABADI A, et al. Hydrogen economy outlook: will hydrogen be the molecule to power a clean economy[R]. BNEF, 2020.

[140] 何穎源，陳永翀，劉勇，等. 儲能的度電成本和里程成本分析 [J]. 電工電能新技術，2019, 38(9): 1689–1699.

[141] ELBERRY A M, THAKUR J, SANTASALO-AARNIO A, et al. Large-scale

compressed hydrogen storage as part of renewable electricity storage systems[J]. International Journal of Hydrogen Energy, 2021, 46(29): 15671–15690.

[142] 中國國家發展和改革委員會. 關於核定 2020~2022 年省級電網輸配電價的通知 ( 發改價格規〔2020〕1508 號 )[EB/OL]. (2020-09-28)[2021-05-29]. https://www.ndrc.gov.cn/xxgk/zcfb/ghxwj/202009/t20200930_1243682.html.

[143] Hydrogen Council. Path to hydrogen competitiveness: a cost perspective[R]. Hydrogen Council, 2020.

[144] 伊維經濟研究院. 中國氫氣儲存與運輸產業發展研究報告 (2019)[R]. 伊維經濟研究院, 2019.

[145] International Renewable Energy Agency. The geopolitics of energy transformation: The hydrogen factor[R]. Abu Dhabi: IRENA, 2022.

[146] CASHDOLLAR K, ZLOCHOWER I. Flammability of methane, propane, and hydrogen gases[J]. Journal of Loss Prevention in the Process Industries, 2000,13(5):327–340.

[147] DAGDOUGUI H, SACILE R, BERSANI C, et al. Chapter 7 - Hydrogen logistics: safety and risks issues[M]// Dagdougui H, Sacile R, et al. Hydrogen infrastructure for energy applications. Academic Press, 2018.

[148] ROBINSON C, SMITH D B. The auto-ignition temperature of methane[J]. Journal of Hazard Mater, 1984,8(3): 199–203.

[149] BABRAUSKAS V. Ignition handbook: Principles and applications to fire safety engineering, fire investigation, risk management and forensic science[M]. Issaquah: Fire Science Publishers, 2003.

[150] HEINZ H. Electrostatic hazards: their evaluation and control[M]. Weinheim and New York: Verlag Chemie, 1976.

[151] 曹湘洪，魏志強. 氫能利用安全技術研究與標準體系建設思考 [J]. 中國工程科學, 2020, 22(5): 145–151.

[152] ADOLF J, BALZER, LOUIS J, et al. The Shell Hydrogen Study: Energy of the Future? Sustainable Mobility through Fuel Cells and $H_2$[R]. Hamburg: Shell Deutschland Oil GmbH, 2017.

[153] BIDAULT F, MIDDLETON P H. 4.07 - Alkaline fuel cells: Theory and

application[M]// SAYIGH A. Comprehensive renewable energy. Elsevier, 2012.

[154] Hydrogen and Fuel Cell Technologies Office. Types of Fuel Cells[EB/OL]. [2022-05-30]. https://www.energy.gov/eere/fuelcells/types-fuel-cells.

[155] SUDHAKAR Y N, SELVAKUMAR M, BHAT D K. Chapter 5 - Biopolymer electrolytes for fuel cell applications[M]// SUDHAKAR Y N, SELVAKUMAR M, BHAT D K. Biopolymer electrolytes: Fundamentals and applications in energy storage. Elsevier, 2018.

[156] RATHORE S S, BISWAS S, FINI D, et al. Direct ammonia solid-oxide fuel cells: a review of progress and prospects[J]. International Journal of Hydrogen Energy, 2021, 46(71): 35365–35384.

[157] LEE W Y, HANNA J, GHONIEM A F. On the predictions of carbon deposition on the nickel anode of a SOFC and its impact on open-circuit conditions[J]. Journal of Electrochemical Society, 2013, 160(2): F94–F105.

[158] 馬鴻凱. 燃料電池的前世今生 [R]. 北京: 北汽產投研究部, 2019.

[159] 張永偉, 張真, 苗乃乾, 等. 中國氫能產業發展報告 2020[R]. 中國電動汽車百人會, 2020.

[160] Challenge Zero. Residential Fuel Cell ENE-FARM[EB/OL]. [2022-03-03]. https://www.challenge-zero.jp/en/casestudy/469.

[161] Enefarm Partners. エネファーム パートナーズ [EB/OL]. [2022-03-03]. https://www.gas.or.jp/user/comfortable-life/enefarm-partners/.

[162] Japan LP Gas Association. Appliances[EB/OL]. [2022-03-03]. https://www.j-lpgas.gr.jp/en/appliances/index.html#ENE-FARM.

[163] Japanese Ministry of Economy Trade and Industry. The strategic road map for hydrogen and fuel cells[R]. Japanese METI, 2019.

[164] Bloom Energy. Hydrogen fuel cell solutions[EB/OL]. [20222-03-04]. https://www.bloomenergy.com/applications/hydrogen-fuel-cells/.

[165] 鍾財富. 國內外分布式燃料電池發電應用現狀及前景分析 [J]. 中國能源 2021, 43(2): 34–37.

[166] GIGLIO A. Recent sustainability developments in the iron and steel industry[EB/OL]. [2022-08-20]. https://www.steel.org.au/ASI/media/

Australian-Steel-Institute/PDFs/Pages-from-steel-Australia-Autumn-2021pages28-29.pdf.

[167] Thyssen Krupp. bp and thyssenkrupp Steel work together to advance the decarbonisation of steel production [EB/OL].(2022-07-11)[2023-02-06]. https://www.thyssenkrupp.com/de/newsroom/pressemeldungen/pressedetailseite/bp-and-thyssenkrupp-steel-work-together-to-advance-the-decarbonisation-of-steel-production-134957.

[168] RUNYON J. Hydrogen power generation-challenges and prospects for 100% hydrogen gas turbines[EB/OL]. (2020-05-20)[2022-07-26]. moz-extension://ddaeddd3-ae71-4ff9-977f-175311dcf92c/enhanced-reader.html?openApp&pdf=https%3A%2F%2Fukccsrc.ac.uk%2Fwp-content%2Fuploads%2F2020%2F05%2FJon-Runyon-CCS-and-Hydrogen.pdf.

[169] Mitsubishi Power. Hydrogen power generation handbook[R]. Yokohama: Mitsubishi Heavy Industries, 2021.

[170] MOORE J, SHABANI B. A critical study of stationary energy storage policies in Australia in an international context: The role of hydrogen and battery technologies[J]. Energies, 2016, 9(674): 1-28.

[171] HERMESMANN M, GRÜBEL K, SCHEROTZKI L, et al. Promising pathways: The geographic and energetic potential of power-to-x technologies based on regeneratively obtained hydrogen[J]. Renewable and Sustainable Energy Reviews, 2021, 138: 110644.

[172] 中國氫能聯盟. 中國氫能及燃料電池產業手冊(2020版)[R]. 北京: 中國氫能聯盟, 2021.

[173] 米樹華, 余卓平, 張文建, 等. 中國氫能源及燃料電池產業白皮書(2019)[R]. 北京: 中國氫能聯盟, 2019.

[174] IEA. Hydrogen 2021[EB/OL]. [2022-03-29]. https://www.iea.org/reports/hydrogen.

[175] sbh4 Consulting. SMR, ATR and POX processes for syngas production 2021[EB/OL]. [2022-05-28]. http://sbh4.de/assets/smr-atr-and-pox-processes.pdf.

[176] 王璐, 金之鈞, 黃曉偉. 氫氣的製取與固體儲集研究進展[J]. 天然氣工業,

2021, 41(4): 124–136.

[177] University of Kentucky. Chemicals from coal gasification, kentucky geological survey[EB/OL]. [2022-05-14]. https://www.uky.edu/KGS/coal/coal-for-chemical-gasification.php.

[178] MUKHERJEE S, DEVAGUPTAPU S V, SVIRIPA A, et al. Low-temperature ammonia decomposition catalysts for hydrogen generation[J]. Applied Catalysis B: Environmental, 2018, 226:162–181.

[179] DINCER I, BICER Y. 3.2 Ammonia production[M]// DINCER I. Comprehensive energy systems. Elsevier, 2018.

[180] Chemistry LibreTexts. 20.8: Industrial electrolysis processes [EB/OL]. (2020-08-21) [2022-12-14]. https://chem.libretexts.org/Bookshelves/General_Chemistry/Map%3A_General_Chemistry_(Petrucci_et_al.)/20%3A_Electrochemistry/20.8%3A_Industrial_Electrolysis_Processes.

[181] 張峰，梁玉龍，溫鬲，等. 乙烷裂解製乙烯的工藝研究進展 [J]. 現代化工，2020, 5: 47–51.

[182] 雷超，李韜. 碳中和背景下氫能利用關鍵技術及發展現狀 [J]. 發電技術，2021, 42(2): 207–217.

[183] International Renewable Agency. Green hydrogen cost reduction: Scaling up electrolysers to meet the 1.5℃ climate goal[R]. Abu Dhabi: IRENA, 2020.

[184] 俞紅梅，邵志剛，侯明等. 電解水製氫技術研究進展與發展建議 [J]. 中國工程科學，2021, 23(2): 146–152.

[185] SUN X, CHEN M, LIU Y-L, et al. Life time performance characterization of solid oxide electrolysis cells for hydrogen production[J]. ECS Transactions, 2015, 68(1): 3359–3368.

[186] FALCÃO D S, PINTO A M F R. A review on PEM electrolyzer modelling: guidelines for beginners[J]. Journal of Cleaner Production, 2020, 261: 121184.

[187] SCHMIDT O, GAMBHIR A, STAFFELL I, et al. Future cost and performance of water electrolysis: An expert elicitation study[J]. International Journal of Hydrogen Energy, 2017, 42(52): 30470–30492.

[188] GUO S, LI X, LI J, et al. Boosting photocatalytic hydrogen production

from water by photothermally induced biphase systems[J]. Nature Communications, 2021,12: 1343.

[189] DELGADO M S. SUN2HY Project: From sunlight to green hydrogen[EB/OL]. [2022-09-07]. https://www.nedo.go.jp/content/100939726.pdf.

[190] NISHIYAMA H, YAMADA T, NAKABAYASHI M, et al. Photocatalytic solar hydrogen production from water on a 100-m2 scale[J]. Nature, 2021, 598: 304–307.

[191] 李星國. 氫氣製備和儲運的狀況與發展 [J]. 科學通報, 2022, 67: 425–436.

[192] ZHANG J, LI Z, WU Y, et al. Recent advances on the thermal destabilization of Mg-based hydrogen storage materials[J]. RSC Advances, 2019, 9: 408–428.

[193] ANDERSSON J, GRÖNKVIST S. Large-scale storage of hydrogen[J]. International Journal of Hydrogen Energy, 2019, 44: 11901–11919.

[194] 李建，張立新，李瑞懿，等. 高壓儲氫容器研究進展 [J]. 儲能科學與技術，2021，5: 1836–1844.

[195] MORADI R, GROTH KM. Hydrogen storage and delivery: Review of the state of the art technologies and risk and reliability analysis[J]. International Journal of Hydrogen Energy, 2019, 44: 12254–69.

[196] 曹軍文，覃祥富，耿嘎，等. 氫氣儲運技術的發展現狀與展望 [J]. 石油學報（石油加工），2021，6: 1461–1478.

[197] 周超，王輝，歐陽柳章，等. 高壓複合儲氫罐用儲氫材料的研究進展 [J]. 材料導報，2019，33: 117–126.

[198] HUANG Y, CHENG Y, ZHANG J. A review of high density solid hydrogen storage materials by pyrolysis for promising mobile applications[J]. Industrial and Engineering Chemistry Research, 2021, 60: 2737–2771.

[199] 黃宣旭，練繼建，沈威，等. 中國規模化氫能供應鏈的經濟性分析 [J]. 南方能源建設，2020，7(2): 1–13.

[200] 白光乾，王秋岩，鄧海全，等. 氫環境下 X52 管線鋼的抗氫效能 [J]. 材料導報，2020，34(22): 22130–22135.

[201] 柴飛，李潔，陳霈佳，等. 焦爐煤氣混氫氣對管道管材的影響分析 [J]. 煤氣與熱力，2013，33(5): 33–35.

[202] 陳東生，楊衛濤，孫雲龍. 天然氣管道摻混輸送氫氣適應性研究進展 [J]. 煤氣與熱力，2021，41(4)：38–42.

[203] 黃明，吳勇，文習之，等. 利用天然氣管道摻混輸送氫氣的可行性分析 [J]. 煤氣與熱力，2013，33(4)：39–42.

[204] H2Stations. Another record number of newly opened hydrogen refuelling stations in 2021[EB/OL]. (2022-02-01)[2022-05-16]. https://www.h2stations.org/wp-content/uploads/2022-02-01-LBST-HRS-2021-en.pdf.

[205] IEA. Fuel cell electric vehicle stock by region, 2017-2020[EB/OL]. (2022-10-26)[2022-12-18]. https://www.iea.org/data-and-statistics/charts/fuel-cell-electric-vehicle-stock-by-region-2017-2020.

[206] ZHOU Y. Hydrogen from offshore wind: Part I primer[R]. BNEF, 2021.

[207] Scottish Government. Scottish offshore wind to green hydrogen opportunity assessment[R]. Edinburgh: The Scottish Government, 2020.

[208] Zhou Y. Hydrogen from offshore wind: Economics[R]. BNEF, 2021.

[209] 孫穎，張岑. 海洋可再生能源開發利用模式及海洋石油公司轉型策略研究 [J]. 油氣與新能源，2022，34(5)：61–67.

[210] Danish Energy Agency. Denmark』s energy islands[EB/OL]. [2022-01-17]. https://ens.dk/en/our-responsibilities/wind-power/energy-islands/denmarks-energy-islands.

[211] European Commission. A hydrogen strategy for a climate-neutral Europe[R]. Brussels: The European Commission, 2020.

[212] German Federal Government. The national hydrogen strategy[R]. Berlin: Federal Ministry for Economic Affairs and Energy Public Relations Division, 2020.

[213] HM Government. UK hydrogen strategy[R]. The Secretary of State For Business, Energy & Industrial Strategy, 2021.

[214] 中國國際經濟交流中心課題組. 中國氫能產業政策研究 [M]. 北京：社會科學文獻出版社，2020.

[215] U.S. Department of Energy. DOE national clean hydrogen strategy and roadmap (draft) [R]. U.S. Department of Energy, 2022.

[216] 萬燕鳴，熊亞林，王雪穎. 全球主要國家氫能發展策略分析 [J]. 儲能科學與技

術，2022，11(10)：3401–3410.

[217] 中國國家統計局. 國家數據 [EB/OL]. [2023-03-28]. https://data.stats.gov.cn/easyquery.htm?cn=C01.

[218] 中國國家能源局石油天然氣司，國務院發展研究中心資源與環境政策研究所，自然資源部油氣資源策略研究中心. 中國天然氣發展報告 (2022)[M]. 北京: 石油工業出版社，2022.

# 碳中和與氫能社會

| 編　　　著：王震，張岑
| 發 行 人：黃振庭
| 出　版　者：沐燁文化事業有限公司
| 發　行　者：崧燁文化事業有限公司
| E - m a i l：sonbookservice@gmail.com
| 粉　絲　頁：https://www.facebook.com/sonbookss/
| 網　　　址：https://sonbook.net/
| 地　　　址：台北市中正區重慶南路一段61號8樓
| 8F., No.61, Sec. 1, Chongqing S. Rd., Zhongzheng Dist., Taipei City 100, Taiwan

電　　　話：(02)2370-3310
傳　　　真：(02)2388-1990

印　　　刷：京峯數位服務有限公司
律師顧問：廣華律師事務所 張珮琦律師

-版權聲明

本書版權為中國石化出版社所有授權沐燁文化事業有限公司獨家發行繁體字版電子書及紙本書。若有其他相關權利及授權需求請與本公司聯繫。

未經書面許可，不可複製、發行。

定　　　價：375元
發行日期：2025年03月第一版
◎本書以POD印製

**國家圖書館出版品預行編目資料**

碳中和與氫能社會 / 王震，張岑 編著. -- 第一版. -- 臺北市：沐燁文化事業有限公司, 2025.03
面；　公分
POD版
ISBN 978-626-7628-82-9(平裝)
1.CST: 能源政策 2.CST: 碳排放 3.CST: 氫 4.CST: 再生能源
554.68　　　　　114002888

電子書購買

爽讀APP　　　臉書